COMENTÁRIOS
À LEI ORGÂNICA NACIONAL DAS POLÍCIAS CIVIS

Lei nº 14.735, de 23.11.2023

Leonardo Affonso D. dos Santos
Lucas dos Reis Montenegro
Monaliza Gonçalves Araujo
Nathália Caroline de Oliveira Martins

COMENTÁRIOS
À LEI ORGÂNICA NACIONAL DAS POLÍCIAS CIVIS

Lei nº 14.735, de 23.11.2023

Freitas Bastos Editora

Copyright © 2025 by Leonardo Affonso D. dos Santos, Lucas dos Reis Montenegro, Monaliza Gonçalves Araujo e Nathália Caroline de Oliveira Martins.

Todos os direitos reservados e protegidos pela Lei nº 9.610, de 19.2.1998.
É proibida a reprodução total ou parcial, por quaisquer meios,
bem como a produção de apostilas, sem autorização prévia,
por escrito, da Editora.

Direitos exclusivos da edição e distribuição em língua portuguesa:

Maria Augusta Delgado Livraria, Distribuidora e Editora

Direção Editorial: *Isaac D. Abulafia*
Gerência Editorial: *Marisol Soto*
Copidesque: *Lara Alves dos Santos Ferreira de Souza*
Revisão: *Enrico Miranda*
Diagramação e Capa: *Alinne Paula da Silva*

Dados Internacionais de Catalogação na Publicação (CIP) de acordo com ISBD

C732	Comentários à lei orgânica nacional das Polícias Civis: Lei nº 14.735, de 23.11.2023 / Leonardo Affonso D. dos Santos...[et al.]. - Rio de Janeiro, RJ : Freitas Bastos, 2025.
	228 p. : 15,5cm x 23cm.
	ISBN: 978-65-5675-477-2
	1. Direito. 2. Polícia Civil. 3. Lei nº 14.735, de 23.11.2023. I. Santos, Leonardo Affonso D. dos. II. Montenegro, Lucas dos Reis. III. Araujo, Monaliza Gonçalves. IV. Martins, Nathália Caroline de Oliveira. V. Título.
2025-290	CDD-340
	CDU 34

Elaborado por Odilio Hilario Moreira Junior - CRB-8/9949
Índices para catálogo sistemático:
1. Direito 340
2. Direito 34

Freitas Bastos Editora
atendimento@freitasbastos.com
www.freitasbastos.com

LISTA DE ABREVIATURAS E SIGLAS

ABIN – Agência Brasileira de Inteligência

ADI – Ação Direta de Inconstitucionalidade

APF – Auto de Prisão em Flagrante

CIN – Carteira de Identificação Nacional

CLT – Consolidação das Leis do Trabalho

CN – Congresso Nacional

CNCOPE – Conselho Nacional dos Comandos de Operações Policiais Especiais

CNJ – Conselho Nacional de Justiça

CNPC – Conselho Nacional da Polícia Civil

CORE – Coordenadoria de Recursos Especiais

CP – Código Penal

CPC – Código de Processo Civil

CPF – Cadastro de Pessoa Física

CPP – Código de Processo Penal

CRFB – Constituição da República Federativa do Brasil

CSPC – Conselho Superior de Polícia Civil

DNI – Documento Nacional de Identidade

DOU – Diário Oficial da União

ECA – Estatuto da Criança e do Adolescente

IBGE – Instituto Brasileiro de Geografia e Estatística

LC – Lei Complementar

LEP – Lei de Execução Penal

LGPD – Lei Geral de Proteção de Dados Pessoais

LINDB – Lei de Introdução às Normas do Direito Brasileiro

LONPC – Lei Orgânica Nacional das Polícias Civis

LOPCERJ – Lei Orgânica da Polícia Civil do Estado do Rio de Janeiro

OAB – Ordem dos Advogados do Brasil

PCERJ – Polícia Civil do Estado do Rio de Janeiro

PNI – Política Nacional de Inteligência

PNSPDS – Política Nacional de Segurança Pública e Defesa Social

POP – Procedimento Operacional Padrão

RAS – Regime Adicional de Serviço

RCCN – Regimento Comum do Congresso Nacional

SEPOL – Secretaria de Estado de Polícia Civil

SISBIN – Sistema Brasileiro de Inteligência

STF – Supremo Tribunal Federal

STJ – Superior Tribunal de Justiça

SUS – Sistema Único de Saúde

SUSP – Sistema Único de Segurança Pública

SV – Súmula Vinculante

TJRJ – Tribunal de Justiça do Estado do Rio de Janeiro

TRE – Tribunal Regional Eleitoral

TSE – Tribunal Superior Eleitoral

TST – Tribunal Superior do Trabalho

CURRÍCULO DOS AUTORES

Leonardo Affonso D. dos Santos

Pós-graduado em Direito Público e Privado *Lato Sensu*, em 2007, pela Fundação Escola do Ministério Público – RJ (FEMPERJ/Universidade Estácio de Sá).

Pós-graduado em Gestão de Segurança Pública e Políticas Públicas *Lato Sensu*, em 2019, pelo Instituto COPPEAD de Administração (UFRJ) – Acadepol (PCERJ).

Professor da Universidade Candido Mendes (UCAM).

Professor da Acadepol – Academia de Polícia Sylvio Terra (PCERJ).

Delegado de Polícia Civil do Estado do Rio de Janeiro.

Lucas dos Reis Montenegro

Especialista em Segurança Pública pela Academia Estadual de Polícia Sylvio Terra.

Mestre em Direito da Regulação pela Fundação Getulio Vargas.

Especialista em Direito Público pela UCAM.

Bacharel em Direito pela UFRJ.

Delegado de Polícia Civil do Estado do Rio de Janeiro.

Monaliza Gonçalves Araujo

Especialista em Segurança Pública pela Academia Estadual de Polícia Sylvio Terra.

Pós-graduada em Direito Processual com Ênfase em Relações Jurídicas do Poder Público pela Universidade Federal Fluminense (UFF).

Bacharel em Direito pela UFF.

Ex-oficial de Cartório Policial da Polícia Civil do Estado do Rio de Janeiro.

Delegada de Polícia Civil do Estado do Rio de Janeiro.

Nathália Caroline de Oliveira Martins

Especialista em Segurança Pública pela Academia Estadual de Polícia Sylvio Terra.

Pós-graduada em Direito Processual Civil pela UCAM.

Bacharel em Direito pela Uniabeu – Centro Universitário.

Delegada de Polícia Civil no Estado do Rio de Janeiro.

Professora em cursos preparatórios. Ex-advogada com experiência há mais de 7 anos nas áreas cível e previdenciária.

SUMÁRIO

INTRODUÇÃO 11

CAPÍTULO I
DISPOSIÇÕES GERAIS 16

CAPÍTULO II
DOS PRINCÍPIOS, DAS DIRETRIZES E DAS
COMPETÊNCIAS 35

Seção I   Dos Princípios Institucionais Básicos 35

Seção II   Das Diretrizes 48

Seção III Das Competências 62

CAPÍTULO III
DA ORGANIZAÇÃO E DO FUNCIONAMENTO 83

Seção I Da Estrutura Organizacional Básica 83

Seção II   Da Delegacia-Geral de Polícia Civil 85

Seção III   Do Conselho Superior de Polícia Civil 94

Seção IV   Da Corregedoria-Geral de Polícia Civil 97

Seção V Da Escola Superior de Polícia Civil 105

Seção VI Das Unidades de Execução 109

Seção VII Das Unidades de Inteligência 128

Seção VIII Das Unidades Técnico-Científicas 135

Seção IX Das Unidades de Apoio Administrativo
e Estratégico 142

Seção X Das Unidades de Saúde 144

Seção XI Das Unidades de Tecnologia 145

CAPÍTULO IV
DOS POLICIAIS CIVIS... 147

Seção I Do Quadro Policial... 147

Seção II Do Concurso, da Investidura e da Promoção 155

Seção III Das Prerrogativas, das Garantias, dos Direitos, dos Deveres e das Vedações..170

CAPÍTULO V
DISPOSIÇÕES FINAIS E TRANSITÓRIAS 198

CONCLUSÕES 219

REFERÊNCIAS BIBLIOGRÁFICAS 222

INTRODUÇÃO

O Congresso Nacional finalmente promulgou a Lei Orgânica Nacional das Polícias Civis (Lei nº 14.735, de 2023), que unifica as regras sobre os direitos, os deveres e as garantias do órgão nos estados e no Distrito Federal. A Proposição Legislativa nº 4.503/2023 foi aprovada em Plenário em outubro de 2023, com a relatoria do senador Alessandro Vieira (MDB-SE), e sancionada, com vetos, pelo Presidente da República Luiz Inácio Lula da Silva.

Em 1988, quando foi promulgada a Constituição Federal (CRFB), após o processo de redemocratização do país, a Assembleia Nacional Constituinte fez constar do art. 24, inciso XVI, da CRFB que caberia à União, de forma concorrente com os Estados, a organização, garantias, direitos e deveres das polícias civis. O modelo previsto muito se assemelhou também à forma organizacional dos Ministérios Públicos Estaduais e das Defensorias Públicas Estaduais, onde caberia à União as regras gerais e aos Estados as regras suplementares.

A Lei Orgânica Nacional das Polícias Civis (LONPC) é fruto de um extenso debate legislativo, e talvez tenha sido o maior desafio político democrático do Congresso Nacional brasileiro. Obter um texto de consenso entre 27 Estados, com Polícias Civis diferentes, com órgãos e nomes de cargos variados, que integram realidades estaduais totalmente distintas e ainda com categorias de policiais civis, que possuem muitas vezes interesses corporativos conflitantes (delegados, inspetores, oficiais, peritos, papiloscopistas etc.) e que, inevitavelmente, seriam abrangidos e atingidos no contexto da regulamentação de uma Lei Orgânica Nacional, fez com que a tramitação do projeto de lei durasse longos 16 anos.

Somado às dificuldades já inerentes para a sanção de uma lei que abrangesse tantos cenários diferentes e colidentes, temos socialmente a compreensão histórica de que, durante o regime militar brasileiro, que regeu o país entre 1964 e 1985, as Polícias Civis estaduais foram utilizadas como braço armado repressor e coletor de informações de inteligência sobre a atuação de grupos subversivos e contrários ao regime. Assim, as polícias civis estaduais acabaram desidratadas e escanteadas no novo regime democrático que resplandecia, sendo tratadas como órgão de somenos importância. Aparentemente a maior preocupação do poder constituinte originário foi manter as polícias civis sob o domínio e o controle do poder civil. Tanto é assim que em seu texto a CRFB prevê apenas de forma enxuta que as Polícias Civis seriam dirigidas por delegados de carreira, exercendo as funções de polícia judiciária para a apuração de infrações penais, e subordinam-se aos Governadores dos Estados.

É indubitável que as funções constitucionais exercidas pela Polícia Civil impactam diretamente todos os demais atores do sistema criminal. Uma instituição investigativa técnica e isenta produz melhores investigações, resguarda direitos fundamentais, previne injustiças, retira da sociedade delinquentes contumazes, inocula quadrilhas, diminui índices de violência, proporciona melhores condições para o oferecimento da denúncia pelo Ministério Público, oferta ao investigado melhores condições para o exercício da ampla defesa e do contraditório no curso do processo e traz mais segurança aos Magistrados no momento da formação de seu livre-convencimento na sentença ou para a relativização de direitos fundamentais no deferimento de cautelares.

Extrai-se nitidamente que a previsão constitucional ficou muito aquém do necessário para o alcance a contento da finalidade precípua das Polícias Judiciárias. Investigar crimes, de quase todos os tipos e em todo o país, talvez seja uma das funções mais importantes do Estado, a que causa maior dano à imagem do cidadão, a que mais faz o Estado parecer eficiente, a que mais traz dividendos políticos, a que exerce a função embrionária de todo o sistema jurídico criminal, a que exerce a função seletiva secundária do direito penal, e talvez uma das que mais colabora com a sensação de bem-estar e segurança do cidadão, deveria assim estar inserida no Capítulo IV da Constituição da República como "Funções Essenciais à Justiça", e jamais como simples órgão integrante da segurança pública.

A simples menção ao cargo de direção, a sua finalidade e a quem ela deve ser subordinada sem a previsão de mecanismos, garantias e meios de evitar, ou pelo menos diminuir o aparelhamento, o sequestro, a instrumentalização e a utilização indevida por pessoas inescrupulosas, grupos criminosos ou politicamente mal-intencionados trouxe graves prejuízos às Polícias Civis Estaduais.

A falta de previsão constitucional principalmente da inamovibilidade, da independência funcional e de vitaliciedade dos delegados – cargo de direção do órgão – fez com que o temor de retaliações, por meio de remoções arbitrárias, que configuram verdadeiras punições geográficas disfarçadas de meras transferências "no interesse da Administração" imobilizasse as Polícias Civis Estaduais e fizesse com que elas tivessem extrema dificuldade em alcançar com êxito sua função constitucional. Não existe independência funcional ou autonomia administrativa sem inamovibilidade.

A inamovibilidade dos delegados de polícia, por consequência lógica, criaria a figura do "Delegado Natural", que seria aquele delegado previamente atribuído de funções para investigar determinado crime ou determinada organização criminosa, impedindo, assim, a nomeação de delegados ad hoc para investigações específicas ou a substituição de delegados de investigações sensíveis quando convenientes a interesses que ressaem o alcance do interesse comum.

Outro ponto, de suma importância para a existência de uma polícia investigativa mais cidadã e democrática, seria o cargo de Corregedor de Polícia Civil ser desvinculado do cargo do Delegado Geral de Polícia. Apesar dos diversos avanços trazidos, a LONPC perdeu uma grande oportunidade de retirar do Delegado Geral de Polícia Civil, indicado politicamente, o poder de escolher o Corregedor Geral de Polícia que exerce uma função eminentemente técnica.

A função da Corregedoria de Polícia é essencial ao pleno funcionamento e à credibilidade da instituição perante a sociedade. A Corregedoria deve ser forte e independente politicamente. Não pode ficar ao livre alvedrio do grupo político que exerça momentaneamente o poder, o ideal teria sido que o Corregedor Geral fosse indicado para o exercício da função por meio de mandato, por tempo determinado, deliberado por um Colegiado de Delegados, hoje chamado de Conselho Superior de Polícia, órgão integrado por policiais civis e composto por representantes de todos os cargos efetivos da corporação, com a possibilidade de eleição de seus membros e participação paritária. Isso traria maior transparência, legitimidade e isenção para o atuar do órgão.

Como a Constituição Federal optou por ser extremamente econômica quando se refere às polícias civis estaduais, caberia então à LONPC trazer meios e garantias para o livre-exercício da função investigativa, o que neste ponto ela deixou a desejar.

Em verdade, em razão da dificuldade extrema da obtenção de consenso social democrático sobre o funcionamento e a existência das Polícias Civis Judiciárias Estaduais, somada à eterna queda de braço corporativista de outras instituições, a luta interna de categorias de servidores públicos, a ânsia máxima de contenção e intervenção política partidária nas polícias investigativas do Estado e o desejo de controle da atividade investigativa por parte dos governadores dificultaram um avanço mais substancial em termos estruturais e de funcionamento.

Se por um lado a LONPC não impediu a instrumentalização das Polícias Judiciárias Estaduais, por outro, foi extremamente importante para uniformizar o funcionamento delas em todo o país e trazer assim um cunho de unidade nacional. Um país de dimensão constitucional como o Brasil necessitava de uma lei que uniformizasse o funcionamento nacional das Polícias Civis Estaduais, definisse expressamente suas atribuições assegurando que, dentre elas, estão a apuração de crimes; o cumprimento de mandados de prisão, de busca e apreensão e outras ordens judiciais relacionadas a investigações criminais; a execução de outras atividades de polícia judiciária civil; a preservação de locais de ocorrência de crimes; a identificação civil; e a execução de perícias oficiais.

São positivações legais e expressas de atribuições e definições de competência que, apesar de importantes, não são necessariamente novidades no ordenamento jurídico, já que muitas delas já constavam de forma esparsa no Código de Processo Penal (CPP), na Lei do SUSP e em diversas leis processuais e penais, mas que serve de forma primária para a organização, a uniformização e o funcionamento.

Outro ponto relevante foi os policiais civis terem assegurado por lei, entre outros direitos, o porte de arma de fogo em todo o território nacional (mantido mesmo após a aposentadoria), a prisão especial, o ingresso e o livre-trânsito em qualquer recinto em razão da função, a prioridade em serviços de transporte quando em missão emergencial, assim como a estabilidade depois de três anos de efetivo exercício no cargo.

Outra garantia relevante é a de que, em caso de morte do policial civil por agressão, doença ocupacional, contaminação por moléstia grave ou em razão da função policial, os dependentes terão direito a pensão (vitalícia, no caso do cônjuge) equivalente à remuneração do cargo da classe mais elevada e nível à época do falecimento. São direitos e garantias ao servidor policial que trazem dignidade e são necessárias àquele que dedica a vida a servir ao próximo, com sua própria vida, caso seja necessário.

Assim, diante de todo o contexto histórico e sociocultural, todos os interesses e todas as dificuldades para se debater e se aprovar uma Lei Nacional da Polícias Civis, se a Lei nº 14.735/2023 não foi a melhor que atenderia a todos os anseios e expectativas de todos os policiais civis, foi com a lei que foi possível obter um consenso para fazer a instituição progredir. O desafio de agora em diante é aprimorá-la cada vez mais em busca de construir polícias investigativas estaduais fortes, autônomas, respeitadas, eficientes, democráticas e cidadãs.

CAPÍTULO I
DISPOSIÇÕES GERAIS

Leonardo Affonso D. dos Santos

Art. 1º As polícias civis, dirigidas por delegado de polícia em atividade e de classe mais elevada nomeado pelos governadores dos Estados e do Distrito Federal, são instituições permanentes, com funções exclusivas e típicas de Estado, essenciais à justiça criminal e imprescindíveis à segurança pública e à garantia dos direitos fundamentais no âmbito da investigação criminal.

A primeira parte do art. 1º da LONPC reitera que o cargo de delegado de polícia está no topo da hierarquia do órgão e exerce a função de comando, direção e controle, reafirma o vínculo direto das Polícias Civis Judiciárias Estaduais ao Poder Executivo, mantém a nomeação e a subordinação do Delegado de Polícia Geral ao Governador do Estado. Conforme se percebe, até então, a LONPC não traz nenhuma novidade, já que apenas repete de forma obrigatória o art. 144, §§ 4º e 6º, da CRFB.

Na verdade, nesse ponto, o Congresso Nacional perdeu uma excelente oportunidade de incluir na LONPC a necessidade da elaboração de uma lista tríplice para a escolha dos Delegados Gerais de Polícia pelos Governadores do Estados. A LONPC assevera que as Polícias Civis são essenciais à justiça criminal, imprescindíveis à segurança pública e à garantia dos direitos fundamentais no âmbito da investigação criminal.

Então a indicação meramente política do Delegado Geral de Polícia Civil, sem absolutamente nenhuma participação dos demais delegados, da sociedade e sem nenhuma aferição de mérito do indicado acaba por distorcer todo o funcionamento do órgão provocando rupturas internas que atingem sua eficiência, desestimulam policiais, indo na contramão de todos os objetivos previstos na própria LONPC.

A forma de escolha do Delegado de Polícia Geral direta pelo Governador do Estado, ao invés de privilegiar a honorabilidade, a honradez, a produtividade, a capacidade técnica e operacional, o reconhecimento de seus pares e subordinados, está mais atrelada ao alinhamento político-ideológico do delegado indicado com os grupos políticos detentores momentâneos do poder.

Vale lembrar que a escolha política do Delegado Geral de Polícia Civil "impactará diretamente na projeção de segurança pública de um estado. Isso porque as políticas públicas acabam sendo planejadas para um curto espaço de tempo, restritas ao período de atuação do governador eleito com nítido viés político partidário" (Ziehe, 2023, p. 80).

A necessidade da lista tríplice para o exercício do mais alto cargo de intuições essenciais, permanentes de envergadura constitucional, não é exatamente uma novidade, já que foi prevista para integrar o Tribunal de Justiça dos Estados, o Tribunal Regional Federal, o Tribunal Regional Eleitoral, por meio do quinto constitucional, o cargo de Procurador Geral de Justiça do Estado, o cargo de Defensor Público Geral do Estado, o cargo de Defensor Público Geral da União, todos com funções delimitadas na Constituição Federal.

Se para todas as instituições que exercem parcela de poder ou funções no sistema jurídico criminal é necessária a elaboração de lista tríplice com a indicação de três nomes da categoria para a escolha do Chefe do Executivo, visando alcançar a mínima blindagem dessas instituições para o isento exercício de suas funções, atribuições e competências, por que nas Polícias Civis Judiciárias estaduais haveria de ser diferente? Qual seria o prejuízo à sociedade em se admitir uma lista tríplice para o exercício do cargo máximo do órgão que exerce as funções investigativas de Estado?

As Polícias Civis Estaduais operam na segunda fase do processo de seletividade penal daqueles indivíduos que serão objetos de incidência do poder punitivo estatal. A primeira fase do processo de seleção cabe ao legislador ao criar o tipo penal, já na segunda, as Polícias Civis Estaduais são instadas a selecionar as pessoas que serão investigadas, que sentirão o peso do Estado investigando suas condutas e que poderão ingressar no sistema jurídico criminal.

Noutro giro, como cada escolha implica uma renúncia, a mesma Polícia Civil Estadual também irá dizer quem estará de fora do alcance da investigação, e consequentemente fora do âmbito de incidência do aparato repressor estatal. Assim, falta razoabilidade, dentro de um sistema jurídico-penal pretensamente sistêmico, justo e igualitário, deixar a principal porta de entrada do sistema criminal, desguarnecida de toda e qualquer ingerência externa, sujeita a qualquer tipo de interesse que não seja apenas a vontade da lei.

Não há que se argumentar que a promulgação de uma LONPC, pelo Chefe do Poder Executivo da União, no exercício da sua competência constitucional prevista no art. 24, XVI, da CRFB, que trouxesse a necessidade de uma lista tríplice para a nomeação do Delegado Geral de Polícia Civil pelo Governador do Estado, seria inconstitucional, por retirar a subordinação do Delegado Geral de Polícia ao Governador, já que em momento algum a imposição da lista tríplice retiraria ou impediria a subordinação do Delegado Geral de Polícia pelo Governador do Estado, apenas criaria um requisito legal para a sua indicação.

Vale lembrar que o próprio art. 1º da LONPC criou dois requisitos objetivos para a nomeação do Delegado Geral de Polícia pelo Governador, que não foram previstos na Constituição Federal, quais sejam, ser delegados em atividade e de classe mais elevada. A criação de dois requisitos objetivos para a nomeação do Delegado Geral de Polícia em momento algum afeta a subordinação desse ao Chefe do Executivo Estadual, apenas cria balizas para que a escolha do principal cargo de direção das Polícias Civis Estaduais tenha como único e direto objetivo o interesse público primário e o bem comum.

O primeiro requisito previsto na LONPC para a nomeação como Delegado Geral de Polícia é o servidor estar em atividade, ou seja, não estar aposentado, não ter seu vínculo rompido definitivamente com a Administração Pública. Não há a necessidade de estar no exercício das funções policiais, assim, o delegado que esteja exercendo suas funções fora da Polícia Civil pode ser nomeado Delegado Geral de Polícia, mas ele não pode ser aposentado.

O segundo requisito objetivo é a necessidade de o delegado ser da mais alta classe para poder ser nomeado como Delegado Geral de Polícia. Dentro de uma instituição que preza pela hierarquia como um de seus princípios, nada mais razoável e natural que o cargo máximo do órgão somente possa ser exercido por aqueles delegados que estejam na última classe da carreira funcional.

Esses dois requisitos serão novamente citados expressamente no art. 8º da LONPC quando tratar dos requisitos para o exercício da função de Delegado Geral.

O art. 1º da LONPC, em sua segunda parte, afirmou que as Polícias Civis Estaduais "**são instituições permanentes**, com funções exclusivas e típicas de Estado, **essenciais à justiça criminal**".

Inicialmente vale lembrar que as instituições essenciais à justiça se encontram no Capítulo IV da CRFB, sendo elas o Ministério Público, a Advocacia Pública, a Advocacia e a Defensoria Pública, onde o poder constituinte originário apenas citou expressamente como de caráter permanente o Ministério Público e a Defensoria Pública.

Buscando esclarecer o alcance dos adjetivos essenciais e permanentes atribuídos constitucionalmente àquelas instituições, Carlos Roberto de C. Jatahy (2021, p. 12) esclarece que

> a expressão permanente acrescida da condição de essencial – isto é indispensável – a própria função jurisdicional do Estado gera reflexos impeditivos ao próprio poder de reforma da Constituição com a finalidade de extirpar do texto constitucional o parquet.

No mesmo sentido, Diogo Esteves e Franklyn Roger (2018, p. 115) asseveram que

> seguindo a acepção lexicográfica dos termos essencial e permanente, a Defensoria Pública deve ser compreendida como parte necessária e indispensável da ordem constitucional. [...] Em razão de sua importância e de sua essencialidade na preservação igualitária da ordem jurídica constitucional a Defensoria constitui parte integrante da

identidade política, ética e jurídica da Constituição Federal, estando sua existência e suas características elementares permanentemente preservadas da ação erosiva do poder constituinte derivado reformador.

Conforme se percebe, o poder constituinte originário faz incidirem os adjetivos de essenciais e permanentes ao Ministério Público e à Defensoria Pública de forma a colocá-los a salvo de qualquer extinção levada a efeito pelo poder constituinte reformador. Tratando assim ambas as instituições como cláusulas pétreas implícitas.

No caso das Polícias Civis Estaduais, quando a LONPC prevê que elas são "permanentes e essenciais à segurança pública", fica aparentando que o objetivo foi, por um lado, atender ao *lobby* político contra a possibilidade de unificação das polícias militares e civis, e, por outro lado, foi aproximar as Polícias Civis das carreiras jurídicas.

Na concepção teórica é muito importante e salutar a aproximação das Polícias Civis Estaduais das carreiras jurídicas porque a essencialidade do trabalho investigativo desenvolvido pelas Polícias Civis é a mola mestre de todo o sistema criminal, trazendo mais respeito e dignidade aos policiais civis que diuturnamente atuam em conjunto com Defensores, Promotores e Juízes; já na concepção prática, a utilização dos conceitos de "permanência e de essencialidade" para as Polícias Civis Estaduais, em âmbito infraconstitucional, traz insegurança, pois pode vir a sofrer uma futura revogação ou modificação da LONPC.

O ideal é que a previsão de "permanência e essencialidade" das instituições seja concebida constitucionalmente, para colocá-las livres de qualquer reforma constitucional. As Polícias Civis Estaduais presentes no art. 144 da CRFB não são instituições que foram consideradas permanentes e essenciais pelo poder constituinte originário, então são possíveis a extinção, a modificação e a unificação delas por emendas constitucionais.

De toda maneira, é um avanço à previsão contida em uma lei complementar da "permanência e essencialidade" das Polícias Civis em todo o território nacional.

A terceira parte do art. 1º da LONPC é muito interessante e necessária. Reza o referido artigo que as Polícias Civis Estaduais exercem "funções exclusivas e típicas de Estado". Ao reconhecer que as funções investigativas das Polícias Civis Estaduais são funções exclusivas e típicas de Estado, o legislador nacional abre a possibilidade de os Estados, em sua competência concorrente, criarem Autarquias Estaduais de Investigações Criminais.

Previstas na Constituição Federal, na Constituição do Estado do Rio de Janeiro e no Decreto-Lei nº 200/1967, as autarquias são

> serviços autônomos criados por lei, com personalidade jurídica de direito público, patrimônio e receita próprios, para executar atividades típicas da administração pública, que requeiram, para seu melhor funcionamento, gestão administrativa e financeira descentralizada.

A consideração pela LONPC das funções das Polícias Civis como exclusivas e típicas de Estado possibilita ao gestor probo estadual que seja criada uma inédita Polícia Civil Estadual Autárquica com lista tríplice para o exercício da função de Delegado Geral, tempo de mandato para o Delegado Geral de Polícia, independência administrativa e financeira, diminuição da perniciosa ingerência política, inamovibilidade dos servidores, ampla fiscalização externa pela sociedade e pelas demais instituições e objetivos muitas vezes diversos daqueles buscados por grupos que somente pensam na manutenção de seus mandatos populares e na perpetuação de seu grupo político no poder.

A ideia para o desenvolvimento de uma Polícia Civil Autárquica Estadual foge do escopo da presente obra, mas, diante do texto expresso da LONPC, é uma hipótese de fortalecimento das Polícias Judiciárias que não pode ser descartada de plano, merecendo maior aprofundamento e amadurecimento em estudos futuros.

Derradeiramente, a última parte do *caput* do art. 1º da LONPC afirma que as polícias civis são "imprescindíveis à segurança pública e à garantia dos direitos fundamentais no âmbito da investigação criminal". A lei ratifica a previsão constitucional de que todos os órgãos que foram elencados no art. 144 da CRFB são imprescindíveis, como dever do Estado, à realização da segurança pública, e devem respeito às garantias fundamentais dos cidadãos previstas na CRFB, inclusive as Polícias Civis.

Há uma expressa divisão constitucional das atribuições da Segurança Pública entre as Polícias Federal, Civil, Militar, Rodoviária, Ferroviária, Penal, e o Corpo de Bombeiros, na qual couberam às Polícias Civis as funções de polícia judiciária e a apuração de infrações penais, exceto as militares. Assim a imprescindibilidade das Polícias Civis para a realização das políticas de segurança pública foi prevista expressamente pelo poder constituinte originário, e foi ratificada na LONPC.

Com relação aos direitos fundamentais constitucionais, eles são autoaplicáveis, normas de eficácia constitucional plena segundo a clássica lição de José Afonso da Silva, de observância obrigatória por todos os poderes, órgãos, entidades e servidores do Estado Brasileiro, as Polícias Civis devem, como todas as outras instituições, ter como parâmetro de atuação, no âmbito da investigação criminal, a garantia dos direitos fundamentais.

Além disso, nas investigações criminais, o Ministério Público exerce o controle externo da atividade policial, e o Poder Judiciário exerce a função de preservação de direitos fundamentais garantidos constitucionalmente em situações em que a Constituição Federal exige reserva de jurisdição, assim, ainda há essas duas outras formas de controle com relação à garantia dos direitos fundamentais no âmbito da investigação criminal.

Em resumo podemos afirmar que, no art. 1º da LONPC, o legislador teve uma preocupação com os princípios basilares do Direito, asseverou a necessidade da instituição para a segurança pública e para a garantia dos direitos fundamentais, além de ter estipulado a criação de requisitos objetivos para a nomeação do Delegado Geral de Polícia, como também a possibilidade de criação de autarquias estaduais.

Parágrafo único. A função de polícia civil sujeita-se à prestação de serviços em condições adversas de segurança, com risco à vida, e de serviços noturnos e a chamados a qualquer hora, inclusive com a realização de diligências em todo o território nacional.

O parágrafo único do art. 1º da LONPC ratifica situações evidentes no dia a dia de um policial admitindo que a prestação de serviço é realizada em condições adversas, com risco à vida, com serviços noturnos e que podem ser chamados a qualquer hora, inclusive com a possibilidade de diligências em todo o território nacional.

CAPÍTULO I DISPOSIÇÕES GERAIS

A primeira parte do parágrafo, na qual se admite que a prestação do serviço policial é realizada em condições adversas de segurança e com risco à vida, é de suma importância para finalmente ser reconhecido o direito à percepção do adicional de remuneração para as atividades penosas, insalubres ou perigosas previsto no art. 7°, inciso XXIII, da CRFB, que deve ser lido de forma sistemática também junto do art. 39, § 4°, da CRFB.

A Constituição Federal, em seu Título II, prevê os direitos fundamentais do cidadão, os quais consagram a limitação do exercício de poder pelo Estado, sendo pedra angular do Estado Democrático de Direito. Dentro do Título destinado aos direitos e garantias fundamentais, o constituinte originário previu no art. 7° os direitos sociais de TODOS OS TRABALHADORES URBANOS E RURAIS e, dentre eles, o adicional de remuneração para as atividades penosas, insalubres ou perigosas, na forma da lei.

Vale registrar que o art. 7°, inciso XXIII, da CRFB, que, por força do art. 39, § 4°, da CRFB, se aplica também aos servidores ocupantes de cargo público, é considerado pela melhor doutrina como norma constitucional de eficácia limitada, ou seja, é uma norma constitucional que, desde sua criação, possui aplicabilidade mediata e indireta, uma vez que depende da emissão de uma normatividade futura. Ou seja, essas normas não produzem, com a simples promulgação da Constituição ou da edição de uma emenda constitucional, os seus efeitos essenciais, dependendo da regulamentação posterior que lhes entregue a eficácia mediata, direta e integral.

Quando a LONPC afirma que o serviço policial é realizado em condições adversas de segurança e com risco à vida, atende à necessidade constitucional de lei para tornar o dispositivo imediatamente aplicável. No caso específico do Estado do Rio de Janeiro, o direito à percepção do adicional de insalubridade, além de estar previsto no art. 83, inciso XVIII, da CRFB, também está previsto no art. 43, inciso VI, da Lei Complementar (LC) n° 204/2022 (Lei Orgânica da Polícia Civil do Estado do Rio de Janeiro – LOPCERJ).

A segunda parte do parágrafo único do art. 1° da LONPC reza que **os policiais civis realizam** serviços noturnos e podem ser chamados a qualquer hora. Em relação ao exercício de serviço noturno, a previsão legal em tese complementaria a norma constitucional situada no art. 7º, inciso IX, da CRFB, que, somada à previsão do art. 39, § 4º, também da CRFB, e, no caso do Rio de Janeiro, ao art. XXVII da LOPCERJ (LC nº 202/2022) possibilitaria a percepção do adicional noturno por parte dos policiais civis que realizassem esse trabalho diferenciado.

Ocorre que o plenário do Supremo Tribunal Federal (STF), na ADI nº 5.404/DF, que questionava a constitucionalidade da Lei nº 11.358/2006 – que regulamentava a percepção do adicional noturno concedido aos policiais rodoviários federais – decidiu que "o regime de subsídio dos policiais rodoviários federais não é compatível com o recebimento de outras parcelas inerentes ao exercício do cargo".

O ministro ressaltou também

> que a lei federal, ao fixar o subsídio da categoria, incluiu na parcela única as verbas destinadas a compensar o desgaste físico e mental causado pelas atividades próprias do cargo. O deferimento de adicional noturno para o exercício de funções inerentes ao cargo configuraria aumento de vencimentos pelo Poder Judiciário, em afronta à Constituição e à jurisprudência pacífica do STF.

Dessa forma, entendeu o STF que as Polícias Rodoviárias Federais e, por consequência, as Polícias Civis, são carreiras de Segurança Pública, que, nos termos do art. 144, inciso IV e § 9º, da CRFB, são remuneradas, exclusivamente, por subsídio fixado em parcela única, vedado o acréscimo de qualquer adicional, nos termos do art. 39, § 4º, da CRFB.

Tal entendimento também foi encampado pelo Tribunal de Justiça do Estado do Rio de Janeiro (TJRJ), que, no IRDR nº 0073573-37.2021.8.19.0000, fixou a seguinte tese para o fim do art. 985 do Código de Processo Civil (CPC):

> Não há direito à percepção de adicional noturno pela categoria de Policial Civil do Estado do Rio de Janeiro, que exerce a atividade profissional em regime de plantão e revezamento, por constituir acréscimo baseado em atributos inerentes à atividade de segurança pública.

CAPÍTULO I DISPOSIÇÕES GERAIS

É de se lamentar que direitos sociais básicos consagrados na Constituição Federal, na Constituição Estadual, em Lei Federal, em Lei Complementar Estadual não tenham efetivação e não alcancem os trabalhadores policiais tão somente por ser entendido que não cabe absolutamente nenhum acréscimo ao seu vencimento, em razão de o mesmo ser percebido por meio de subsídio de parcela única.

A primeira razão que torna as referidas decisões questionáveis é que facilmente se constata que o limite à percepção do vencimento por meio de parcela única de subsídio somente se aplica aos policiais civis, já que é notória a quantidade de indenização, gratificações e auxílios que as carreiras da Magistratura, do Ministério Público e das Defensorias Públicas percebem.

Diariamente surgem informações sobre a criação de novos auxílios às carreiras jurídicas que, além de superarem o teto constitucional, também não integram a vedação da parcela única do subsídio à qual também estão sujeitos. Então fica difícil sustentar a impossibilidade de não percepção de direitos básicos e sociais tão somente pelo fato de o integrante da Polícia Judiciária não ser considerado carreira jurídica. A violação do princípio constitucional da isonomia é evidente, trazendo um toque de mero preconceito contra a categoria dos policiais.

No entanto, a decisão do TJRJ, que reza que o policial civil não tem direito à percepção de adicional noturno, porque este adicional constitui acréscimo baseado em atributos inerentes à atividade de segurança pública, não merece prosperar porque deixa de considerar peculiaridades básicas do funcionamento das Instituições Policiais, já que no seio dela existem muitas diferenças entre os efetivos trabalhos que são realizados pelos policiais civis.

No interior das Polícias Civis existem diversos setores, diversas funções, com muitas atribuições, nos quais a grande maioria dos policiais civis acaba optando por não exercer de forma voluntária nenhum serviço noturno. E não há que se argumentar que policial civil tem de trabalhar quando for designado, porque o policial civil é um ser humano com intelecto e vontade, que busca em suas decisões aquilo que for melhor e mais conveniente para ele, assim, por óbvio, também faz suas opções pessoais de quando e onde prefere exercer seu múnus público.

Ora se pode cumprir sua carga horária legal durante o expediente diurno, para que o mesmo se submeteria a ficar noites sem dormir, realizando diligências na rua, onde se sabe que o risco à noite é maior, atendendo partes na madrugada, sem dormir, perdendo tempo de lazer com sua família no dia seguinte porque teria de descansar da noite mal dormida? Pensar que policiais civis são robôs sem intelecto e sem vontade, que não questionam e não buscam os melhores locais para trabalhar, que exercem em qualquer função e local o melhor serviço público possível, além de ingenuidade é uma forma de afronta à inteligência de toda a categoria.

Quando decisões judiciais de efeitos vinculantes violam o princípio da isonomia, tratando situações diferentes de forma igual, causam uma enorme debandada interna de servidores das funções, em tese desprestigiadas, que passam a não desejar realizar funções noturnas de plantão.

Os plantões noturnos exigem muito mais física, psicológica e familiarmente do policial civil e passam a ser tratados como punições administrativas, sendo utilizados muitas vezes como forma de assédio moral e de perseguição a policiais que não se enquadram ideologicamente com os detentores momentâneos do poder político ou que desagradem de alguma forma a administração superior do órgão.

Diante das decisões do STF e do TJRJ, nitidamente se percebe que os adicionais de insalubridade e noturno, direitos sociais básicos do trabalhador, mesmo constantes da CRFB, da Constituição Estadual do Rio de Janeiro, da LONPC e da LOPCERJ, dificilmente serão concretizados, já que esbarram na inconstitucionalidade da obrigatoriedade de o pagamento dos vencimentos dos policiais ser realizado em parcela única de subsídios, então serão apenas direitos de papel, jamais exercidos pelos policiais civis de todo o país.

A terceira parte do parágrafo único do art. 1º da LONPC diz que os policiais civis são "chamados a qualquer hora, inclusive com a realização de diligências em todo o território nacional". Esse ponto é extremamente importante para os policiais civis, porque positiva que todos sem exceção trabalham em regime de sobreaviso. O sobreaviso é a modalidade de trabalho em que o servidor, mesmo em seu período de descanso, fica à disposição da Administração Superior, aguardando alguma ordem.

Nesse ponto vale esclarecer que há uma divisão teórica entre o regime de prontidão e o de sobreaviso. Na verdade, são duas formas diferentes de estar à disposição do empregador. No regime de prontidão, o servidor fica dentro das dependências do local de trabalho, pronto para ser chamado. Já no sobreaviso ele recebe um aviso de que poderá ser requisitado, então já fica em alerta para um chamado a qualquer momento, por isso ele pode estar em sua casa ou em qualquer outro lugar. A evolução dos meios tecnológicos praticamente fez com que todos os trabalhadores e servidores estivessem trabalhando na modalidade de sobreaviso, já que a conectividade atual impele todos a respostas imediatas e cria demandas eternamente urgentes.

A Súmula nº 428 do Tribunal Superior do Trabalho (TST) esclareceu que sobreaviso é quando o colaborador, mesmo a distância e em seu período de folga, fica submetido ao controle da empresa, podendo ser chamado a qualquer momento.

> Súmula nº 428 do TST
>
> II – Considera-se em sobreaviso o empregado que, a distância e submetido a controle patronal por instrumentos telemáticos ou informatizados, permanecer em regime de plantão ou equivalente, aguardando a qualquer momento o chamado para o serviço durante o período de descanso.

E agora como isso poderia ser importante aos policiais civis? No Estado do Rio de Janeiro, a Lei nº 6.162/2012, em seu art. 6º, instituiu o Regime Adicional de Serviço (RAS) aos policiais civis, conceituando-o como o sistema de horas adicionais de trabalho mediante contraprestação pecuniária adicional pelas horas excedentes trabalhadas.

O art. 3º do Decreto nº 43.538/2012 regulamentou o art. 6º da referida lei esclarecendo que o RAS, tomando-se em conta o mês com duração de 30 (trinta) dia, deveria ser entendido como turnos adicionais que excedessem a 144 (cento e quarenta e quatro) horas mensais efetivas de turnos regulares, na hipótese de plantão ou turnos adicionais aqueles que excedessem 40 (quarenta) horas semanais efetivas de expedientes regulares, atendendo assim a carga horária máxima de trabalho prevista no art. 7º, inciso XIII, da CRFB.

Atualmente, um policial civil do Rio de Janeiro – tomando-se em conta o mês com duração de 30 dias, para cumprir a carga horária de 144 (cento e quarenta e quatro) horas mensais – lotado no plantão deveria tirar seis plantões mensais de 24h, que totalizariam exatamente as 144h mensais previstas no art. 7º, inciso XIII, CRFB, na Constituição Estadual, na Lei nº 6.162/2012 e no Decreto nº 43.538/2012.

Ocorre que, para burlar o limite de seis plantões mensais e obrigar o policial civil a tirar sete ou oito plantões, dependendo do mês, restou sufragado o entendimento de que a cada seis horas de trabalho ininterrupto o policial teria uma hora de descanso. Como se fosse possível descansar em uma delegacia policial. Assim, a cada 24h de trabalho, 4h seriam dedicadas ao descanso, o que contabilizaria 20h de trabalho por plantão e a necessidade de se tirar 7 plantões no mês para totalizar 140h, e restariam ainda 4 horas sobressalentes para poder cumprir os plantões dos meses compostos por 31 dias.

Tal forma de entendimento prejudica sobremaneira o policial plantonista, já que na teoria lhe são concedidas 4h de descanso por cada 24h de efetivo trabalho ou 1h a cada 6 horas mas na prática a demanda o impele a trabalhar as 24h de forma compulsiva e ininterrupta, já que ele fica de sobreaviso quando sai da sede para descansar, almoçar ou jantar, ou de prontidão quando almoça, janta ou descansa na própria unidade policial em que trabalha.

Com a determinação legal constante da LONPC, de que os policiais civis podem ser chamados **a qualquer hora, inclusive com a realização de diligências em todo o território nacional**, restou superado o argumento de que em um plantão de 24h ininterruptas de trabalho haveria algum momento de descanso. Não há descanso quando o policial pode ser instado a atuar em qualquer momento, em qualquer hora, em qualquer lugar. O desgaste emocional, físico e psicológico de estar de sobreaviso ou prontidão é enorme, devendo ser respeitada na íntegra a carga horária máxima de 144 horas mensais ou 40 horas semanais, equivalente a 6 plantões mensais.

Art. 2º As polícias civis são integrantes operacionais do Sistema Único de Segurança Pública (Susp) e compõem o sistema de governança da política de segurança pública dos Estados, do Distrito Federal e dos Territórios.

CAPÍTULO I DISPOSIÇÕES GERAIS

A Lei nº 13.675/2018 instituiu o Sistema Único de Segurança Pública (Susp) e criou a Política Nacional de Segurança Pública e Defesa Social (PNSPDS), com a finalidade de preservação da ordem pública e da incolumidade das pessoas e do patrimônio, por meio de atuação conjunta, coordenada, sistêmica e integrada dos órgãos de segurança pública e defesa social da União, dos Estados, do Distrito Federal e dos Municípios, em articulação com a sociedade.

O Susp vem de forma tardia no ordenamento jurídico brasileiro, muito provavelmente em razão do receio que a Assembleia Constituinte de 1988 teve de centralizar poderes de segurança pública em um único órgão e assim facilitar que novos atores pudessem novamente atentar contra a democracia. Percebe-se que a Assembleia Constituinte que pulverizou a Segurança Pública foi a mesma que criou o Sistema Único de Saúde (SUS) ou o Sistema Único de Assistência Social, novidades revolucionárias trazidas pelo poder constituinte originário, que, além de plantar uma semente de um Estado Social, prometia garantir a todos os cidadãos brasileiros, sem distinção, um amplo acesso à saúde e à assistência social.

Na Segurança Pública, o intuito do poder constituinte originário foi totalmente oposto. Como o Brasil passava por uma redemocratização após 24 anos de uma ditadura empresarial militar, em que as Forças Armadas se uniram às polícias dos Estados para reprimir de forma violenta qualquer tentativa de retomada de poder ou qualquer crítica ao regime ditatorial imposto, a Assembleia Constituinte optou por dividir o poder gerente da Segurança Pública entre a União e os Estados, buscando assim evitar nova centralização de forças policiais armadas que pudesse gerar uma futura tentativa de novo golpe militar.

Por um lado, o objetivo foi alcançado, já que o poder gerente da segurança pública, sendo atribuição de órgãos diferentes, tornou-se quase impossível de unificação e centralização para qualquer nova finalidade golpista. Ocorre que, por outro lado, a pulverização da gerência da segurança pública fez com que diversos microssistemas de segurança pública fossem instalados no país e, com o avanço da tecnologia, da integração tecnológica, da diminuição de barreiras e fronteiras e a exponente evolução dos crimes transnacionais, a forma de exercício descentralizado de segurança pública brasileira tornou-se lenta, obsoleta e arcaica.

Vale lembrar que a União possui atribuição por meio da Polícia Federal para apurar infrações penais contra a ordem política e social ou em detrimento de bens, serviços e interesses da União ou de suas entidades autárquicas e empresas públicas, assim como outras infrações cuja prática tenha repercussão interestadual ou internacional e exija repressão uniforme, segundo se dispuser em lei; para prevenir e reprimir o tráfico ilícito de entorpecentes e drogas afins, o contrabando e o descaminho, sem prejuízo da ação fazendária e de outros órgãos públicos nas respectivas áreas de competência; para exercer as funções de polícia marítima, aeroportuária e de fronteiras; e para exercer, com exclusividade, as funções de polícia judiciária da União.

Dessa forma, atualmente cada Estado possui seu plano de segurança pública, e a União tem seus órgãos de segurança que atuam nas suas atribuições constitucionais, nascendo assim um grande ruído na integração para o efetivo exercício da segurança pública. E, convenhamos, se formos pensar detidamente, com a integração tecnológica e a globalização, praticamente todos os crimes hoje podem ser praticados de forma interestadual, senão vejamos como exemplo: estelionato em que o autor, residindo em Roraima, pratica fraude em site de locação de imóveis no Rio de Janeiro; roubo de carga no qual a carga subtraída valiosa é encomendada por autor residente em Estado diverso; divulgação de conteúdo sexual na internet; difamação e calúnia realizadas em redes sociais; apropriação indébita praticada por meio de sites de compra e venda; organização criminosa de atuação nacional; milícias que atuam em vários estados infiltradas em diversas esferas de poder; tráfico de drogas; tráfico de armas... são inúmeros exemplos em que o combate a estes crimes interestaduais torna-se, na prática, impossível pelos Estados individualmente.

Nessa intenção de integração surge o SUSP, o qual atribuiu, em seu art. 3º, a competência à União para estabelecer a PNSPDS, e aos Estados, ao Distrito Federal e aos Municípios estabelecer suas respectivas políticas, observadas as diretrizes da política nacional, e não poderia ser diferente, já que a Constituição Federal atribui aos Estados a segurança pública e a subordinação das polícias civis e militares.

Diante do texto constitucional da subordinação das polícias civis e militares ao governador, e com a determinação exata da competência da

União, apesar da existência da Lei do SUSP (Lei nº 13.675/2018), pouco se avançou para que houvesse uma maior integração entre diversos órgãos distintos de segurança para o combate da criminalidade.

Como existir integração e harmonia entre órgãos com funcionamento distintos, atribuições distintas, sistemas policiais distintos, carreiras distintas, comandos distintos, objetivos distintos e até realidades territoriais e criminais distintas?

A Lei do Susp atribui à União estabelecer a PNSPDS, mas como fazer uma Política Nacional de Segurança se os crimes interestaduais já são constitucionalmente atribuições da própria União e os Estados individualmente devem realizar as suas próprias Políticas de Segurança?

Por óbvio o combate à criminalidade no Estado do Rio de Janeiro é totalmente diferente do combate à criminalidade em Roraima. As prioridades de alocação de recursos, servidores e instrumentos são totalmente diferentes de Estado para Estado.

A LONPC surge nesse cenário para reafirmar que as polícias civis são integrantes operacionais do Susp e compõem o sistema de governança da política de segurança pública dos Estados, do Distrito Federal e dos Territórios. Sendo mais uma tentativa de uma operacionalização efetiva do Susp

Art. 3º A lei orgânica da polícia civil de cada Estado, do Distrito Federal e de cada Território, cuja iniciativa cabe ao respectivo governador, deve estabelecer, observadas as normas gerais previstas nesta Lei, regras específicas sobre:

I – estrutura, organização, competências específicas e funcionamento de unidades;

II – requisitos para investidura em cada cargo, com as devidas promoções e progressões;

III – atribuições funcionais de cada cargo;

IV – direitos, prerrogativas, garantias, deveres e vedações;

V – Código de Ética e Disciplina; e

VI – diretrizes para a elaboração da proposta orçamentária.

O art. 3º da LONPC obedece a previsão constitucional contida no art. 144, § 6º, a qual prevê que as Polícias Civis são subordinadas aos Governadores dos Estados, assim, diante dessa subordinação constitucional, é natural que caiba ao Governador a iniciativa de lei que organize as Polícias Civis.

Antes mesmo de constar da LONPC, a iniciativa para a propositura de lei que dispusesse sobre servidores públicos do Estado, seu regime jurídico, provimento de cargos, estabilidade e aposentadoria já estava expressamente prevista na Constituição Federal no art. 39 e, de forma simétrica, no art. 61, § 1º, inciso II, alínea "c".

Em que pese a previsão constitucional de subordinação das Polícias Civis aos Governadores Estaduais e a possibilidade antiga de edições de Leis Orgânicas, muitos Estados não possuem uma lei específica que ordene e organize exclusivamente o funcionamento das Polícias Civis, mas, como toda Administração Pública está sujeita ao princípio da legalidade, previsto no art. 37 da CRFB, é evidente que quase todos os incisos previstos no art. 3º da LONPC constem de legislações estaduais.

Infelizmente é uma realidade que o funcionamento macro de muitas Polícias Civis ainda é regido por leis e decretos estaduais esparsos e até mesmo com aplicação subsidiária dos estatutos dos servidores públicos em geral.

Como a iniciativa legislativa, já estava prevista em sede constitucional a LONPC – apenas reiterou a possibilidade de o Governador editar uma Lei Orgânica Estadual específica para as Polícias Civis dos Estados. Contudo, estando a iniciativa legislativa sujeita ao critério da oportunidade e da conveniência do detentor do poder, não é possível obrigar ao Governador propor uma Lei Orgânica para as Polícias Civis Estaduais que estão sob seu jugo, o que a LONPC fez foi indicar a possibilidade.

É necessário ressaltar que a LONPC tem diversos dispositivos autoaplicáveis, sendo possível até mesmo acreditar que muitos Governadores optem por adequar suas Polícias Civis aos ditames genéricos da LONPC por meio da adaptação de decretos já existentes que regulamentem os servidores públicos em geral, ou que adéquem o funcionamento dos seus órgãos por meio de decretos do próprio chefe do Executivo.

CAPÍTULO I DISPOSIÇÕES GERAIS

Causa uma certa espécie somente o inciso VI do art. 3º da LONPC, o qual afirma que o Governador deve fazer constarem das leis orgânicas estaduais regras específicas com diretrizes para a elaboração da proposta orçamentária.

A existência de uma LONPC, ou mesmo de Leis Orgânicas Estaduais para as Polícias Civis, não as torna órgãos independentes ou autônomos que possam elaborar seus próprios orçamentos e encaminhá-los ao Governador, que iria consolidá-los para enviá-los ao Poder Legislativo estadual, a quem competiria debatê-los e aprová-los.

Essa lógica de planejamento orçamentário somente é cabível em órgãos que detêm autonomia administrativa e financeira, que podem, assim, atendendo a Lei Orçamentária Anual ou Plurianual, dentro de suas diretrizes específicas, encaminhar seus orçamentos com previsões de custeio e recebíveis ao Governador, o qual, sem poder se intrometer na previsão ou destino dos recursos, deverá tão somente consolidar o orçamento e encaminhar ao Poder Legislativo.

Assim, se as Polícias Civis são órgãos estaduais subordinados e sem autonomia financeira, administrativa ou orçamentária, com subordinação aos Chefes do Poder Executivo, que executa suas próprias políticas de segurança pública, com suas previsões de custeio e financiamento sendo realizadas em orçamento conjunto com todos os demais órgãos do Estado, com qual finalidade uma Lei Orgânica Estadual seria editada com diretrizes orçamentárias?

A sensação que fica é de que o legislador mais uma vez tentou aproximar as Polícias Civis dos entes que exercem as Funções Essenciais do Estado e que possuem previsão de autonomia e independência com envergadura constitucional, mas se olvidou que as Polícias Civis Estaduais são órgãos imanentes do próprio Poder Executivo Estadual.

Parágrafo único. Os entes federativos podem editar suas próprias leis sobre as matérias disciplinadas nesta Lei, de forma suplementar, bem como exercer competência legislativa plena em relação às não disciplinadas, nos termos do inciso XVI do *caput* e dos §§ 2º e 3º do art. 24 e do art. 25 da Constituição Federal.

Rezam o inciso XVI do *caput* e os §§ 2º e 3º do art. 24, e o art. 25 da CRFB que compete à União, aos Estados e ao Distrito Federal legislar concorrentemente sobre organização, garantias, direitos e deveres das polícias civis. Sendo certo que, no âmbito da legislação concorrente, a competência da União limitar-se-á a estabelecer normas gerais, a competência da União para legislar sobre normas gerais não exclui a competência suplementar dos Estados. Inexistindo lei federal sobre normas gerais, os Estados exercerão a competência legislativa plena, para atender a suas peculiaridades e, derradeiramente, a superveniência de lei federal sobre normas gerais suspende a eficácia da lei estadual, no que lhe for contrário.

O que a LONPC fez foi apenas reafirmar a competência constitucional, em que o Estado pode legislar de forma plena em caso de inexistência de lei federal ou de forma concorrente suplementar em matérias atinentes sobre organização, garantias, direitos e deveres das polícias civis. A LONPC apenas seguiu os ditames constitucionais, sem trazer nenhuma novidade ou algum vício. A missão precípua, agora de cada Estado, para unificar o funcionamento das Polícias Civis Estaduais, é verificar quais normais estaduais contrariam a LONPC, porque estariam com suas aplicações suspensas.

CAPÍTULO II
DOS PRINCÍPIOS, DAS DIRETRIZES E DAS COMPETÊNCIAS

Nathália Caroline de Oliveira Martins

SEÇÃO I
DOS PRINCÍPIOS INSTITUCIONAIS BÁSICOS

Art. 4º São princípios institucionais básicos a serem observados pela polícia civil, além de outros previstos em legislação ou regulamentos:

I – proteção da dignidade humana e dos direitos fundamentais no âmbito da investigação criminal;

II – discrição e preservação do sigilo necessário à efetividade da investigação e à salvaguarda da intimidade das pessoas;

III – hierarquia e disciplina;

IV – participação e interação comunitária;

V – resolução pacífica de conflitos;

VI – lealdade e ética;

VII – busca da verdade real;

VIII – livre-convencimento técnico-jurídico do delegado de polícia;

IX – controle de legalidade dos atos policiais civis;

X – uso diferenciado da força para preservação da vida, redução do sofrimento e redução de danos;

XI – continuidade investigativa criminal;

XII – atuação imparcial na condução da atividade investigativa e de polícia judiciária;

XIII – política de gestão direcionada à proteção e à valorização dos seus integrantes;

XIV – unidade de doutrina e uniformidade de procedimento;

XV – autonomia, imparcialidade, tecnicidade e cientificidade investigativa, indiciatória, inquisitória, notarial e pericial;

XVI – essencialidade da investigação policial para a persecução penal;

XVII – natureza técnica e imparcial das funções de polícia judiciária civil e de apuração de infrações penais, sob a presidência e mediante análise técnico-jurídica do delegado de polícia;

XVIII – identidade de nomenclatura para unidades policiais, serviços e cargos de igual natureza; e

XIX – transição da gestão da Delegacia-Geral de Polícia Civil, de forma a não prejudicar a continuidade dos serviços.

O Capítulo II da Lei nº 14.735/2023 (LONPC) elenca os princípios básicos, as diretrizes e as competências da Polícia Civil.

A Seção I se dedica aos princípios institucionais básicos que devem ser observados, sendo importante destacar que o rol apresentado pelo art. 4º é meramente exemplificativo, isto porque seus incisos ostentam apenas os princípios mais elementares, trazendo a expressa previsão de que também se deve atentar aos demais princípios pertinentes previstos em legislação ou regulamentos. A exemplo, é muito comum encontrar nas leis orgânicas das polícias civis das unidades federativas um capítulo com menção aos princípios atinentes àquela instituição.

Dentro do ordenamento jurídico, os princípios servem para nortear a interpretação e a aplicação das normas, pois deles se extraem os valores axiológicos. Conforme conceitua a doutrina clássica:

> O princípio, pois, por definição, mandamento nuclear de um sistema, verdadeiro alicerce dele, disposição fundamental que se irradia sobre diferentes normas, compondo lhes o espírito e servindo de critério para exata compreensão e inteligência delas, exatamente porque define a lógica e a racionalidade do sistema normativo, conferindo-lhes a tônica que lhe dão sentido harmônico (Mazza, 2014, p. 34).

O inciso I assim dispõe: "proteção da dignidade humana e dos direitos fundamentais no âmbito da investigação criminal".

O art. 3º, inciso III, da CRFB traz a dignidade da pessoa humana como um dos fundamentos da República Federativa do Brasil, logo, este é considerando o princípio dos princípios, possuindo função unificadora de todo o ordenamento jurídico e ainda hermenêutica, inspirando e limitando a aplicação do Direito.

Não diferente poderia ser no âmbito da investigação criminal, momento em que o indivíduo tem sobre si a figura do Estado em sua fase pré-processual, reunindo elementos informativos e indícios para indicar autoria, materialidade e circunstâncias de um delito que futuramente irão subsidiar uma ação penal.

A proteção da dignidade humana e dos direitos fundamentais ganha especial relevância e aponta para o papel do delegado de polícia como primeiro garantidor, a quem cabe, enquanto presidente do inquérito policial, o dever de zelar para que o investigado tenha asseguradas todas as garantias constitucionais, haja vista que os direitos mais caros, como a liberdade e a intimidade, podem vir a ser relativizados pelo juízo competente a partir do que se desenvolve no curso investigativo.

Como cita Nucci (2014, p. 41): "o importante é ressaltar que todos os direitos fundamentais devem ser rigorosamente observados pelo Estado que se pretenda democrático e de Direito".

II – discrição e preservação do sigilo necessário à efetividade da investigação e à salvaguarda da intimidade das pessoas;

O inciso II trata da discrição e preservação do sigilo do inquérito policial. O art. 20 do CPP coloca: "a autoridade assegurará no inquérito o sigilo necessário à elucidação do fato ou exigido pelo interesse da sociedade". Assim, a regra é que o procedimento investigativo seja sigiloso. Trata-se, logicamente, de um sigilo externo, não oponível àqueles que tenham relação com o objeto, como o próprio investigado e seu advogado.

O primeiro objetivo é justamente garantir que a investigação seja exitosa. O elemento surpresa é essencial para que diligências importantes (como, por exemplo, uma escuta telefônica ou um mandado de busca e apreensão) sejam realizadas sem interferências.

O segundo objetivo é ainda resguardar a intimidade das pessoas, pelo que se releva a função garantidora do inquérito, pois, mais que apenas buscar elementos informativos que possam embasar uma futura ação penal, tal procedimento administrativo visa a identificação da autoria e materialidade, fazendo uma retrospectiva dos acontecimentos com esclarecimentos sobre os fatos ocorridos, e com isso também se evita que a culpabilidade recaia sobre pessoas inocentes que eventualmente tiveram algum envolvimento com o crime.

Há que se ressaltar que os meios de comunicação em geral promovem uma certa espetacularização do crime e por consequência por vezes cidadãos têm a vida exposta de maneira precipitada e errônea, sofrendo uma descabida punição antecipada. Por esta razão, tamanha a importância da observância de tal princípio.

III – hierarquia e disciplina;

Apesar de a polícia civil não ser uma instituição de cunho militar, os princípios da hierarquia e da disciplina são intrínsecos a sua organização, pois sem estes se tornaria impossível o bom andamento do órgão. Logo, os regramentos, as ordens, as normas de serviço e decisões emitidas pela administração superior devem ser obedecidas administrativamente pelos policiais civis.

CAPÍTULO II DOS PRINCÍPIOS, DAS DIRETRIZES E DAS COMPETÊNCIAS

Nesse contexto, vale mencionar ainda a figura do delegado de polícia, cargo máximo nas instituições policiais, que, além de exercer a presidência das investigações, acumula a gestão das unidades de polícia judiciária e de comando em relação aos demais agentes.

IV – participação e interação comunitária;

Como em qualquer serviço público, a polícia civil presta um atendimento à população em geral, de todas as idades, geralmente em sua condição mais vulnerável, levando em consideração que, enquanto polícia judiciária, sua atuação precípua se dará após a ocorrência do delito. Além disso, no momento em que o cidadão se dirige até uma unidade policial, certamente, é porque algo ruim lhe sucedeu. Desta forma, o tratamento digno e acolhedor sempre deve ser priorizado, independente das circunstâncias.

É por meio das notícias-crime trazidas pela população que se torna possível mapear a criminalidade local e traçar as estratégias investigativas, portanto, a interação com a comunidade deve ser promovida. Geralmente no âmbito dos Municípios, são criados Conselhos Comunitários, dos quais os representantes dos órgãos de segurança pública em geral participam (comandante do batalhão da polícia militar, delegado de polícia), exatamente buscando promover uma relação de proximidade, ouvindo os anseios dos moradores locais e tentando entregar e demonstrar a estes os resultados dos trabalhos desenvolvidos.

V – resolução pacífica de conflitos;

Há que se levar em consideração que a polícia, dentre suas funções, detém relevante papel social na solução de conflitos. Embora não seja uma instituição que tenha como objetivo o atendimento e o apoio psicológico ou social, por vezes acaba assumindo esse papel, principalmente por se manter com as portas abertas 24 (vinte e quatro) horas por dia, todos os dias da semana, sendo, por vezes, o único refúgio do cidadão de bem.

Muita gente que procura uma delegacia policial, em verdade, ao invés de buscar a elucidação de um crime, almeja orientação para a resolução dos mais variados embates no âmbito familiar, no do trabalho. Ou seja, a depender da questão apresentada pelo cidadão, o agente policial acaba tendo de apresentar meios de pacificação, que não necessariamente envolvem as atribuições tipicamente policiais.

É o que a doutrina criminológica classifica como cifra cinza:

> As cifras cinza são resultados daquelas ocorrências que até são registradas, porém não se chega ao processo ou ação penal por serem solucionadas na própria delegacia de polícia, seja por existir a possibilidade de conciliação das partes, evitando, assim, uma futura denúncia, processo ou condenação elucidando ou solucionando o fato, como também por desistência da própria vítima [...]
>
> **A cifra cinza, por seu turno, representou a orientação de pesquisas e relatórios policiais para afirmação do poder policial como estrutura mediadora ou rede horizontal de resolução de conflitos e instância de decisão jurídica e exercício do poder soberano de subtração de vida, independente do controle do Estado e da Sociedade** (Veiga, 2022, p. 163 – grifos nossos).

A resolução pacífica de conflitos também deve ser encarada no campo de atuação prática, pois, ainda que se tenha legitimado o uso da força, sempre é necessário explorar formas de alcançar os resultados desejados, de forma mais apaziguadora.

VI – lealdade e ética;

O policial civil é um agente do Estado e recebe desta figura fictícia poderes, sendo dotado de fé pública, isto é, as pessoas em regra depositam confiança na atividade policial que está sendo exercida, logo, é imprescindível que a atuação se dê pautada na lealdade e na ética, de forma honrosa, decente e sobretudo honesta, sob pena de trazer descrédito à instituição e sem prejuízo de responder até mesmo por atos de improbidade.

CAPÍTULO II DOS PRINCÍPIOS, DAS DIRETRIZES E DAS COMPETÊNCIAS

Inclusive, as polícias civis têm seus próprios códigos de ética com comandos para reger a atuação de seus agentes, prevendo a possibilidade de elogios, moções e até mesmo punições.

VII – busca da verdade real;

Logicamente, por meio dos atos de investigação o grande desejo policial é descobrir o que realmente aconteceu em uma empreitada criminosa, incluindo todos os detalhes possíveis. Não só porque isto ajudará a dar desfecho ao caso, mas também porque, a depender da repercussão, este será o anseio da sociedade.

Contudo, a doutrina processualista penal assevera que essa verdade real ou substancial pode se tornar algo impossível. Nas palavras do professor Nestor Távora (2013, p. 61):

> é de se observar, que a verdade real, em termos absolutos, pode se revelar inatingível. Afinal, a revitalização no seio do processo, dentro do fórum, numa sala de audiência, daquilo que ocorreu muitas vezes anos atrás, é, em verdade, a materialização formal daquilo que se imagina ter acontecido.

Na prática, tem-se como premissa se valer das investigações para chegar o mais próximo possível da realidade ocorrida, tentando literalmente reconstruí-la.

VIII – livre-convencimento técnico-jurídico do delegado de polícia;

É sabido que uma polícia civil livre de interferências em suas decisões certamente torna a instituição mais fortalecida e com plena autonomia para investigar e promover a punição de quem quer que seja.

Não à toa, a Lei nº 12.830/2013 já previa em seu art. 2º, § 6º: "O indiciamento, privativo do delegado de polícia, dar-se-á por ato fundamentado, mediante análise técnico-jurídica do fato, que deverá indicar a autoria, materialidade e suas circunstâncias".

Agora, a Lei nº 14.735/2023 (LONPC) reforça mais uma vez a auto-determinação do delegado de polícia para imputar um fato criminoso a alguém.

Ademais, expressa o livre-convencimento da autoridade policial que, na condição de operador do Direito, possui plenas condições de promover a análise técnico-jurídico e fundamentar seus posicionamentos, estando em posição jurídica paritária com os demais atores da persecução penal, tanto que a Lei nº 12.830/2013 cita em seu art. 3º que ao delegado deve ser dispensado o mesmo tratamento protocolar que recebem os magistrados, os membros da Defensoria Pública e do Ministério Público e os advogados.

IX – controle de legalidade dos atos policiais civis;

Tendo em vista a atividade policial ser ensejadora de relativização de direitos fundamentais como liberdade, intimidade, privacidade, a própria Constituição prevê o controle dos atos policiais.

O art. 129, inciso VII, da CRFB cita como função institucional do Ministério Público exercer o controle externo da atividade policial, na forma de lei complementar específica.[1]

Mais evidente ainda é o Código de Processo Penal em seu art. 3º-B, destinando ao juiz das garantias a responsabilidade pelo efetivo controle de legalidade da investigação criminal.

E com grande importância temos ainda as corregedorias de polícia civil, que com olhar próximo e de dentro da instituição cuidam para zelar pela sua boa imagem e para corrigir e punir eventuais desvios de conduta de maus policiais.

---

1 LC nº 75/1993, art. 3º O Ministério Público da União exercerá o controle externo da atividade policial tendo em vista:

a) o respeito aos fundamentos do Estado Democrático de Direito, aos objetivos fundamentais da República Federativa do Brasil, aos princípios informadores das relações internacionais, bem como aos direitos assegurados na Constituição Federal e na lei;

b) a preservação da ordem pública, da incolumidade das pessoas e do patrimônio público;

c) a prevenção e a correção de ilegalidade ou de abuso de poder;

d) a indisponibilidade da persecução penal;

e) a competência dos órgãos incumbidos da segurança pública.

X – uso diferenciado da força para preservação da vida, redução do sofrimento e redução de danos;

O princípio do uso diferenciado ou progressivo da força é decorrente do documento assinado no Oitavo Congresso das Nações Unidas para Prevenção do Crime e o Tratamento dos Delinquentes, ocorrido em 07 de setembro de 1990, denominado **"Princípios Básicos sobre o Uso da Força e Armas de Fogo pelos Funcionários Responsáveis pela Aplicação da Lei".**

Como a própria nomenclatura já induz, as disposições do referido documento trazem o dever por parte do Estado de elaborarem regramentos a respeito do uso da força e armas de fogo, bem como fornecerem aos agentes policiais diversos tipos de armas e munições que permitam essa utilização diferenciada da força.

O propósito é que os funcionários responsáveis pela aplicação da lei tenham a seu dispor armas incapacitantes não letais para uso em situações apropriadas, visando limitar cada vez mais o recurso a meios suscetíveis de causar a morte ou lesões corporais. Além de receberem equipamentos defensivos como escudos, capacetes, colete à prova de bala e veículos blindados, reduzindo assim a necessidade de uso de qualquer tipo de arma.

Infelizmente, na prática, nem sempre esta é a realidade encontrada pelas polícias civis, que não raramente carecem de suprimentos para a sua atividade diária, seja pela escassez, seja pela má qualidade dos materiais.

XI – continuidade investigativa criminal;

Não se pode negar que a atividade de investigação criminal representa a prestação de um serviço público. Inclusive, trata-se de um serviço exclusivo de Estado, haja vista que este é o detentor do monopólio do poder punitivo. Logo, podem até existir as figuras dos detetives profissionais, contudo, apenas o Estado, por meio da polícia judiciária e outros órgãos predeterminados está legitimado a promover investigação criminal.

Acredita-se, ainda, que o princípio acima destacado é uma decorrência do princípio da continuidade do serviço público, reforçando a premissa de que não pode haver interrupção, devendo ser promovido de forma contínua.

Além disso, retoma-se a discussão acerca de a garantia da inamovibilidade também vir a ser implementada ao cargo de delegado de polícia, como acontece com diversos cargos que integram o sistema criminal (juiz, promotor de justiça, defensor público), tudo visando uma atuação livre e independente. Por vezes, autoridades policiais são removidas de suas lotações no curso de investigações complexas, o que certamente compromete a continuidade destas, considerando que a Lei nº 12.830/2013 prevê apenas que a remoção deve se dar por ato fundamentado, mas inexiste a garantia da inamovibilidade.

XII – atuação imparcial na condução da atividade investigativa e de polícia judiciária;

Conforme se verifica no art. 2º, § 1º, da Lei nº 12.830/2013, a condução da investigação criminal cabe ao delegado de polícia, seja por meio de inquérito policial ou outro procedimento previsto em lei. A este também cabe a direção da polícia judiciária, tendo em conta se tratar de cargo de autoridade máxima na instituição.

Logicamente sua atuação deve ser imparcial, não tendenciosa, neutra e equânime, pautando-se sempre na observação dos critérios legais. O art. 107 do CPP cita ainda que não se pode opor suspeição às autoridades policiais, mas elas deverão se declarar suspeitas, quando ocorrer motivo legal, tudo buscando garantir a imparcialidade.

XIII – política de gestão direcionada à proteção e à valorização dos seus integrantes;

De forma mais recente, tem-se visto programas e projetos promovidos dentro das instituições policiais que objetivam proteger e valorizar seus integrantes, especialmente nas áreas da educação, da saúde e do bem-estar. Todavia, apesar disto ainda não há uma política de gestão específica com esse viés.

A atividade policial em si é considerada uma das profissões mais estressantes e, segundo dados levantados pelo Anuário de Segurança

CAPÍTULO II DOS PRINCÍPIOS, DAS DIRETRIZES E DAS COMPETÊNCIAS

Pública de 2023, é comum e preocupante a ocorrência de suicídio na classe. Segundo a pesquisa, os números não são divulgados com precisão, e entre as razões se citam assédio moral, admissão do papel de "policial herói", desgaste físico e mental em razão do contato continuado com situações de perigo, cobrança institucional pelo cumprimento de metas, endividamento e insegurança jurídica (Fórum, 2023).

Assim, fundamental o princípio destacado, pois um profissional valorizado tende a trabalhar de maneira melhor e mais segura. Além disso, policiais recorrentemente estão expostos a situações delicadas (principalmente quando da necessidade de agir em legítima defesa), pelo que se necessita dar garantias a este profissional que estará resguardado por sua instituição em todos os aspectos.

XIV – unidade de doutrina e uniformidade de procedimento;

Pensa-se que o legislador, ao introduzir o princípio da unidade de doutrina e uniformidade de procedimento pretende padronizar o trabalho das polícias judiciárias em todo o território nacional. Porém, entende-se que tal uniformização esbarra em impedimentos de ordem natural, a começar pelo próprio inquérito policial, que é procedimento administra-tivo e tem como característica a discricionariedade, tendo em conta que o crime ocorre de diferentes formas nos variados lugares do Brasil. Cada região, inclusive, possui suas peculiaridades. Uma unidade de doutrina, por exemplo, pode prejudicar o livre-convencimento técnico-jurídico do delegado de polícia, que estaria "amarrado" a um entendimento geral.

Portanto, ideal seria o pensamento de obediências às normas gerais, já descritas no CPP, mas sem retirar das polícias a autonomia necessária à condução das investigações, que carecem de ajuste, a depender do tema e do local da ocorrência.

XV – autonomia, imparcialidade, tecnicidade e cientificidade inves-tigativa, indiciatória, inquisitória, notarial e pericial;

Os princípios trazidos no inciso XV são valiosos. Autonomia e imparcialidade caminham juntas, eis que uma polícia livre de interfe-rências externas desenvolverá suas atribuições sem ações tendenciosas e de forma justa.

A tecnicidade e a cientificidade investigativa atendem a era da modernização. Com o avanço da tecnologia, o espaço virtual também passou a ser palco de condutas criminosas (especialmente fraudes eletrônicas) de difícil elucidação e identificação de autoria. Por isso, o investimento em aparato tecnológico adequado dará instrumentos para a investigação policial.

Indiciatória, inquisitória e pericial são princípios já conhecidos pelas polícias, que realizam a imputação do fato criminoso a alguém, que se valem do afastamento temporário do contraditório e ampla defesa para obter os elementos informativos necessários. E a prova pericial que é aproveitada no processo penal, considerando que sua produção se dá logo no primeiro momento pela equipe policial especializada e muitas vezes é irrepetível, ante o desaparecimento dos vestígios.

E ainda, o princípio notarial, conferindo às polícias o poder de dar presunção de autenticidade (fé pública) aos documentos jurídicos extra-judiciais, o que já acontece na prática, mas que pode vir a ser ampliado com a Lei nº 14.735/2023 (LONPC).

XVI – essencialidade da investigação policial para a persecução penal;

O CPP, em seu art. 46, § 1º, dispõe que o inquérito policial pode ser dispensado. Consoante a doutrina: "o inquérito não é peça indispensável para o oferecimento de denúncia ou queixa, embora deva ser substituído por prova idônea pré-constituída, evitando-se o ajuizamento de ações penais temerárias e sem justa causa" (Nucci, 2014, p. 121).

Entretanto, assim como trazido pela nova legislação, há posiciona-mento na doutrina que defende a essencialidade do inquérito policial, visualizando-o como indispensável para a persecução penal. Segundo o professor Henrique Hoffmann (2015):

> Essa garantia do cidadão, no sentido de que não será processado temerariamente nem punido arbitrariamente, é tão latente que foi expressa na exposição de motivos do CPP, ao destacar que o inquérito policial traduz uma salva-guarda contra apressados e errôneos juízos, formados antes que seja possível uma precisa visão de conjunto dos fatos, nas suas circunstâncias objetivas e subjetivas. **Pertence**

ao caderno apuratório, e não à fase intermediária de formulação e recebimento da denúncia, o verdadeiro papel de evitar acusações infundadas. (Grifos nossos.)

XVII – natureza técnica e imparcial das funções de polícia judiciária civil e de apuração de infrações penais, sob a presidência e mediante análise técnico-jurídica do delegado de polícia;

O princípio acima se apresenta como reforço às atribuições da polícia civil definidas na Constituição de apuração das infrações penais, com exclusão das militares e ainda da Lei nº 12.830/2013 que consigna a investigação criminal sob a condução do delegado de polícia, dando a este o indiciamento como ato privativo, mediante sua análise técnico-jurídica do fato.

XVIII – identidade de nomenclatura para unidades policiais, serviços e cargos de igual natureza; e

É comum ver as diversas diferenciações entre as polícias judiciárias do Brasil, principalmente na nomenclatura das unidades e de cargos que na prática exercem as mesmas funções. Até mesmo os concursos de carreira policial são dotados de cobranças díspares. Em alguns estados da Federação é exigida prova oral de diversas disciplinas para o cargo de delegado de polícia, enquanto em outros estados, para o mesmo cargo, o concurso se encerra na fase discursiva e com menor número de disciplinas cobradas. Aliás, o art. 21, § 3º, da LONPC parece pacificar essa disparidade e traz a obrigatoriedade da prova oral como etapa do concurso para delegado.

A exposição de motivos da Lei nº 14.735/2023 (LONPC) traz que:

> [...] as polícias civis são diferentes entre si em termos de cultura organizacional e lógica de seus mecanismos operacionais, fato originado em razões históricas e ambientais na esfera de cada um dos entes federados. As polícias civis se diferenciam quanto às suas estruturas orgânicas, concepção, atribuições, cargos dentro da carreira e no que toca a base conceptual dos seus procedimentos profissionais.

Acredita-se que trazer uma identidade nesses quesitos tornará melhor o desempenho da polícia judiciária, bem como contribuirá para a qualidade do serviço prestado e o entendimento da população, que em qualquer lugar do país mais facilmente reconhecerá as unidades, os serviços e os cargos das polícias civis. Logicamente, o que deverá ser realizado com cautela para se evitar um caos desnecessário.

XIX – transição da gestão da Delegacia-Geral de Polícia Civil, de forma a não prejudicar a continuidade dos serviços.

Assim como o inciso anterior, o princípio de transição da gestão da Delegacia-Geral de Polícia Civil representa grande mudança na estrutura das instituições de todo país, e por se tratar de órgão de cúpula é importante que tal reestruturação traga benefícios e de forma alguma prejudique a continuidade dos serviços.

Interferências de cunho político por parte do Poder Executivo para indicação do cargo máximo das polícias civis por vezes prejudicam o bom andamento das instituições, pois ocorrem mudanças em cascata nos cargos abaixo deste. Logo, deve ser priorizada a ideia de sempre se manter um plano de transição que atenda aos interesses da coletividade e que as modificações ocorram com prazos definidos, evitando assim que a todo momento haja uma desarticulação das chefias de polícia.

SEÇÃO II
DAS DIRETRIZES

Art. 5º São diretrizes a serem observadas pela polícia civil, além de outras previstas em legislação ou regulamentos:

I – planejamento e distribuição do efetivo policial, por resolução do Conselho Superior de Polícia Civil, proporcionalmente ao número de habitantes, à extensão territorial e aos índices de criminalidade da circunscrição;

II – observância de caráter técnico, científico e jurídico na análise criminal da investigação policial;

III – promoção da produção de conhecimento sobre segurança pública com base técnica e científica;

CAPÍTULO II DOS PRINCÍPIOS, DAS DIRETRIZES E DAS COMPETÊNCIAS

IV – atuação especializada e qualificada direcionada à eficiência na repressão e na apuração das infrações penais;

V – ênfase na repressão qualificada aos crimes hediondos e equiparados, à corrupção, à lavagem de dinheiro, ao tráfico de drogas, ao crime organizado, aos crimes cibernéticos e aos crimes contra a vida, a administração pública e a liberdade;

VI – cooperação e compartilhamento das experiências entre os órgãos de segurança pública, mediante instrumentos próprios, na forma da lei;

VII – integração ao sistema de segurança pública com instituição de mecanismos de governança;

VIII – gestão da proteção e compartilhamento de seus bancos de dados e demais sistemas de informação;

IX – (VETADO);

X – utilização dos meios tecnológicos disponíveis e atualização e melhorias permanentes das metodologias de trabalho, para aprimoramento nos processos de investigação;

XI – atendimento imediato e permanente ao cidadão e à sociedade;

XII – planejamento estratégico e sistêmico;

XIII – cooperação com a sociedade e com os órgãos do sistema de segurança pública e de justiça criminal;

XIV – padronização da doutrina, dos procedimentos operacionais, formais e administrativos, da comunicação social e da identidade visual e funcional;

XV – (VETADO);

XVI – fomento à divulgação, de caráter educativo ou informativo, por todos os seus integrantes, das missões, das atribuições e dos valores da polícia civil, a fim de promover aproximação com a população, observado, em quaisquer situações, o decoro na exposição de emblemas, brasões, patrimônio ou insígnias institucionais;

XVII – instituição de programas e de projetos vinculados às políticas públicas e aos planos nacional e estadual de segurança pública, no âmbito de suas competências;

XVIII – capacitação profissional continuada, integrada e isonômica, com os custos sob a responsabilidade do órgão policial;

XIX – atuação direcionada à identificação e à recuperação de bens, valores e direitos;

XX – avaliação anual de desempenho individual e de produtividade institucional; e

XXI – edição de atos administrativos normativos no âmbito de suas atribuições constitucionais e legais.

A Seção II contempla o art. 5º que se ocupa de apresentar as diretrizes, ou seja, as orientações e instruções a serem observadas pela polícia civil, também de forma exemplificativa, considerando que menciona a atenção a outros dispositivos legais.

I – planejamento e distribuição do efetivo policial, por resolução do Conselho Superior de Polícia Civil, proporcionalmente ao número de habitantes, à extensão territorial e aos índices de criminalidade da circunscrição;

O inciso I fala a respeito do planejamento e distribuição do efetivo policial trazendo interessante apontamento ao permitir que a própria instituição se organize por ato do Conselho Superior de Polícia Civil.

É comum encontrarmos nas leis orgânicas das polícias civis existentes pelo país o órgão denominado Conselho Superior, a exemplo da LOPCERJ (Lei Estadual nº 204/2022), cuja presidência é exercida pelo Secretário de Polícia Civil, tendo por finalidade propor, opinar e deliberar sobre matérias relacionadas à administração superior da Polícia Civil. Sua composição tende a ser formada por delegados de polícia e membros de classe mais elevada na polícia civil.

Já no art. 9º da LONPC, a composição é prevista com a presidência do Delegado-Geral e a integração por policiais civis, representantes de todos os cargos efetivos da corporação.

É de bom tom considerar que os parâmetros trazidos pela legislação, que levam em conta o quantitativo populacional, a extensão territorial e os índices de criminalidade devem ser apenas um guia, não se desprezando outros fatores que também podem contribuir para a tomada de decisão e contribuir para uma melhor prestação da segurança pública.

II – observância de caráter técnico, científico e jurídico na análise criminal da investigação policial;

A observância do caráter técnico, científico e jurídico na investigação policial contribui para dar a esta uma maior credibilidade, inclusive, enfraquecendo eventuais questionamentos quanto às provas eventualmente produzidas em sede de inquérito.

Além disso, as polícias civis de todo país contam com profissionais de diversas áreas que atendem a tais diretrizes. Cita-se, a exemplo, a respeito do delegado de polícia e seu dever de promover a análise de cunho jurídico:

> [...] A autoridade policial não é figura autômata ou mera ratificadora da captura de suspeitos. Carreira jurídica e de Estado, **cabe ao delegado de polícia não o poder, mas o dever de atuar como intérprete da norma penal, de dizer o Direito em primeiro lugar no caso concreto e realizar juízos positivos e negativos de tipicidade,** de ilicitude e de culpabilidade, atento às orientações doutrinárias e jurisprudenciais (Moraes; Lessa; Sayeg, 2022 – grifos nossos).

III – promoção da produção de conhecimento sobre segurança pública com base técnica e científica;

O tema segurança pública é considerado uma forte pauta de discussão, especialmente no meio político e midiático, haja vista se tratar de assunto afeto a toda a população, ainda que indiretamente.

Um dos grandes problemas enfrentados pelas polícias civis é a produção de conteúdos sobre segurança pública que distorcem a realidade interna da instituição e desprezam os percalços do dia a dia, além de serem exarados por pessoas ou profissionais sem base técnica ou científica para tanto e principalmente sem qualquer experiência ou vivência na área.

Logo, o incentivo à promoção de produção de conhecimento nesse aspecto deve ser fomentado, até mesmo dentro das academias de polícia, e ainda se propiciar ampla visibilidade, com a temática sendo tratada por quem de fato faz e participa ativamente da segurança pública. Ademais, o art. 11 da LONPC traz também a Escola Superior de Polícia Civil como órgão de formação, capacitação, pesquisa e extensão que poderá cooperar neste sentido.

IV – atuação especializada e qualificada direcionada à eficiência na repressão e na apuração das infrações penais;

Como já dito, as polícias civis se valem de profissionais especializados e qualificados para que a repressão e a apuração de infrações penais sejam eficientes. Diversas são as delegacias de polícia especializadas direcionadas a atuar sobre uma matéria específica (delegacia de atendimento à mulher, delegacia de roubos e furtos de cargas, delegacia de repressão ao crime organizado, entre outras), justamente atendendo à diretriz trazida pela legislação (vide ainda o art. 12, II, da LONPC).

Observando o panorama nacional, o ingresso nas polícias judiciárias se dá tão somente por meio de concurso público e em maioria exigem como grau mínimo graduação em nível superior, além de outras habilidades pertinentes ao cargo.

Os dados estatísticos sobre segurança pública demonstram anualmente a capacidade das polícias judiciárias, revelando em números a taxa de elucidações criminais, contudo, sempre há o que aprimorar para que a não resolução seja exceção e com o menor índice possível.

É relevante que sejam continuamente disponibilizados pelas instituições cursos de aperfeiçoamento, auxiliando os agentes em seus conhecimentos, sobretudo por causa da constante evolução tecnológica, que introduz na sociedade novas maneiras de praticar delitos, sendo um desafio o deslinde dos casos, em especial aqueles ocorridos nos ambientes virtuais.

CAPÍTULO II DOS PRINCÍPIOS, DAS DIRETRIZES E DAS COMPETÊNCIAS

V – ênfase na repressão qualificada aos crimes hediondos e equiparados, à corrupção, à lavagem de dinheiro, ao tráfico de drogas, ao crime organizado, aos crimes cibernéticos e aos crimes contra a vida, a administração pública e a liberdade;

Aqui há um reforço da diretriz trazida no inciso anterior, mas com viés diferenciado, tendo o legislador elegido as matérias tidas de maior interesse para elucidação. Crimes hediondos e equiparados já detêm tratamento distinto, conforme a Lei nº 8.072/1990, pontualmente por serem entendidos como mais repugnantes, ainda que haja discussões doutrinárias quanto a isto.

Ao lado deles, igualmente ganharam destaque investigativo a corrupção, a lavagem de dinheiro, o tráfico de drogas e o crime organizado, delitos que geralmente estão relacionados entre si e causam prejuízo considerável aos cofres públicos. E, por fim, se destacaram os crimes cibernéticos, que representam uma crescente no cenário atual, assim como os crimes contra a vida, a administração pública e a liberdade.

Porém, deve-se cuidar para que tal ênfase não desconsidere os demais tipos criminais que da mesma forma merecem empenho investigativo, além de se analisar e se concentrar nas peculiaridades regionais.

VI – cooperação e compartilhamento das experiências entre os órgãos de segurança pública, mediante instrumentos próprios, na forma da lei;

A cooperação e o compartilhamento das experiências entre os órgãos de segurança pública não são uma novidade, pois já vêm ocorrendo há alguns anos, e os frutos disto são os resultados exitosos de operações com a atuação conjunta das polícias civis de vários Estados.

O inciso VI em verdade propõe que este processo ocorra mediante instrumentos próprios, com regulamentação em lei, tendo em vista que na prática essas comunicações se dão de forma não compartimentada, por vezes, iniciam-se até mesmo informalmente para somente depois serem oficializadas. A criação de canal específico poderá facilitar a comunicação, mas cuidando-se para a preservação do sigilo.

Convém citar que anualmente são realizados congressos e encontros entre as polícias judiciárias, como os desenvolvidos pelo Fórum Nacional de Segurança Pública, que se direcionam para a troca de vivências entre as polícias.

VII – integração ao sistema de segurança pública com instituição de mecanismos de governança;

A diretriz elencada no inciso VII parte de uma concepção moderna, procurando trazer para o sistema de segurança pública os mecanismos de governança aplicáveis na iniciativa privada que sejam compatíveis com o setor público, a ideia que se aproxima do que se conhece como *compliance*. O foco principal é resolver os problemas públicos, identificando os riscos no desempenho das atividades, e com boas práticas aprimorar o resultado das soluções apresentadas pelos agentes públicos à sociedade.

Conforme disciplina do Decreto Federal nº 9.203/2017, a governança pública é o conjunto de mecanismos de liderança, estratégia e controle postos em prática para avaliar, direcionar e monitorar a gestão, com vistas à condução de políticas públicas e à prestação de serviços de interesse da sociedade.

A exemplo, a polícia civil do Estado do Rio de Janeiro, em 2021, instituiu seu primeiro plano de integridade, com o propósito de fomentar boas práticas de governança pública, visando o aumento da confiança da sociedade e conferindo efetividade às ações da Secretaria de Polícia.

Com a Lei nº 14.735/2023 (LONPC), pretende o legislador que todas as polícias possuam mecanismos de governança instituídos em seu âmbito interno.

VIII – gestão da proteção e compartilhamento de seus bancos de dados e demais sistemas de informação;

Sabe-se que as polícias civis contêm um enorme banco de dados, considerando que, a partir dos registros de ocorrências, inúmeras informações são obtidas e armazenadas, bem como no curso das investigações, indo desde dados cadastrais básicos até elementos que carecem de extremo sigilo. Inclusive, é comum que, após decorridos muitos anos, já no curso do processo penal, tais dados necessitem ser buscados para instruir determinadas demandas judiciais.

A inexistência de uma gestão para proteção e compartilhamento desses bancos de dados e dos demais sistemas de informação é uma dificuldade que desafia as polícias. Vale lembrar que, consoante o que assenta a Lei Geral de Proteção de Dados Pessoais (LGPD – Lei nº 13.709/2018) no art. 4º, inciso III, alínea "a", suas disposições não são aplicáveis ao tratamento de dados pessoais realizado para fins exclusivos de segurança pública.

Ou seja, é de salutar importância que esse tipo de gestão seja desenvolvido com a finalidade específica necessária.

IX – (VETADO);

O inciso IX restou vetado pelo Presidente da República, e em sessão plenária realizada no dia 28 de maio de 2024 o referido veto foi mantido pela Câmara dos Deputados. A redação original dispunha: "**IX – constituição e proteção da sua base de dados unificada por unidade da Federação, em conformidade com graus de sigilos estabelecidos pela instituição**".

As razões do veto foram no sentido de entender que o dispositivo seria impreciso e permitiria interpretação de que cada instituição policial poderia atribuir sigilo aos seus bancos de dados de forma dissociada da legislação federal, o que geraria desorganização da normatização estabelecida para o direito fundamental de acesso à informação.

Foi considerado ainda que a norma contraria a Política Nacional de Segurança Pública, que estabelece entre seus princípios a publicidade para as informações não sigilosas, além de ensejar a criação de embaraços à integração de dados, informações e ações necessárias às atividades integradas da Política Nacional de Segurança Pública.

De fato, entende-se que as justificativas do veto são plausíveis, até mesmo porque parece conflitar com o inciso VIII, que idealiza uma gestão uniforme sobre o tema banco de dados e seu compartilhamento.

X – utilização dos meios tecnológicos disponíveis e atualização e melhorias permanentes das metodologias de trabalho, para aprimoramento nos processos de investigação;

Sem qualquer dúvida, a inovação tecnológica constitui fundamental ferramenta para aprimoramento nos processos de investigação, mas que depende de autonomia nos recursos financeiros para se tornar uma realidade concreta. Convém mencionar que as polícias civis nem sempre têm a seu dispor os meios tecnológicos mais modernos, eis que por vezes continuam nos dias de hoje a atuar com sistemas que foram implementados na década de 1990 e que não sofreram atualizações.

Sobre tal questão, temos a crítica do Delegado de Polícia do Rio Grande do Sul, William Garcez (2020):

> A melhor forma que um governante tem para inviabilizar os trabalhos investigativos e fazer como tem se visto em várias unidades federativas e na própria esfera federal é: o abandono às Polícias Judiciárias com destinação de valores orçamentários ínfimos ou não adequados para o desenvolvimento dos trabalhos investigativos e de repressão ao crime.

Com a previsão legal agora elencada, é mais uma maneira de robustecer a necessidade que os entes estatais possuem de constantemente verificarem as demandas das polícias e entregarem as melhorias de forma permanente e contínua.

As iniciativas com instituições privadas podem contribuir para o cumprimento desta diretriz, aproveitando o ambiente favorável da polícia judiciária para testes de novos *softwares* e plataformas e, em contrapartida, convertê-los em benefício para a instituição.

XI – atendimento imediato e permanente ao cidadão e à sociedade;

O atendimento imediato e permanente ao cidadão e à sociedade é uma diretriz já existente na prática, levando em conta que todas as polícias civis do Brasil possuem as denominadas centrais de flagrantes, que funcionam 24 (vinte e quatro) horas por dia, atendendo às mais variadas ocorrências.

Recentemente, em 2023, foi publicada a Lei nº 14.541, que, ocupando-se especificamente do combate à violência de gênero, dispõe sobre a criação e o funcionamento ininterrupto de Delegacias Especializadas de Atendimento à Mulher.

Literalmente, a diretriz parece perfeita, mas vale salientar que esse atendimento permanente demanda maiores custos com pessoal e infraestrutura. Muitas unidades policiais até funcionam sem pausas, mas faltam condições básicas para tanto como fornecimento de local adequado para alimentação e higiene pelos policiais e serviço de limpeza.

XII – planejamento estratégico e sistêmico;

O planejamento estratégico e sistêmico se traduz em mecanismos e processos para definição de metas, tomadas de decisões, a fim de que se obtenha o sucesso e se alcance o alvo desejado.

As polícias civis costumam trabalhar com um documento denominado procedimento operacional padrão (POP), onde são registradas todas as estratégias e planos para a realização de uma operação.

XIII – cooperação com a sociedade e com os órgãos do sistema de segurança pública e de justiça criminal;

A polícia serve à sociedade, dentro de sua missão constitucional, de preservação da ordem pública e incolumidade das pessoas e do patrimônio. A cooperação com o sistema de segurança pública se dá com o exercício de suas funções de polícia judiciária e apuração das infrações penais.

Com relação ao sistema de justiça criminal, a polícia civil desenvolve os preceitos do art. 13 do CPP, fornecendo as informações necessárias à instrução e ao julgamento dos processos, realizando as diligências requisitadas, dando cumprimento aos mandados de prisão e representando por prisões temporárias e preventivas.

Para além do que prevê a legislação, vê-se na prática o alinhamento entre os órgãos que compõem o sistema de segurança pública (Polícia, Judiciário, Ministério Público, Defensoria Pública), fomentando-se cada vez mais a interatividade em prol dos cidadãos, destinatários dos serviços prestados.

XIV – padronização da doutrina, dos procedimentos operacionais, formais e administrativos, da comunicação social e da identidade visual e funcional;

No propósito de trazer uma uniformização da atividade policial em todo o país, a legislação prevê como diretriz uma padronização da doutrina, dos procedimentos, da comunicação social e da identidade visual e funcional.

Quanto aos itens de comunicação social, identidade visual e funcional, não se veem grandes problemas em obter algo unificado que consiga representar todas as polícias civis. Entretanto, no tocante a doutrina e procedimentos operacionais, formais e administrativos há que se considerar o óbice pela própria natureza do serviço policial.

A doutrina policial se baseia na legislação penal e processual penal vigente, sendo a investigação dirigida pelo delegado, bacharel em Direito. O Direito em si é uma ciência que está longe de promover exatidão, ou seja, que não comporta uma padronização. Várias são as correntes sobre um mesmo assunto e ainda a jurisprudência dos tribunais.

Além disso, os procedimentos policiais, seja qual for o tipo, carecem sempre de sigilo. A investigação não pode ser algo previsível, cujas etapas sejam de conhecimento comum, tanto que o inquérito preserva como característica a discricionariedade. E, em termos operacionais, a inviabilidade de padronização se torna mais evidente, considerando que cada estado detém suas especificidades e, portanto, a maneira de se conduzir os atos operacionais deve corresponder e se atentar para a realidade e a necessidade de cada local.

XV – (VETADO);

O inciso XV restou vetado pelo Presidente da República e em sessão plenária realizada no dia 28.05.2024 o referido veto foi mantido pela Câmara dos Deputados. A redação original dispunha:

> XV – publicidade dos atos de polícia judiciária e investigativa, nos diversos meios de comunicação disponíveis, ressalvados os casos em que o sigilo da informação seja

imprescindível à segurança da sociedade e ao bom andamento dos trabalhos policiais; [...].

Em razão do veto, pontua-se que, "apesar da boa intenção do legislador, o dispositivo amplia indevidamente a hipótese legal de decretação de sigilo na fase do inquérito policial, uma vez que a expressão "bom andamento dos trabalhos policiais" extrapola a previsão estatuída pelo Decreto-Lei nº 3.689, de 3 de outubro de 1941 (CPP), que dispõe que "a autoridade assegurará o sigilo necessário à elucidação do fato ou exigido pelo interesse da sociedade."

Além disso, na justificativa do veto diz que a parte inicial do dispositivo contém regra de publicização ampla e irrestrita de atos policiais, sem ressalva aos direitos fundamentais das pessoas investigadas ou envolvidas em investigações, especialmente no que diz respeito à vedação de antecipação de atribuição de culpa.

De fato, a questão relacionada à publicidade dos atos de polícia judiciária e investigativa já está disciplina no CPP, e, em que pese o direito de informação, crê-se que a divulgação não pode ser regra, mas exceção, justamente para resguardar o êxito das atividades e ainda se sopesando os direitos fundamentais, assegurar a intimidade dos envolvidos.

XVI – fomento à divulgação, de caráter educativo ou informativo, por todos os seus integrantes, das missões, das atribuições e dos valores da polícia civil, a fim de promover aproximação com a população, observado, em quaisquer situações, o decoro na exposição de emblemas, brasões, patrimônio ou insígnias institucionais;

É bem verdade que a imagem policial por vezes é apresentada de forma distorcida, até por conta da necessidade do uso de força em sua atividade. Sendo assim, a diretriz apontada pelo legislador se mostra valiosa no tocante ao aspecto social, seja para resgatar a confiança da população ou para fomentar uma estima e uma admiração já existentes.

É comum que as polícias divulguem tais conteúdos em seus sites oficiais, destacando a missão, as atribuições, os valores e os dados úteis, mas, com a modernidade, é significativo que esse alcance seja aumentado, com promoção também nas redes sociais e em outros canais. O caráter tem de ser educativo, no intuito de verdadeiramente ensinar, ou informativo, fazendo com que mitos e visões errôneas sejam dissipados.

O legislador ressalta que em qualquer situação não se deve ferir os princípios da administração pública, como a moralidade, preservando--se o decoro na exposição de itens oficiais institucionais, pois o escopo é o interesse público.

Destacando a doutrina de José dos Santos Carvalho Filho (2011, p. 25): "[...] o alvo a ser alcançado pela Administração é somente o interesse público, e não se alcança o interesse público se for perseguido o interesse particular [...]".

XVII – instituição de programas e de projetos vinculados às políticas públicas e aos planos nacional e estadual de segurança pública, no âmbito de suas competências;

As políticas públicas são institucionalizadas para se pensar em soluções dos problemas que afetam a coletividade. A diretriz acima preconiza que sejam criados programas e projetos que se vinculem a essas políticas, no sentido de que haja um alinhamento entre as polícias civis e aquilo que o Estado espera produzir no campo da segurança pública. Rememorando-se que a temática da segurança é afeta a todos os entes federados, sendo uma competência concorrente.

Do mesmo modo, tal vinculação deve existir com relação aos planos nacional e estadual de segurança pública.

No âmbito federal, o Decreto nº 10.822, de 28 de setembro de 2021, instituiu o Plano Nacional de Segurança Pública e Defesa Social 2021-2030, e, segundo dados do Ministério da Justiça e Segurança Pública, na atualização realizada, pela primeira vez o governo estabeleceu prazos, indicadores, priorização e coordenação para cumprir as metas estabelecidas no documento (Brasil, 2022).

O referido plano conta com 13 metas principais que incluem a redução dos índices de mortes violentas, da violência contra mulher e priorizam a atenção aos profissionais de segurança pública. Também foram definidas prioridades para sua execução, por meio de 12 ações estratégicas.

CAPÍTULO II DOS PRINCÍPIOS, DAS DIRETRIZES E DAS COMPETÊNCIAS

XVIII – capacitação profissional continuada, integrada e isonômica, com os custos sob a responsabilidade do órgão policial;

Para se prestar um bom serviço, seja qual for a sua natureza, é crucial que haja capacitação. A diretriz vai ao encontro do princípio da atuação especializada e qualificada (art. 4º, IV, da LONPC), determinando que os policiais recebam preparação de forma frequente, agregada a conhecimentos amplos e com igualdade, disponível a todos que compõem a classe e não apenas grupos predeterminados pelas instituições.

Geralmente essa capacitação é promovida pelas Academias de Polícia espalhadas pelo país, no entanto, nada impede que sejam realizadas parcerias com instituições de ensino públicas ou privadas para fins de ampliação da rede educacional.

O legislador colocou que os custos ficam sob responsabilidade do órgão policial, mas vale acentuar a necessidade de que o Estado destine verba específica para tal finalidade, propiciando que a qualificação seja desempenhada na prática.

XIX – atuação direcionada à identificação e à recuperação de bens, valores e direitos;

Pode-se dizer que a diretriz se relaciona com o princípio da ênfase na repressão qualificada de crimes, como a lavagem de dinheiro (art. 4º, V, da LONPC), em que se praticam ações de ocultação ou dissimulação de bens, direitos e valores provenientes, direta ou indiretamente, de infração penal.

O Brasil é signatário da Convenção de Mérida ou Convenção das Nações Unidas contra a Corrupção, promulgada pelo Decreto nº 5.687, de 31 de janeiro de 2006, cujo teor se concentra em fortalecer a cooperação internacional para recuperação de ativos. Não obstante, as legislações internas também se voltam ao mesmo intento, como se vê na Lei de Lavagem de Capitais (Lei nº 9.613/1998) e na Lei de Organização Criminosa (Lei nº 12.850/2013).

62

XX – avaliação anual de desempenho individual e de produtividade institucional; e

A Constituição Federal, em seu art. 41, § 1º, inciso III, traz disposição sobre a avaliação periódica de desempenho do servidor público em geral, que deverá ser feita na forma de lei complementar que até o momento não foi regulamentada.

Não se sabe se o legislador elencou a referida diretriz se baseando na previsão constitucional, no entanto, ao que parece, demonstra-se a intenção de auferir a qualidade do policial e a produtividade das instituições.

Contudo, é crucial que sejam definidos critérios objetivos para tais avaliações, considerando, ademais, que em grande parte o trabalho policial é desenvolvido em equipe, e não por um servidor isolado, que as realidades regionais impactam nos resultados obtidos e que a preocupação maior não deve ser apenas com números e quantidade, mas, sim, com a eficiência e o cumprimento da missão de servir a sociedade.

XXI – edição de atos administrativos normativos no âmbito de suas atribuições constitucionais e legais.

Segundo a doutrina, dentro da classificação dos atos administrativos, "os atos normativos são aqueles que se aplicam a uma quantidade indeterminável de situações concretas, não se esgotando após a primeira aplicação. Têm sempre aplicação continuada" (Mazza, 2014, p. 215).

A possibilidade de as instituições policiais editarem seus próprios atos, respeitando para que o conteúdo exarado esteja dentro de suas atribuições constitucionais e legais, confere maior autonomia e facilita a fluidez dos serviços para o bom funcionamento.

SEÇÃO III
DAS COMPETÊNCIAS

Art. 6º Compete à polícia civil, ressalvadas a competência da União e as infrações penais militares, executar privativamente as funções de polícia judiciária civil e de apuração de infrações

CAPÍTULO II DOS PRINCÍPIOS, DAS DIRETRIZES E DAS COMPETÊNCIAS

penais, a serem materializadas em inquérito policial ou em outro procedimento de investigação, e, especificamente:

I – cumprir mandados de prisão, mandados de busca e apreensão e demais medidas cautelares, bem como ordens judiciais expedidas no interesse da investigação criminal;

II – garantir a preservação dos locais de ocorrência da infração penal e controlar o acesso de pessoas a eles, sem prejuízo da atuação de outros órgãos policiais, no âmbito de suas atribuições legais, nas situações de flagrante delito;

III – organizar e executar os serviços de identificação civil e criminal;

IV – organizar e executar a atividade pericial oficial, se o órgão central de perícia oficial de natureza criminal estiver integrado em sua estrutura;

V – garantir a adequada coleta, a preservação e a integridade da cadeia de custódia de dados, informações e materiais que constituam insumos, indícios ou provas;

VI – produzir, difundir, planejar, orientar, coordenar, supervisionar e executar ações de inteligência e de contrainteligência destinadas à execução e ao acompanhamento de assuntos de segurança pública, da polícia judiciária civil e de apuração de infração penal, de forma a subsidiar ações para prever, prevenir e neutralizar ilícitos e ameaças de qualquer natureza que possam afetar a ordem pública e a incolumidade das pessoas e do patrimônio, na esfera de sua competência, observados os direitos e as garantias individuais;

VII – realizar inspeções, correições e demais atos de controle interno, em caráter ordinário e extraordinário;

VIII – organizar e realizar tratamento de dados e pesquisas jurídicas, técnicas e científicas relacionadas às funções de investigação criminal e de apuração das infrações penais, além de outras que sejam relevantes para o exercício de suas atribuições legais;

IX – estimular o processo de integração dos bancos de dados existentes no âmbito do poder público e dele participar, preservando as informações sujeitas a sigilo legal, classificadas na forma do art. 23 da Lei nº 12.527, de 18 de novembro de 2011 (Lei de Acesso à Informação), ou que interessarem à apuração criminal;

X – apoiar, contribuir e cooperar com o Poder Judiciário e com o Ministério Público, mediante acordos de cooperação mútua, nos limites de suas competências constitucionais e legais;

XI – participar do planejamento das políticas públicas e desenvolver políticas de repressão qualificada às infrações penais;

XII – exercer o poder hierárquico e o poder disciplinar;

XIII – atuar de forma cooperada com outros órgãos de segurança pública, nos limites de suas competências constitucionais e legais;

XIV – custodiar o policial civil condenado ou preso provisório à disposição da autoridade competente, na hipótese de ausência de unidade de custódia de caráter exclusivo, por meio de órgão próprio e na forma da lei;

XV – produzir, na forma da lei e no âmbito das atribuições dos cargos, relatórios de interesse da apuração penal, recognição visuográfica e laudo investigativo;

XVI – produzir, na forma da lei, laudo de exame pericial, elaborado por perito oficial criminal, se o órgão central de perícia oficial de natureza criminal estiver integrado na estrutura das polícias civis;

XVII – selecionar, formar e desenvolver as atividades de educação continuada dos seus servidores, em seus órgãos de ensino ou instituições congêneres, na forma prevista em lei;

XVIII – exercer outras atribuições previstas na legislação, obedecidos os limites e a capacidade de auto-organização dos Estados, do Distrito Federal, dos Territórios e dos Municípios, decorrentes do art. 144 da Constituição Federal;

XIX – fiscalizar, avaliar e auditar os contratos, os convênios e as despesas efetivadas no âmbito da instituição;

XX – vistoriar e fiscalizar produtos controlados e emitir alvarás no âmbito de suas competências constitucionais e legais;

CAPÍTULO II DOS PRINCÍPIOS, DAS DIRETRIZES E DAS COMPETÊNCIAS

XXI – prestar suporte técnico aos órgãos de controle;

XXII – estabelecer assessorias técnicas, funcionais e institucionais de relacionamento com os demais órgãos e poderes;

XXIII – administrar privativamente as tecnologias da instituição, tais como sistemas, aplicações, aplicativos, bancos de dados, sítios na rede mundial de computadores, rede lógica, segurança da informação, entre outros recursos de suporte;

XXIV – exercer todas as prerrogativas inerentes ao poder de polícia judiciária e de apuração das infrações penais para o cumprimento de suas missões e finalidades;

XXV – participar do planejamento e da elaboração das políticas públicas, dos planos, dos programas, dos projetos, das ações e das suas avaliações que envolvam a atuação conjunta entre os órgãos de segurança pública ou de persecução penal, observadas as respectivas competências constitucionais e legais;

XXVI – exercer outras funções relacionadas às suas finalidades, obedecidos os limites e a capacidade de auto-organização do respectivo ente federativo, decorrentes de suas competências constitucionais e legais; e

XXVII – executar com autonomia, imparcialidade, técnica e cientificidade os seus atos procedimentais no âmbito das atribuições dos respectivos cargos.

§ 1º As atribuições relativas às competências da polícia civil são exercidas exclusivamente por policiais civis em atividade, na forma da lei.

§ 2º É admitida a celebração de convênios, de acordos de cooperação técnica, de ajustes ou de instrumentos congêneres com órgãos ou entidades públicas e privadas nacionais ou estrangeiras para a execução e o aperfeiçoamento de suas atividades, com inclusão, de forma paritária, de representantes de todos os cargos policiais, ressalvadas as atribuições próprias de cada cargo.

A Seção III a partir do art. 6º inaugura a fala sobre as competências das polícias civis. Tecnicamente, melhor seria o termo "das atribuições", visto que a doutrina clássica costuma reservar o vocábulo "competência" para se referir à atividade jurisdicional, e "atribuição" para atividades administrativas, porém isto não interfere na compreensão dos dizeres do legislador.

O *caput* do art. 6º é basicamente uma reprodução e junção do que descreve o art. 144, § 4º, da CRFB, e o art. 2º, § 1º, da Lei nº 12.830/2013, enfatizando que as polícias civis atuam na apuração dos crimes residuais, excetuando assim as infrações cometidas em detrimento dos interesses da União, suas entidades autárquicas e empresas públicas que são de atribuição da polícia federal e as infrações militares.

Apesar de já ter sido reconhecida pelo STF a possibilidade de outros órgãos promoverem investigações criminais no Recurso Extraordinário nº 593.727/MG, com base na teoria dos poderes implícitos, reforça-se que as funções de polícia judiciária civil e apuração das infrações penais devem ser executadas privativamente pelas próprias polícias, isto é, não se admitindo delegação. Consigna-se que, mesmo após a decisão da Corte Suprema, a doutrina ainda sustenta críticas sobre a permissibilidade.

Fato é que as polícias civis foram eleitas pelo constituinte originário para tal mister, cabendo a estas investigar, possuindo o aparato necessário, tanto que o ato de indiciamento, que consiste na imputação do fato criminoso a alguém, se constitui como privativo do delegado de polícia.

As investigações se dão por meio de inquérito policial, procedimento administrativo voltado para colheita de informações visando a identificação de autoria e materialidade para embasar futura ação penal ou por meio de outro procedimento de investigação, como, por exemplo, o termo circunstanciado de ocorrência descrito na Lei nº 9.099/1995.

Sobre o termo circunstanciado, vale mencionar o posicionamento adotado pelo STF quando do julgamento da ADI nº 5.637 no sentido que este não configuraria atividade investigativa e não seria atividade privativa da polícia judiciária, admitindo-se a lavratura por outros órgãos. Contudo, persistem as críticas doutrinárias sob o argumento de que a Constituição atribuiu às polícias civis a apuração de infrações penais e que, mesmo em se tratando de menor potencial ofensivo, seria, sim, procedimento de natureza investigativa.

A partir dos incisos há um detalhamento das incumbências destinadas a polícias civis.

CAPÍTULO II DOS PRINCÍPIOS, DAS DIRETRIZES E DAS COMPETÊNCIAS

I – cumprir mandados de prisão, mandados de busca e apreensão e demais medidas cautelares, bem como ordens judiciais expedidas no interesse da investigação criminal;

Existem temas que estão subordinados ao que se chama de cláusula de reserva de jurisdição, como a expedição de mandados de prisão, de busca e apreensão, e as decisões que decretam medidas cautelares diversas, todas situações que são analisadas e deferidas pelas autoridades judiciais.

As polícias, enquanto parte do sistema de segurança pública, atuam como órgãos de execução das ordens judiciais, consoante se depreende do art. 13 do CPP.

Somente no tocante às medidas cautelares, o legislador muito provavelmente quis se referir ao cumprimento das prisões cautelares, como, por exemplo, a prisão preventiva ou temporária. Isto porque as medidas cautelares, diversas da prisão, listadas no art. 319 do CPP, são aplicadas pelo juiz, e por uma questão de incompatibilidade técnica são fiscalizadas pelas varas de execuções penais, haja vista que não há como a polícia acompanhar medidas como monitoração eletrônica ou proibição de frequentar determinados locais.

Entretanto, em casos envolvendo violência doméstica e familiar contra a mulher, em que tenham sido deferidas medidas protetivas de urgência, ainda que de natureza cível, em se verificando o descumprimento, a polícia judiciária tem o dever de fazer valer a decisão.[2]

II – garantir a preservação dos locais de ocorrência da infração penal e controlar o acesso de pessoas a eles, sem prejuízo da atuação de outros órgãos policiais, no âmbito de suas atribuições legais, nas situações de flagrante delito;

---

2 Art. 24-A da Lei nº 11.340/2006. Descumprir decisão judicial que defere medidas protetivas de urgência previstas nesta Lei:

Pena – detenção, de 3(três) meses a 2(dois) anos.

§ 1º A configuração do crime independe da competência civil ou criminal do juiz que deferiu as medidas.

§ 2º Na hipótese de prisão em flagrante, apenas a autoridade judicial poderá conceder fiança.

Aqui retratam-se as atribuições já dispostas no art. 6º do CPP, sendo incumbência da autoridade policial, logo que tomar conhecimento da prática de infração penal, se dirigir ao local dos fatos, providenciando sua preservação e a não alteração do estado das coisas até a chegada da perícia, bem como deliberar sobre franquear ou não o acesso às pessoas.

A determinação é importante a fim de assegurar a cadeia de custódia disciplinada nos arts. 158-A e seguintes do CPP, levando em conta que parte da doutrina e da jurisprudência entendem que sua quebra/descumprimento ensejará a nulidade das provas, implicando o resultado do processo penal.

Acontece que, na prática, quem mais executa esse papel costumam ser as polícias militares, eis que pela ostensividade geralmente estão em patrulhamento pelas ruas e acabam sendo os primeiros a verificarem ocorrências delituosas, principalmente nas situações de flagrante delito, como ressalvou o legislador ao não excluir a atuação de outros órgãos policiais desta tarefa.

III – organizar e executar os serviços de identificação civil e criminal;

Os serviços de identificação, seja a civil ou criminal, estão intimamente ligados ao trabalho policial. No momento da captura de um suspeito em situação flagrancial ou no ato de cumprimento de um mandado de prisão, a polícia se encarrega do dever de corretamente atestar a identidade da pessoa. Geralmente esta função é desempenhada pelo setor de inteligência policial.

A Lei nº 12.037/2009 disciplina sobre a identificação criminal do civilmente identificado, resguardando o direito constitucional de não ser identificado criminalmente aquele cidadão que possui identidade civil, salvo nas hipóteses previstas na legislação sobre o tema.

Acontece que considerando essa relação entre a identificação e a atividade policial, na maioria dos estados, a exemplo, Minas Gerais, a polícia civil carrega a atribuição de processar e arquivar os dados de identificação civil e criminal.[3]

---

3 Art. 14, parágrafo único, da LC de Minas Gerais nº 129, de 08.11.2013: "Parágrafo único. São atividades privativas da PCMG a polícia técnico-científica, o processamento e arquivo de identificação civil e criminal, bem como o registro e licenciamento de veículo automotor e a habilitação de condutor."

CAPÍTULO II DOS PRINCÍPIOS, DAS DIRETRIZES E DAS COMPETÊNCIAS

Já em outros, como o Rio de Janeiro, tal tarefa fica a cargo do Departamento Estadual de Trânsito, órgão não integrante da polícia civil, que, por sua vez, mantém direta comunicação para realização de pesquisas e certificação.

A LONPC pretende deixar essa responsabilidade nas mãos das polícias civis, e quanto a este aspecto tal fato pode tanto trazer benefícios, tendo em vista que as instituições organizariam e executariam serviço atrelado as suas funções, mas também malefícios como sobrecarga de trabalho e de bancos de dados que já são um grande desafio.

Interessante proposta é a carteira de identificação nacional (CIN), que se trata de documento que possui padrão nacional e número único nacional, CPF (cadastro de pessoas físicas) e vem com o objetivo de cessar a fragmentação e a insegurança dos sistemas de identificação civil existentes no país e fazer a integração de dados de forma segura, e um fluxo em tempo real (Brasil, s.d.b).

IV – organizar e executar a atividade pericial oficial, se o órgão central de perícia oficial de natureza criminal estiver integrado em sua estrutura;

Os órgãos de perícia oficial de natureza criminal são aliados do trabalho investigativo. Compostos por *expertises* em diversos ramos de conhecimento, produzem laudos técnicos que auxiliam na elucidação e no entendimento de uma série de delitos, bem como servem à justiça criminal.

O STF já se manifestou nas Ações Diretas de Inconstitucionalidade nºs 2.575 e 2.616, no sentido de que os estados-membros da Federação, ao estabelecerem a existência da polícia técnico-científica, podem dar a esta caráter autônomo e independente, sem necessariamente submetê--las às polícias já existentes e dispostas no art. 144 da CRFB, no entanto, não podem ser equiparadas a órgão de segurança pública, sob pena de se ferir o rol taxativo dado pelo constituinte originário.

Tal desvinculação já ocorre com a polícia científica do Paraná, do Tocantins e em outros estados, ainda que haja divergência quanto a este entendimento. A saber, quando de julgamento de ações sobre o assunto, o Ministro Luís Roberto Barroso explanou que a atividade da polícia técnica é inerente à atividade da polícia civil, e que ela não pode estar fora da estrutura dos órgãos de segurança pública.

No entanto, há estados em que o órgão de perícia tem natureza policial, fazendo parte da estrutura da polícia civil, e nestes casos a LONPC traz o encargo para organização e execução das atividades.

O art. 15 da LONPC trata sobre as unidades técnico-científicas integradas à estrutura das polícias civis, e em seu § 3º garante o livre acesso das polícias civis aos bancos de dados de unidades técnico-científicas não integradas à instituição, mediante requisição fundamentada.

V – garantir a adequada coleta, a preservação e a integridade da cadeia de custódia de dados, informações e materiais que constituam insumos, indícios ou provas;

Como já falado, a polícia é a instituição que primeiramente tem contato com as provas, que podem ser dados, informações, materiais que embasaram a ação penal e eventual condenação.

Portanto, tem o dever de garantir que seja coletada de forma apropriada, atentando-se para a natureza do material, seja resguardada para que não se perca, respeitando-se os ditames que o CPP prevê para a cadeia de custódia e perícias em geral. Isto inclui, ainda, o armazenamento em local próprio.

Ademais, o art. 158-A, § 2º, do CPP externa: "o agente público que reconhecer um elemento como de potencial interesse para a produção da prova pericial fica responsável por sua preservação". Isto é, qualquer agente público tem a obrigação pela preservação, ainda mais o agente policial.

VI – produzir, difundir, planejar, orientar, coordenar, supervisionar e executar ações de inteligência e de contrainteligência destinadas à execução e ao acompanhamento de assuntos de segurança pública, da polícia judiciária civil e de apuração de infração penal, de forma a subsidiar ações para prever, prevenir e neutralizar ilícitos e ameaças de qualquer natureza que possam afetar a ordem pública e a

CAPÍTULO II DOS PRINCÍPIOS, DAS DIRETRIZES E DAS COMPETÊNCIAS

incolumidade das pessoas e do patrimônio, na esfera de sua competência, observados os direitos e as garantias individuais;

As polícias civis realizam ações de inteligência e contrainteligência, tendo como alvo a produção de conhecimentos que contribuem para os assuntos e as decisões no âmbito da segurança pública, da própria polícia judiciária e na apuração de infrações penais.

A Lei nº 9.883/1999 instituiu o Sistema Brasileiro de Inteligência (SISBIN) e criou a Agência Brasileira de Inteligência (ABIN). Em seu art. 1º, § 2º, diz que inteligência é "a atividade que objetiva a obtenção, análise e disseminação de conhecimentos dentro e fora do território nacional sobre fatos e situações de imediata ou potencial influência sobre o processo decisório e a ação governamental e sobre a salvaguarda e a segurança da sociedade e do Estado." E em seu art. 1º, § 3º conceitua a contrainteligência como "a atividade que objetiva neutralizar a inteligência adversa."

Desde os tempos antigos a busca por conhecimento e produção de conteúdo de inteligência colaboraram para vitórias em guerras e decisões políticas acertadas, com informações que permitiram a sobrevivência de povos, no campo político, econômico ou militar.

E atualmente não é diferente, ainda que com viés mais moderno, continua a produzir, difundir e executar ações de inteligência e contrainteligência para a proteção nacional.

VII – realizar inspeções, correições e demais atos de controle interno, em caráter ordinário e extraordinário;

Como instituição integrante da Administração Pública, as polícias civis detêm poderes de autotutela, controlando seus próprios atos. Comumente, vê-se dentro de sua estrutura o órgão de corregedoria geral de polícia, que atua justamente realizando inspeções administrativas, correições nos procedimentos policiais e outros atos de controle interno, como fiscalização e orientação das atividades funcionais e da conduta dos policiais civis, instauração de sindicâncias e processos administrativos disciplinares e resolução de conflitos de atribuição entre autoridades policiais.

As atividades da corregedoria se desenvolvem de maneira ordinária, ou seja, habitualmente são efetuados os controles e as verificações, mas também podem ocorrer de forma extraordinária, atendendo a algum caso específico.

O importante é que o trabalho correcional seja desempenhado de forma imparcial. A ideia é resguardar o próprio policial, que será primeiramente averiguado por seus pares, visto que a corregedoria é dirigida por ocupante de cargo efetivo de delegado de polícia, de mais elevada classe, experiência na profissão e conduta ilibada (vide o art. 10 da LONPC).

VIII – organizar e realizar tratamento de dados e pesquisas jurídicas, técnicas e científicas relacionadas às funções de investigação criminal e de apuração das infrações penais, além de outras que sejam relevantes para o exercício de suas atribuições legais;

O legislador coloca como papel das polícias civis que elas possam organizar e realizar o tratamento dos estudos e das pesquisas relacionados as suas atividades precípuas. As academias de polícia se ocupam desse mister, desenvolvendo produções acadêmicas que costumam ser publicadas internamente pela instituição, podendo ser consultadas pelos servidores como ferramenta de apoio.

IX – estimular o processo de integração dos bancos de dados existentes no âmbito do poder público e dele participar, preservando as informações sujeitas a sigilo legal, classificadas na forma do art. 23 da Lei nº 12.527, de 18 de novembro de 2011 (Lei de Acesso à Informação), ou que interessarem à apuração criminal;

Conforme já comentado em outros incisos, as polícias civis possuem grandes bancos de dados com informações valiosas que amparam o poder público no desenvolvimento de questões ligadas à segurança pública, por isso a necessidade de se estimular o processo de integração, fazendo com que haja o compartilhamento daquilo que for relevante e possível.

CAPÍTULO II DOS PRINCÍPIOS, DAS DIRETRIZES E DAS COMPETÊNCIAS

Isso porque, de acordo com o art. 23 da Lei de Acesso à Informação, alguns dados estão sujeitos a sigilo, os imprescindíveis à segurança da sociedade ou do Estado, pelo que recebem classificação para fins de divulgação ou acesso irrestrito. São exemplos as informações que possam comprometer atividades de inteligência, bem como de investigação ou fiscalização em andamento, relacionadas com a prevenção ou repressão de infrações.

A classificação consiste em definir prazos máximos de restrição de acesso, podendo ser do tipo ultrassecreta (de 25 anos), secreta (de 15 anos) ou reservada (de 5 anos). Ainda segundo a legislação correlata, para que se obtenha a classificação, deve ser observado o interesse público da informação e utilizado o critério menos restritivo possível, levando em conta a gravidade do risco ou o dano à segurança da sociedade e do Estado.

X – apoiar, contribuir e cooperar com o Poder Judiciário e com o Ministério Público, mediante acordos de cooperação mútua, nos limites de suas competências constitucionais e legais;

As polícias civis, o Poder Judiciário e o Ministério Público são órgãos integrantes do sistema de segurança pública, cada qual atuando dentro de suas competências constitucionais e legais.

Segundo classificação da doutrina criminológica, esses órgãos participam do controle social formal, sendo a polícia representante da primeira seleção, enquanto órgão de repressão, preparando elementos para a ação penal, o Ministério Público da segunda seleção, com a propositura da ação penal na instância judicial e o Poder Judiciário da terceira seleção caracterizado pelo processo judicial que acarreta a sentença condenatória transitada em julgado e ainda as prisões cautelares.

Logo, percebe-se que, para efetivação de direitos e promoção de justiça, é fundamental que eles atuem em conjunto, cooperando entre si, haja vista que possuem os mesmos interesses, o que pode ser feito por meio de acordos ou ajustes documentados, a fim de que, com as tratativas e a aproximação, se consiga mais vantagens e eficiência nos serviços de segurança.

XI – participar do planejamento das políticas públicas e desenvolver políticas de repressão qualificada às infrações penais;

As polícias civis são instituições que verdadeiramente conhecem de forma profunda as necessidades relacionadas à segurança pública e as medidas que podem ser adotadas para efetiva melhoria.

Sendo assim, é primordial que possuam voz e expressividade dentro do campo político, tendo acesso e participação em audiências públicas, em projetos governamentais e na elaboração de legislações afetas as suas atividades. Mais que um instrumento de coerção do Estado, a polícia desempenha papel essencial na promoção de cidadania.

XII – exercer o poder hierárquico e o poder disciplinar;

Seguindo a definição doutrinária, o poder hierárquico: "é o que dispõe o Executivo para distribuir e escalonar as funções de seus órgãos, ordenar e rever a atuação de seus agentes, estabelecendo a relação de subordinação entre os servidores de seu quadro de pessoal."

Enquanto o poder disciplinar "consiste na possibilidade de a Administração aplicar punições aos agentes públicos que cometam infrações funcionais" (Mazza, 2014, p. 257-258).

Assim como acontece nos demais órgãos da Administração Pública, as polícias também gozam dos poderes de hierarquia e disciplina.

XIII – atuar de forma cooperada com outros órgãos de segurança pública, nos limites de suas competências constitucionais e legais;

A presente competência parece um reforço do exposto no inciso X, mais uma vez o legislador desejando que a atuação das polícias se perfaça de modo colaborativo com os demais órgãos de segurança pública como Ministério Público, Defensoria Pública, Poder Judiciário, sempre respeitando os limites das funções definidas pela Constituição Federal e pela legislação pertinente.

XIV – custodiar o policial civil condenado ou preso provisório à disposição da autoridade competente, na hipótese de ausência de unidade de custódia de caráter exclusivo, por meio de órgão próprio e na forma da lei;

O Estatuto dos Militares, a saber, Decreto-Lei nº 3.864/1941, aponta em seu art. 69, § 1º que o militar preso deverá ser imediatamente entregue à autoridade militar mais próxima, o que alcança logicamente os policiais militares, havendo uma custódia realizada de forma diferenciada.

Previsões semelhantes são vislumbradas nas leis orgânicas das polícias civis, por exemplo, a LOPCERJ (Lei Estadual nº 204, de 2022) assenta que a prisão do policial civil deverá ser imediatamente comunicada ao Secretário de Estado de Polícia Civil.

Aqui, o legislador, ao que parece, inspirando-se no procedimento adotado com relação aos militares presos, traz que a custódia do policial civil nesta condição – seja condenado com trânsito em julgado ou preso provisório – seja realizada em unidade de caráter exclusivo, devendo ser feita por meio de órgão próprio e regulamentada em lei, cuja existência que até o presente momento se desconhece.

XV – produzir, na forma da lei e no âmbito das atribuições dos cargos, relatórios de interesse da apuração penal, recognição visuográfica e laudo investigativo;

As polícias civis já se utilizam dos instrumentos trazidos pela LONPC, que a partir de agora passariam a ser institucionalizados. Ao final das investigações, marcando o encerramento do inquérito policial, é produzido o relatório, em que se descrevem todas as diligências realizadas e apurações. O responsável é o delegado que, fundamentando com base jurídica, costuma promover o ato de indiciamento ou até mesmo sugerir o arquivamento.

Quanto ao relatório de recognição visuográfica, é geralmente utilizado pelas delegacias especializadas na apuração de homicídios, consistindo em documento em moldes de formulário em que se inserem informações sobre o dia, o lugar e a hora do acontecimento dos fatos, informações detalhadas sobre a vítima e sobre o suspeito, dados de quem tenha localizado o cadáver, além da descrição sobre a preservação do local do crime e os vestígios encontrados, podendo ser acrescido com fotografias e croquis.

Já o laudo investigativo é confeccionado pelo perito criminal ou legista, descrevendo informações técnicas, seja sobre uma perícia de local ou a perícia realizada em vivos ou mortos (necroscopia) que colaboram com as investigações.

XVI – produzir, na forma da lei, laudo de exame pericial, elaborado por perito oficial criminal, se o órgão central de perícia oficial de natureza criminal estiver integrado na estrutura das polícias civis;

A presente competência se relaciona com o inciso IV deste mesmo art. 6º, pois atribui à polícia civil, que tiver o órgão de perícia oficial integrado na sua estrutura, o dever de produzir, nos ditames estipulados pelo CPP, o laudo de exame pericial que deve ser elaborado por perito oficial, portador de diploma de curso superior ou, na falta deste, por duas pessoas idôneas, portadoras de diploma de curso superior preferencialmente na área específica, dentre as que tiverem habilitação técnica relacionada com a natureza do exame.

XVII – selecionar, formar e desenvolver as atividades de educação continuada dos seus servidores, em seus órgãos de ensino ou instituições congêneres, na forma prevista em lei;

A presente competência se relaciona com a diretriz prevista no art. 5º, inciso XVIII, da LONPC. O legislador agrega às polícias civis a tarefa de oportunizar a educação continuada dos servidores, escolhendo as atividades a serem desenvolvidas, sejam elas realizadas em seus órgãos de ensino, como as academias de polícia e os cursos superiores de polícia, como também em parceria com instituições das redes pública e particular.

XVIII – exercer outras atribuições previstas na legislação, obedecidos os limites e a capacidade de auto-organização dos Estados, do

CAPÍTULO II DOS PRINCÍPIOS, DAS DIRETRIZES E DAS COMPETÊNCIAS

Distrito Federal, dos Territórios e dos Municípios, decorrentes do art. 144 da Constituição Federal;

A CRFB, em seu art. 144, § 4º, traz como atribuição específica das polícias civis as funções de polícia judiciária e a apuração de infrações penais, com exceção das militares. Tal compromisso descrito na Carta Magna já é de considerável complexidade, ainda mais em determinados estados onde os índices de criminalidade e violência são mais expressivos.

O presente inciso traz a possibilidade de que as polícias civis, além da atribuição acima citada, exerçam outras funções que estejam previstas na legislação, devendo ser respeitados os limites e a capacidade de auto-organização do ente federado correspondente, a fim de não ocorrer uma sobrecarga ou desvio de finalidade, atentando que essas atribuições "extras" precisam ser decorrentes do que descreve o art. 144 da CRFB, isto é, devem ter estrita relação com a atividade fim das instituições policiais.

XIX – fiscalizar, avaliar e auditar os contratos, os convênios e as despesas efetivadas no âmbito da instituição;

Concernente às atividades desenvolvidas pelas polícias civis, fazem--se necessárias as contratações de diversos tipos de serviços, dentre eles materiais de limpeza, de escritório, equipamentos bélicos, veículos, entre outros. E ninguém melhor do que a própria instituição para opinar e decidir sobre as aquisições no fito de obter itens que atendam às peculiaridades.

À luz do art. 37, inciso XXI, da CRFB, ressalvadas as exceções previstas em lei, obras, serviços, compras e alienações devem ser contratados mediante processo de licitação pública, o que precisa ser observado no âmbito das polícias, garantindo isonomia aos concorrentes e proteção do erário.

Dentre sua estrutura, as polícias civis costumam contar com o órgão de Controladoria-Geral de Polícia, que desempenha essas rotinas de fiscalização, avaliação e conferência dos contratos, dos convênios e das despesas efetivadas.

XX – vistoriar e fiscalizar produtos controlados e emitir alvarás no âmbito de suas competências constitucionais e legais;

Verificam-se aqui atribuições meramente administrativas sendo designadas às polícias civis, de vistoria e fiscalização de produtos controlados (a exemplo, armas, munições, produtos químicos, medicamentos específicos) e emissão de alvarás. Como descrito na norma, serão exercidas correlacionando-se com as competências constitucionais e legais.

Crê-se que se quis dar maior autonomia às polícias civis no tocante a questões que são afetas à investigação de infrações penais. É comum, ainda, que nas diligências se conte com o apoio de órgãos específicos como o de vigilância sanitária e o de defesa do consumidor.

E não se vislumbra qualquer problema, eis que é amplamente aceito pela doutrina que a polícia judiciária exerça, por vezes, funções de polícia administrativa. Nas palavras de José dos Santos Carvalho Filho (2011, p. 54): "A polícia-corporação executa frequentemente funções de polícia administrativa, mas a polícia-função, ou seja, a atividade oriunda do poder de polícia, é exercida por outros órgãos administrativos além da corporação policial".

XXI – prestar suporte técnico aos órgãos de controle;

A competência se relaciona com o inciso XIX deste mesmo art. 6º. Como já dito, as polícias civis contam com o órgão de Controladoria-Geral de Polícia que fica encarregado de prestar esse apoio técnico ao controle externo, exercido precipuamente pelos Tribunais de Contas Estaduais, conforme disciplina do art. 71, inciso II, do texto constitucional.

A LONPC não trouxe uma previsão expressa do órgão de controladoria, todavia, acredita-se que poderia ser incluída como sendo uma unidade de apoio administrativo e estratégico, assunto disciplinado no art. 16 da norma.

CAPÍTULO II DOS PRINCÍPIOS, DAS DIRETRIZES E DAS COMPETÊNCIAS

XXII – estabelecer assessorias técnicas, funcionais e institucionais de relacionamento com os demais órgãos e poderes;

Verifica-se o legislador primando pela cooperação dentro da Administração Pública. A atividade de segurança pública, ainda que indiretamente, impacta em diversos setores da sociedade, sendo assim, a constituição de assessorias de cunho técnico, funcional e institucional contribui para se alcançar esse entrosamento das polícias civis com os demais órgãos e poderes, e com isso se atingir os melhores resultados no combate à criminalidade.

XXIII – administrar privativamente as tecnologias da instituição, tais como sistemas, aplicações, aplicativos, bancos de dados, sítios na rede mundial de computadores, rede lógica, segurança da informação, entre outros recursos de suporte;

Atualmente, tem se experimentado um aumento da criminalidade praticada por meio dos ambientes virtuais, o que demanda cada vez maior investimento e acesso pelas polícias civis às novas tecnologias e sistemas.

Interessante a disposição de se permitir que as instituições policiais possam gerir e conduzir de forma privativa, ou seja, com possibilidade de delegação, as aplicações, os aplicativos, os bancos de dados, os sítios na rede mundial de computadores, a rede lógica, a segurança da informação e uma infinidade de recursos que dão alicerce ao trabalho investigativo.

Isso faz com que recursos essenciais sejam controlados por quem de fato os utiliza, sem que se ampliem as obrigações, considerando a permissibilidade da administração ser repassada a órgãos ou empresas que atuem nestes ramos, tudo sempre dirigido pelas polícias.

XXIV – exercer todas as prerrogativas inerentes ao poder de polícia judiciária e de apuração das infrações penais para o cumprimento de suas missões e finalidades;

O Estado é o detentor do poder punitivo e, por meio das polícias e de outros órgãos, manifesta a sua vontade e ordem. Para tanto, a polícia judiciária é dotada de prerrogativas, direitos próprios do ofício, que não se confundem com privilégios, e devem ser exercidas no estrito cumprimento de suas missões e finalidades. Tanto que a Lei nº 13.869/2019 (Lei de Abuso de Autoridade) criminaliza as condutas dos agentes públicos, que se utilizam das prerrogativas de forma desviante.

XXV – participar do planejamento e da elaboração das políticas públicas, dos planos, dos programas, dos projetos, das ações e das suas avaliações que envolvam a atuação conjunta entre os órgãos de segurança pública ou de persecução penal, observadas as respectivas competências constitucionais e legais;

Observa-se aqui um reforço do disposto no inciso XI deste mesmo art. 6º, salientando que as polícias civis precisam ser escutadas no âmbito das políticas públicas, dos planos, dos projetos, das ações e das avaliações das quais irão participar, especialmente quando a atuação se der de forma conjunta com outros órgãos da segurança pública ou de persecução penal. É a garantia do exercício de representatividade.

XXVI – exercer outras funções relacionadas às suas finalidades, obedecidos os limites e a capacidade de auto-organização do respectivo ente federativo, decorrentes de suas competências constitucionais e legais; e

A competência se relaciona com o inciso XVIII deste mesmo artigo 6º, prevendo o exercício de outras atividades pelas polícias civis que logicamente tenham nexo com as suas competências constitucionais e legais e ainda, seguindo a capacidade de auto-organização do ente federativo a que estejam vinculadas.

CAPÍTULO II DOS PRINCÍPIOS, DAS DIRETRIZES E DAS COMPETÊNCIAS

XXVII – executar com autonomia, imparcialidade, técnica e cientificidade os seus atos procedimentais no âmbito das atribuições dos respectivos cargos.

O legislador aqui sustenta que, para todos os cargos da carreira policial, sejam garantidas a autonomia, a imparcialidade, a técnica e a cientificidade dos seus atos procedimentais. Busca-se uma polícia judiciária independente, livre de interferências externas ou de cunho político em suas atividades, trabalhando exclusivamente a serviço da sociedade.

§ 1º As atribuições relativas às competências da polícia civil são exercidas exclusivamente por policiais civis em atividade, na forma da lei.

Somente aqueles aprovados em concurso público e detentores do cargo efetivo policial é que possuem legitimidade para exercer as competências destinadas à polícia civil. Aqui se destaca a impossibilidade de que a atividade policial seja executada por órgãos ou pessoas estranhas à instituição.

O § 1º destaca que o policial civil deve estar EM ATIVIDADE, ou seja, no exercício da função pública, mas se acredita que a intenção do legislador ao incluir tal dispositivo não foi impedir que um policial de folga ou em suas férias possa atuar em caso de necessidade, tampouco excluir que policiais aposentados possam contribuir de alguma forma com a instituição, como comumente acontece em ministração de palestras para explanar sobre suas experiências profissionais.

§ 2º É admitida a celebração de convênios, de acordos de cooperação técnica, de ajustes ou de instrumentos congêneres com órgãos ou entidades públicas e privadas nacionais ou estrangeiras para a execução e o aperfeiçoamento de suas atividades, com inclusão, de forma paritária, de representantes de todos os cargos policiais, ressalvadas as atribuições próprias de cada cargo.

A LONPC veio trazendo uma série de disposições que intensificam a autonomia e a gestão das polícias civis, mas se sabe que, para operacionalização de tantos serviços, os instrumentos como convênios, acordos e ajustes se fazem imprescindíveis, a fim de garantir a execução no campo prático. Portanto, o legislador sinalizou pela admissão.

Ressalta-se que o § 2º prevê que se deve incluir de forma paritária representantes de todos os cargos policiais, mas ressalvando as atribuições próprias de cada cargo. Contudo, não se pode esquecer que as polícias civis também se regem pelos princípios da hierarquia e da disciplina, sendo o cargo de delegado de polícia o nível máximo, representativo da liderança nas instituições, logo, entende-se mais viável a participação de representantes dos diversos cargos, mas não necessariamente de forma paritária.

CAPÍTULO III
DA ORGANIZAÇÃO E DO FUNCIONAMENTO

Monaliza Gonçalves Araujo

SEÇÃO I
DA ESTRUTURA ORGANIZACIONAL BÁSICA

Art. 7º A polícia civil tem sua estrutura organizacional básica composta dos seguintes órgãos essenciais:

I – Delegacia-Geral de Polícia Civil;

II – Conselho Superior de Polícia Civil;

III – Corregedoria-Geral de Polícia Civil;

IV – Escola Superior de Polícia Civil;

V – unidades de execução;

VI – unidades de inteligência;

VII – unidades técnico-científicas;

VIII – unidades de apoio administrativo e estratégico;

IX – unidades de saúde da polícia civil; e

X – unidades de tecnologia.

O Capítulo III da Lei nº 14.735/2023 (LONPC) disciplina a organização e o funcionamento das polícias civis, dispondo sobre a estrutura organizacional básica, por meio da previsão da existência de órgãos e unidades específicas, os quais a lei considera como o mínimo para que as finalidades nela colimadas sejam atingidas.

Cabe observar que órgão, na definição da Lei nº 9.784/1999 – a qual regula o processo administrativo em âmbito federal – é considerado como "a unidade de atuação integrante da estrutura da Administração direta e da estrutura da Administração indireta" (art. 1º, § 2º, I).

José dos Santos Carvalho Filho (2008, p. 13) conceitua órgão público como "o compartimento na estrutura estatal a que são cometidas funções determinadas, sendo integrado por agentes que, quando as executam, manifestam a própria vontade do Estado."

As polícias civis são órgãos que compõem a segurança pública (art. 144, IV, da CRFB/1988), sendo, destarte, unidades de atuação pertencentes à estrutura do Poder Executivo estadual (art. 144, § 6º, da CRFB) e, portanto, despidas de personalidade jurídica autônoma.[4]

Ademais, as polícias civis são integrantes operacionais do Susp, nos termos do art. 9º, § 2º, IV, da Lei nº 13.675/2018.

Ao utilizar o termo órgãos essenciais, a LONPC prevê, assim, unidades de atuação internas imprescindíveis ao funcionamento da estrutura da polícia civil, integrando a denominada Administração Pública em sentido subjetivo (Justen Filho, 2023, p.103).

Ao ensejo, pontue-se a valiosa lição de Rafael Oliveira (2018, p. 81): "A criação de órgãos públicos é justificada pela necessidade de especialização de funções administrativas, com o intuito de tornar a atuação estatal mais eficiente." Observe-se ainda que a criação de órgãos, oriunda do processo de desconcentração, segundo Marçal Justen Filho (2023, p. 107), "é relevante para tornar mais racional o exercício do poder estatal. Mais ainda, essa ampliação orgânica reduz o poder político administrativo e amplia a dimensão democrática da organização estatal."

---

4 CRFB/1988: Art. 144. A segurança pública, dever do Estado, direito e responsabilidade de todos, é exercida para a preservação da ordem pública e da incolumidade das pessoas e do patrimônio, através dos seguintes órgãos: [...] IV – polícias civis; [...] § 6º As polícias militares e os corpos de bombeiros militares, forças auxiliares e reserva do Exército subordinam-se, juntamente com as polícias civis e as polícias penais estaduais e distrital, aos Governadores dos Estados, do Distrito Federal e dos Territórios.

Com efeito, a previsão para criação da Delegacia-Geral de Polícia Civil, do Conselho Superior de Polícia Civil, da Corregedoria-Geral de Polícia Civil, da Escola Superior de Polícia Civil e de unidades autônomas de execução, inteligência, técnico-científicas, de apoio administrativo e estratégico, de saúde e de tecnologia visa a especialização dessas funções, para que sejam praticadas por profissionais cada vez mais qualificados e capacitados, sem que os poderes se concentrem nas mãos de um único gestor.

Decerto, não é demais lembrar que as unidades federativas poderão ampliar esse aspecto estrutural, adequando-o às peculiaridades atinentes ao funcionamento interno de cada instituição, desde que preservado o esqueleto básico definido pela legislação nacional e observado o princípio da simetria.

SEÇÃO II
DA DELEGACIA-GERAL DE POLÍCIA CIVIL

Art. 8º A polícia civil tem como chefe o Delegado-Geral de Polícia Civil, nomeado pelo governador e escolhido dentre os delegados de polícia em atividade da classe mais elevada do cargo.

Parágrafo único. Os Delegados-Gerais das Polícias Civis devem apresentar, até 30 (trinta) dias após sua nomeação, planejamento estratégico de gestão que contenha:

I – metas qualitativas e quantitativas de produtividade e de redução de índices de criminalidade;

II – medidas de otimização e de busca de eficiência, incluído o planejamento das ações específicas direcionadas ao melhor exercício das competências do órgão;

III – diagnóstico da necessidade de recursos humanos e de materiais;

IV – programas de capacitação do efetivo; e

V – proposta de estrutura organizacional, inclusive com previsão de criação ou de extinção de unidades policiais, caso necessário, a ser implementada por lei específica.

86 COMENTÁRIOS À LEI ORGÂNICA NACIONAL DAS POLÍCIAS CIVIS

Ainda no escopo de orientar a estrutura organizacional, o *caput* do art. 8º da LONPC define o topo da cadeia de comando da polícia civil, preconizando que a instituição terá como chefe o Delegado-Geral de Polícia Civil, o qual deverá ser nomeado pelo governador do estado e escolhido dentre os delegados de polícia em atividade da classe mais elevada da carreira.

Trata-se de previsão deveras salutar, pois veda que a polícia civil tenha como chefe uma pessoa de fora de seus quadros, eventualmente advinda de outra instituição policial, ou detentora de algum mandato eletivo ou cargo diverso anterior, uma vez que, ainda que dotada de experiência no contexto da gestão administrativa ou de segurança pública, apenas os agentes oriundos da própria polícia civil, e com funções de gestão ínsitas aos seus cargos, como os delegados de polícia, é que são verdadeiramente habilitados para assumir o cargo de maior importância dentro da corporação.

A previsão vai ao encontro do que dispõe o art. 26 da mesma lei orgânica, que ressalta a prerrogativa de direção das atividades da polícia civil pelo delegado de polícia, *in verbis*:

> Art. 26. O delegado de polícia, além do que dispõem as normas constitucionais e legais, detém a prerrogativa de direção das atividades da polícia civil, bem como a presidência, a determinação legal, o comando e o controle de apurações, de procedimentos e de atividades de investigação.

No sentido de reconhecer que a atribuição de gestor das unidades policiais incumbe de fato aos delegados de polícia, o STF declarou inconstitucional norma estadual que permitia que o gestor de Delegacias Interativas de Polícia do Interior, no Estado do Amazonas, fossem servidores estranhos ao quadro de delegados, por restar caracterizado desvio de função (ADI nº 6.847/AM), conforme trecho do voto do eminente relator, o Ministro Edson Fachin, que segue colacionado:

> [...] A gerência da unidade policial e a execução de atividades como gestão de bens e avaliação de servidores têm interferência direta na eficiência do serviço público prestado, e, por tal razão, devem ser de responsabilidade

daqueles a quem foi atribuída a direção institucional e que são devidamente remunerados para tanto, conforme a complexidade das suas atribuições, sob pena de se configurar verdadeiro desvio de função. [...] (STF, Plenário, ADI nº 6.847/AM, Rel. Min. Edson Fachin, julgado em 21.11.2023, publicado no **DJE** em 13.12.2023).

Com efeito, a legislação apenas reforça a vontade exposada pelo constituinte de 1988, no bojo do art. 144, § 4º, da CRFB/1988, ao atribuir aos delegados de polícia de carreira, a direção da polícia civil.[5]

E, nesse ponto, impende destacar que o cargo de delegado de polícia é privativo de bacharel em Direito, com o exercício de funções de natureza jurídica, essenciais e exclusivas de Estado, e, ainda, que lhe deve ser dispensado o mesmo tratamento protocolar que recebem os magistrados, os membros da Defensoria Pública e do Ministério Público e os advogados, na forma do que preconizam os arts. 1º e 3º da Lei nº 12.830/2013.

Todavia, não basta que seja delegado de polícia para nomeação como Delegado-Geral, visto que a lei estabelece dois requisitos para ocupação do cargo, quais sejam: estar em atividade e ostentar a classe mais elevada do cargo.

Assim, resta expressamente vedada a nomeação de delegado de polícia aposentado, para assunção do cargo de Delegado-Geral. E, por mais experiência funcional que possua o inativo,[6] podendo, inclusive, vir a contribuir de outras formas com a instituição, a lei entendeu por limitar o exercício da função àqueles que ainda prestam atividades à polícia, denominados, portanto, servidores em atividade.

No que tange ao segundo requisito para nomeação no cargo de Delegado-Geral (estar na classe mais elevada do cargo), a questão suscita análise mais detida, haja vista que já foi objeto de intensos debates jurisprudenciais originados em previsões específicas de leis estaduais

---

5 Art. 144, § 4º, da CRFB/1988, *litteris*: "Às polícias civis, dirigidas por delegados de polícia de carreira, incumbem, ressalvada a competência da União, as funções de polícia judiciária e a apuração de infrações penais, exceto as militares."

6 Segundo as lições de Marçal Justen Filho (2023, p. 643), *litteris*: "Em virtude da aposentadoria, o indivíduo passa a ser subordinado ao regime jurídico da inatividade, o que significa a extinção do vínculo jurídico anterior e o surgimento de outro [...]."

que, anteriores à edição da lei orgânica nacional, aparentavam possível conflito com o texto constitucional.

Cabe afirmar, no entanto e de antemão, que a LONPC pacifica a controvérsia e complementa o que dispõe o art. 144, § 4º, da CRFB/1988, no sentido de conferir maior eficiência e primar pela qualidade da própria estrutura organizacional da instituição.

Pois bem. Sabe-se que a Constituição da República de 1988 apenas dispõe que a polícia civil seja dirigida por delegado de polícia de carreira, nada mencionando acerca de seu posicionamento nas classes do cargo. A partir daí, alguns Estados editaram emendas às suas constituições estaduais para constar a exigência de que o chefe da polícia civil fosse da classe mais elevada do cargo de delegado de polícia.

A questão chegou à apreciação do STF que, em um primeiro momento, entendeu que as normativas estaduais eram inconstitucionais, pois diziam mais do que o que a Constituição Federal queria dizer, e que haveria violação ao princípio da simetria (ADI nº 3.038/SC), a saber:

> POLÍCIA CIVIL – DIREÇÃO. Consoante dispõe o artigo 144, § 4º, da Constituição Federal, as polícias civis são dirigidas por delegados de carreira, não cabendo a inobservância da citada qualificação, nem a exigência de que se encontrem no último nível da organização policial (STF, Plenário, ADI nº 3.038/SC, Rel. Min. Marco Aurélio, julgado em 11.12.2014, publicado no **DJE** de 12.05.2015).

Posteriormente, o STF revisou seu entendimento e, considerando a autonomia federativa e o princípio da eficiência, passou a reconhecer que os Estados-membros, no exercício de sua autonomia político-administrativa, podem estabelecer outros critérios objetivos e racionais para a escolha a ser levada a efeito pelo governador, mormente quando salutares para a instituição, como é o caso de o chefe de polícia civil ser ocupante da classe mais elevada da carreira (ADIs nº 3.077, 5.075, 3.922).

Assim, desde que observadas as regras específicas quanto à iniciativa legislativa, reconheceu o STF que se trata de norma destinada a assegurar a composição qualificada dos órgãos diretivos da instituição, consoante demonstrado pela ementa que segue:

CAPÍTULO III DA ORGANIZAÇÃO E DO FUNCIONAMENTO **89**

> AÇÃO DIRETA DE INCONSTITUCIONALIDADE. 2. Nomeação de Chefe de Polícia. Exigência de que o indicado seja não só delegado de carreira – como determinado pela Constituição Federal – como também que esteja na classe mais elevada. 3. Inexistência de vício de iniciativa. 4. *Revisão jurisprudencial, em prol do princípio federativo, conforme ao art. 24, XVI, da Constituição Federal.* 5. Possibilidade de os Estados disciplinarem os critérios de acesso ao cargo de confiança, desde que respeitado o mínimo constitucional. 6. *Critério que não só se coaduna com a exigência constitucional como também a reforça, por subsidiar o adequado exercício da função e valorizar os quadros da carreira.* 7. Ação julgada improcedente (ADI nº 3.062, Rel. Min. Gilmar Mendes, Tribunal Pleno, julgado em 09.09.2010, **DJe**-069, DIVULG 11.04.2011, publicado em 12.04.2011, EMENT VOL-02501-01, PP-00052).

Cabe mencionar, por oportuno, que tal prerrogativa concedida aos Estados não é ilimitada, posto que o próprio STF já considerou inconstitucional, por esvaziar a norma do § 6º do art. 144 da CRFB/1988, a criação de requisitos como a formação de lista tríplice para escolha, pelo governador, do ocupante do cargo de Diretor-Geral da Polícia Civil, especialmente por restringir em demasia o poder de escolha do chefe do Poder Executivo estadual (ADI nº 6.923/RO), *in verbis*:

> AÇÃO DIRETA DE INCONSTITUCIONALIDADE. EMENDA CONSTITUCIONAL ESTADUAL. ESCOLHA DO DELEGADO-CHEFE DA POLÍCIA CIVIL POR MEIO DE LISTA TRÍPLICE. VÍCIO DE INICIATIVA. 1. A instituição de requisitos para a nomeação do Delegado-Chefe da Polícia Civil é matéria de iniciativa privativa do Chefe do Poder Executivo (CRFB/1988, art. 61, § 1º, II, c e e), e, desta forma, não pode ser tratada por emenda constitucional estadual de iniciativa parlamentar. Precedentes. 2. A jurisprudência do STF pacificou-se no sentido de prestigiar a redação do art. 144, § 6º, da Constituição da

República, segundo a qual as forças policiais subordinam-se aos Governadores dos Estados, do Distrito Federal e dos Territórios, sendo inconstitucional o esvaziamento desta norma pela criação de requisitos como a formação de lista tríplice. 3. A Constituição Federal disciplina que as forças policiais estão jungidas e subordinadas ao poder civil, não se podendo enfraquecer tal compreensão por mecanismos corporativos. 4. Pedido julgado procedente para declarar a inconstitucionalidade formal e material do art. 146-A da Constituição rondoniense, incluído pela Emenda Constitucional nº 118/2016, e, ainda, da Lei Complementar nº 1.005/2018 daquela unidade federada (ADI nº 6.923, Rel. Edson Fachin, Tribunal Pleno, julgado em 03.11.-2022, PROCESSO ELETRÔNICO **DJe**-237, DIVULG 22.11.2022, publicado em 23.11.2022).

Conclui-se, portanto, que andou bem a lei orgânica nacional, ao estabelecer um requisito objetivo e racional para escolha do cargo de maior relevância na estrutura organizacional da polícia civil, prestigiando a profissionalização, a eficiência e a qualidade técnica do tomador de decisões, ao eleger a maturidade funcional como uma das balizas para a escolha a ser feita pelo chefe do Poder Executivo.

Não resta descartada, todavia, a possibilidade de que os Estados--membros regulamentem a previsão legislativa, desde que o façam como meio de aprimorar o modelo nacional, e seguindo parâmetros objetivos e racionais, como já delimitado pelo STF, com a inclusão, por exemplo, de exigências de tempo mínimo no cargo, na classe funcional ou na instituição; ou ainda, de não estar respondendo a processos disciplinares etc., sendo possível ainda eventual delimitação temporal dos mandatos.

Além disso, a LONPC exige do Delegado-Geral que, no prazo de até 30 dias da sua nomeação, apresente um planejamento estratégico de gestão, demarcando seu conteúdo, conforme previsão dos **incisos do parágrafo único do art. 8º da LONPC,** para que constem, em suma, metas de produtividade e redução dos índices de criminalidade, ações específicas, diagnósticos dos recursos materiais e humanos, programas de capacitação profissional e proposta de estrutura organizacional.

CAPÍTULO III DA ORGANIZAÇÃO E DO FUNCIONAMENTO

A medida é extremamente positiva no sentido de dar um norte para a organização estratégica da gestão, ao exigir que seja apresentado um planejamento, demandando, pois, do novel diretor um comprometimento com a instituição que deve se materializar por meio do referido documento.

Ademais, o planejamento estratégico deixa claro e transparente para todos os administrados, *intra* e extramuros, as intenções e os objetivos da nova gestão, quais ações serão adotadas, quais resultados se espera alcançar e em qual prazo, permitindo-se que seja fiscalizado seu efetivo cumprimento quando da passagem para a gestão subsequente.

A lei menciona o planejamento estratégico de gestão, sendo importante diferenciá-lo dos planejamentos tático e operacional. Resumidamente, pode-se dizer que o planejamento estratégico engloba toda a instituição e se volta para questões de longo prazo. O planejamento tático, por sua vez, é trabalhado no âmbito dos setores e departamentos, com vistas a colocar em prática ações necessárias para alcançar os objetivos tracejados pelo planejamento estratégico. Por fim, o planejamento operacional é o responsável por envidar as ações necessárias para o atingimento dos objetivos definidos no planejamento tático (Silva, s.d.).

Com efeito, o planejamento estratégico de gestão terá como escopo alcançar coordenação e alinhamento entre os setores, além de otimizar tempo e recursos públicos. A integração entre todas as camadas da organização reafirma que o sucesso da gestão é responsabilidade de todos, restando evidente a necessidade de um esforço organizacional contínuo para que a instituição tenha êxito em sua empreitada.

Nesse mister, o planejamento contemplado pela LONPC visa satisfazer tanto o princípio da eficiência quanto o princípio da continuidade administrativa, na medida em que os próximos diretores-gerais, tendo ciência do que foi planejado e como foi executado, terão melhores condições de definir os passos seguintes da instituição, em homenagem ainda ao princípio da transparência.

Trata-se da aplicação do princípio da eficiência "em relação ao modo de organizar, estruturar, disciplinar a Administração Pública, também com o mesmo objetivo de alcançar os melhores resultados na prestação do serviço público" (Di Pietro, 2008, *apud* Carvalho, 2023,

p. 85), fruto da passagem da Administração Pública burocrática para a Administração Pública gerencial (Oliveira, 2018, p. 41).

A LONPC tem o verdadeiro intuito de profissionalizar a função do diretor-geral, uma vez que o planejamento lhe impõe estudar antecipadamente o cenário, fazendo um diagnóstico do quadro que encontra ao assumir o posto. A partir daí, deve definir os objetivos a serem alcançados e por quais meios, ações e estratégias.

O gestor deverá então fazer uso de técnicas, métodos e ferramentas, de modo a englobar procedimentos formalizados, padronizados e sistemáticos, que confiram racionalidade às atividades implementadas, sendo imperioso reconhecer imprevistos durante o percurso e reajustar as diretivas já traçadas.

Tudo isso faz parte do planejamento estratégico, parte-se de onde está (análise do cenário/diagnóstico) para onde se quer chegar. Como gestor da polícia civil, o diretor-geral deve reconhecer a situação atual e fazer uma projeção de futuro, isto é, como quer estar daqui a alguns anos, valendo-se de indicadores e metas, munido de um acompanhamento constante dos resultados.

Nesse ponto, a lei afirma a necessidade do estabelecimento de metas qualitativas e quantitativas de produtividade e de redução dos índices de criminalidade, deixando bem claro para o gestor seu papel de contribuir com a diminuição de tais índices no âmbito do seu Estado.

Com efeito, as metas e as estratégias devem partir da compreensão das forças e fraquezas da corporação, aferidas sob o prisma dos fatores internos, considerando-se ainda os fatores de influência externa, denominados oportunidades e ameaças,[7] sendo certo que devem estar em consonância com a missão, a visão e os valores da instituição.

---

7 Forças e fraquezas, oportunidades e ameaças são fatores internos e externos, respectivamente, positivos e negativos, que constituem a matriz SWOT, que é uma das ferramentas para análise da situação atual de uma organização. Há outras ferramentas como 5W2H, GUT, dentre outras. A título de curiosidade, cite-se que "O termo SWOT é uma sigla oriunda do idioma inglês, e é um acrônimo de Forças *(Strengths)*, Fraquezas *(Weaknesses)*, Oportunidades *(Opportunities)* e Ameaças *(Threats)*", sendo importante mencionar que "**A análise SWOT** é uma ferramenta utilizada para realizar análise de cenários (ou ambientes), como base para gestão e planejamento estratégico de uma corporação ou empresa". Análise SWOT. Disponível em: https://pt.wikipedia.org/wiki/An%C3%A1lise_SWOT. Acesso em: 24 jan. 2024.

CAPÍTULO III DA ORGANIZAÇÃO E DO FUNCIONAMENTO 93

Em verdade, o ponto de partida do Delegado-Geral deve ser a identidade organizacional da polícia civil a qual chefia, que é constituída, basicamente, tendo-se como premissas a missão, a visão e os valores da instituição.

A missão é a razão pela qual a organização existe, seu propósito, revelando o que faz, como e para quem. Como exemplo, vale citar a missão do Google, *in verbis*: "Organizar as informações do mundo e torná-las acessíveis e úteis para todos" (Insights, s.d.).

Por seu turno, ainda exemplificando, a missão da Polícia Civil do Estado do Rio de Janeiro (PCERJ) é: "Garantir os direitos fundamentais através da apuração eficiente e qualificada das infrações penais" (Rio de Janeiro, s.d.).

A visão, a seu turno, significa o que a organização pretende ser a médio e longo prazos, como ela quer ser reconhecida, tratando-se de um estado desejável, de uma situação futura possível, aonde a organização quer chegar e quando, de molde a orientar o tomador de decisões quanto às estratégias que deve seguir. A título de melhor compreensão, vejamos a visão das mesmas organizações cuja missão foi mencionada *supra*.

Visão do Google: "Criar um futuro mais inteligente, no qual a tecnologia melhore a vida das pessoas" (Heeman, s.d.).

Visão da Polícia Civil do Estado do Rio de Janeiro: "Ser reconhecida como polícia cidadã e referência pelo alto índice de elucidação das infrações penais".

Por fim, é de se apontar que os valores representam o conjunto de princípios de conduta que orientam o comportamento e a postura dos integrantes da organização, sendo a base para alcançar os interesses institucionais, de forma que, para além de meramente prescritos na identidade organizacional, devem ser vivenciados na prática e levar em consideração ainda a interação com as partes interessadas (*steakeholders*).

Os valores do Google se resumem a: "foco no usuário, inovação, ética, transparência e responsabilidade", enquanto os valores da PCERJ foram assim elencados: "ética, hierarquia e disciplina; comprometimento; valorização do servidor; garantia dos direitos fundamentais; excelência e transparência na prestação do serviço à sociedade; gestão por resultado e parcerias institucionais".

Tendo como alicerces a missão, a visão e os valores da instituição, que compõem a identidade organizacional, o Delegado-Geral deve elaborar o planejamento estratégico de gestão, dentro do prazo fixado em lei, qual seja, 30 dias (art. 8º, parágrafo único, da LONPC).

Em papel de vanguarda, mesmo antes da publicação da LONPC, a Secretaria de Estado de Polícia Civil do Estado do Rio de Janeiro (SEPOL) editou a Resolução nº 83/2019, com a aprovação do planejamento estratégico SEPOL RJ 2020-2025, cujas proposições bem exemplificam o que desejou o legislador federal para as polícias civis brasileiras (Rio de Janeiro, 2019).

Apesar de deveras elogiosa a previsão de um planejamento estratégico de gestão, especialmente em se considerando todas as vantagens e benefícios aqui explicitados, a LONPC foi omissa quanto ao destinatário do documento, bem como deixou de mencionar eventual possibilidade de fiscalização e por qual órgão. Tampouco há previsão de sanção em caso de possível descumprimento.

Nesse talante, cumpre-nos observar que tais lacunas poderão ser preenchidas pelo legislador estadual, de forma suplementar, tal como autoriza o parágrafo único do art. 3º da LONPC, o que, inclusive, é recomendável, sob pena de tornar a previsão legal despida de aplicabilidade e eficácia prática.

SEÇÃO III
DO CONSELHO SUPERIOR DE POLÍCIA CIVIL

Art. 9º O Conselho Superior de Polícia Civil, presidido pelo Delegado-Geral e integrado por policiais civis, é composto por representantes de todos os cargos efetivos da corporação, com a possibilidade de eleição de seus membros e participação paritária, respeitada a lei do respectivo ente federativo.

CAPÍTULO III DA ORGANIZAÇÃO E DO FUNCIONAMENTO

A LONPC faz previsão da existência nos quadros das polícias civis de um Conselho Superior de Polícia Civil (CSPC), cujo presidente será o Delegado-Geral, possuindo na sua composição representantes de todos os cargos da corporação, de forma a garantir salutar representatividade, a fim de que, não só delegados, mas também investigadores oficiais de polícia, peritos e demais agentes do quadro técnico, independente da nomenclatura que possuam em cada Estado, possam ter voz perante a alta cúpula da instituição.

É bem verdade que a direção e o comando da Polícia Civil estão a cargo do Delegado-Geral, conforme já delineado linhas atrás, todavia, é importante que, no que concerne às especificidades de cada cargo, os respectivos agentes possam ter participação junto à direção e manifestar seus argumentos favoráveis ou contrários, ao menos para que haja análise e consideração por parte do responsável pela decisão final, principalmente em assuntos que lhe atinjam diretamente, a exemplo de deliberações acerca de direitos e vantagens.

Não por outro motivo, a lei prevê a possibilidade de eleição dos membros do Conselho, haja vista que os eleitos serão porta-vozes de suas categorias funcionais, verdadeiros representantes de seus pares em um órgão que ocupa posição de relevo dentro da estrutura organizacional da polícia civil. Consta ainda da lei orgânica a previsão de participação paritária dos membros, havendo remissão à lei do respectivo ente federativo, a qual deve ser respeitada.

Portanto, cabe observar que nesse ponto a LONPC fez questão de garantir a representatividade aos demais cargos, ao especificar a composição do CSPC, evitando que o órgão se transformasse em mera extensão do órgão decisor, acaso composto apenas por delegados e diretores-gerais de departamentos.

Todavia, a lei orgânica não disciplinou quais seriam as atribuições ou funções do Conselho Superior de Polícia Civil, tampouco forneceu detalhes acerca de sua composição, de forma a indicar que a matéria deva ser regulada pelo legislador estadual, havendo, porém, menções esparsas ao longo da legislação acerca da atuação do CSPC, como a que encontramos nos seguintes dispositivos:

Art. 5º São diretrizes a serem observadas pela polícia civil, além de outras previstas em legislação ou regulamentos:

I – planejamento e distribuição do efetivo policial, por resolução do Conselho Superior de Polícia Civil, proporcionalmente ao número de habitantes, à extensão territorial e aos índices de criminalidade da circunscrição; [...]

Art. 10. [...]

§ 3º É garantido o duplo grau de revisão do julgamento nos processos disciplinares na hipótese de penalidade de demissão, mediante recurso ao Conselho Superior de Polícia Civil e, em última instância, ao Chefe do Poder Executivo. [...]

Art. 20. [...]

§ 3º Para o cargo de delegado de polícia são exigidos curso de bacharelado em Direito reconhecido pelo órgão competente e 3 (três) anos de atividade jurídica ou policial, cabendo ao Conselho Superior de Polícia Civil definir os requisitos para classificação como atividade jurídica. [...]

Art. 30. [...]

§ 13 Lei do respectivo ente federativo poderá criar critérios de promoção por bravura fundamentados em indicadores avaliados por comissão específica do Conselho Superior de Polícia Civil.

Efetivamente, embora não tenham sido compilados na seção específica que trata do CSPC, os artigos citados *supra* são verdadeiras balizas definidoras da atuação do órgão, podendo-se extrair, dentre as demais tarefas que lhe forem eventualmente destinadas pela legislação local, segundo a LONPC, funções normativas e julgadoras.

A lei orgânica, em seu art. 5º, I, atribui ao CSPC a missão de editar resolução com o planejamento e a distribuição do efetivo policial, o que deve ser feito observando-se as referências do número de habitantes, da extensão territorial e dos índices de criminalidade da circunscrição, tarefa que define uma das funções do CSPC, *in casu*, a função normativa do Conselho, consistente em "editar atos gerais e abstratos que geram obrigações para uma quantidade indeterminada de pessoas, dentro dos limites da lei" (Carvalho, 2023, p. 315).

Outro exemplo no âmbito nacional circunscreve-se à previsão do art. 20, § 3º, posto ser atribuído ao órgão o encargo de definir os requisitos para classificação de atividades jurídicas para fins de ingresso no cargo de delegado de polícia.

O Conselho Superior de Polícia é instado ainda a funcionar como instância recursal no caso de julgamento de processos disciplinares com aplicação da penalidade de demissão, de onde se extraem as funções de revisar, julgar e decidir (art. 10, § 3º). Ou mesmo como comissão avaliadora no que tange à concessão de promoção por bravura (art. 30, § 13).

Por certo, a legislação estadual poderá conferir ao CSPC a atribuição de regulamentar outras demandas no âmbito da polícia civil, desde que observados os parâmetros legais, devendo ainda delimitar e especificar seu campo de atuação, a composição de seus membros, o mandato, a possibilidade de recondução ao cargo etc., de modo que o desempenho do órgão possa dotar a instituição de funcionalidade e eficiência, com vistas ao atingimento de sua missão junto à sociedade.

SEÇÃO IV
DA CORREGEDORIA-GERAL DE POLÍCIA CIVIL

Art. 10. A Corregedoria-Geral de Polícia Civil, dotada de autonomia em suas atividades, tem por finalidade praticar os atos de controle interno, correição, orientação e zelo pela qualidade e avaliação do serviço policial, com atuação preventiva e repressiva, nas ocorrências de infrações disciplinares e penais praticadas por seus servidores no exercício da função.

§ 1º O Corregedor-Geral de Polícia Civil deve ser designado pelo Delegado-Geral de Polícia Civil dentre os delegados de polícia da classe mais elevada.

§ 2º Aos policiais civis que tenham sido lotados em quaisquer unidades da Corregedoria-Geral de Polícia Civil é facultada lotação subsequente em unidade administrativa por, no mínimo, 1 (um) ano.

§ 3º É garantido o duplo grau de revisão do julgamento nos processos disciplinares na hipótese de penalidade de demissão, mediante recurso ao Conselho Superior de Polícia Civil e, em última instância, ao Chefe do Poder Executivo.

A lei orgânica traz expressa previsão acerca da existência de uma Corregedoria-Geral de Polícia Civil, órgão cuja autonomia é exaltada pela lei, uma vez que, sem tal característica, tratar-se-ia de mero *longa manus* do Diretor-Geral ou do Governador do Estado.

Na forma como idealizada pelo legislador, a corregedoria tem liberdade para agir dentro do que a lei lhe determina, punindo ou deixando de punir os servidores sujeitos a procedimentos disciplinares com isenção e imparcialidade.

Com efeito, uma corregedoria que não favorece nem prejudica indevidamente os policiais investigados, e que tampouco se presta a perseguir agentes honestos ou a acobertar desvios de conduta, é um órgão que só eleva a imagem da polícia civil perante a sociedade, diante da confiabilidade que a instituição inspira *intra* e extramuros.

Diferentemente do que pode advir do senso comum, a corregedoria não possui apenas função punitiva, e trabalha com uma gama de atividades essenciais ao bom funcionamento da polícia civil, inclusive de ordem preventiva. A corregedoria, segundo previsto na LONPC, tem por finalidade a prática de atos de controle interno, correição, orientação e zelo pela qualidade e avaliação do serviço policial.

O controle administrativo é definido pela doutrina como uma "prerrogativa reconhecida à Administração Pública para fiscalizar e corrigir, a partir dos critérios de legalidade ou de mérito, a sua própria atuação" (Oliveira, 2018, p. 811).

Nesse passo, o controle interno exercido pela Corregedoria-Geral sob os demais órgãos, nas funções que lhe forem confiadas, "é justificado pela hierarquia administrativa inerente à estruturação interna" (Oliveira, 2018, p. 811) da polícia civil, especificamente no setor afeto às atividades correicionais, e pode ser prévio ou posterior, sendo certo que se presta tanto a identificar e prevenir defeitos quanto a contribuir para o aperfeiçoamento da atividade administrativa (Justen Filho, 2023, p. 745).

CAPÍTULO I!I DA ORGANIZAÇÃO E DO FUNCIONAMENTO

Os atos de correição, por sua vez, consistem em inspeções regulares ou extraordinárias realizadas sob os procedimentos e o funcionamento dos órgãos que se encontram sob o manto fiscalizatório da corregedoria, devendo contribuir para um melhor funcionamento das unidades, com um bom gerenciamento dos procedimentos policiais em curso, vindo a culminar na melhor prestação do serviço público, com otimização dos recursos disponíveis, sempre fazendo observar a lei.

Demais disso, a Corregedoria-Geral tem funções de orientação e zelo pela qualidade do serviço policial. A orientação tem eminente viés preventivo, visando evitar o cometimento de faltas funcionais e desvios de conduta, em verdadeira atuação educativa do órgão, além de guiar o serviço público por um caminho comum, conferindo uniformidade aos atos praticados.

O zelo pela qualidade do serviço, segundo entendemos, é a própria razão de ser das atividades de controle interno e correicional, servindo como bússola a orientar tais funções, uma vez que, ao final, é o que deve almejar o órgão ao desempenhar seu mister.

Nessa seara, é possível que a corregedoria edite recomendações e atos normativos internos, que promova a capacitação dos agentes por meio de cursos de aprimoramento e cursos sobre boa conduta policial, tudo com vistas a conscientizar o policial civil acerca do seu papel funcional e social, envidando esforços para evitar o cometimento de faltas ou desvios funcionais. Porém, acaso cometidas faltas funcionais, que não possa o policial infrator alegar desconhecimento das normas ou descaso da instituição, devendo incidir justa e subsequente punição.

Decerto, havendo o exercício adequado da função preventiva pela corregedoria, consequentemente a atuação repressiva incidirá em menor escala. Recorde-se que a repressão administrativa e punitiva deriva do poder disciplinar de que é imbuída a Administração Pública.

O poder disciplinar tem lugar quando uma determinada situação fática é erigida pela lei como embasamento para a responsabilidade do servidor (Carvalho Filho, 2008, p. 669), que será investigado e eventual-mente punido, após a observância do contraditório e da ampla defesa.

Situe-se que o poder disciplinar é decorrente do poder hierárquico,[8, 9] isto é, deflui da própria estrutura organizacional da polícia civil, segundo prevê a lei orgânica nacional.

A atuação da Corregedoria-Geral ocorrerá, essencialmente, no âmbito da apuração de infrações disciplinares e penais praticadas por seus servidores no exercício da função, de modo que o órgão irá se valer do processo administrativo e do inquérito policial para o exercício do seu mister.

É oportuno mencionar que o policial civil pode vir a ser punido pelo mesmo fato nas esferas civil, penal e administrativa. Todavia, as referidas instâncias são, em princípio, independentes entre si,[10] cabendo à Corregedoria-Geral, nos termos das atribuições que lhe forem conferidas pela lei local, a apuração das infrações administrativas e penais.

Importa trazer à baila que o processo administrativo disciplinar "é o principal instrumento jurídico para formalizar a investigação e a punição dos agentes públicos e demais administrados, sujeitos à disciplina especial administrativa, que cometeram infrações à ordem jurídica" (Oliveira, 2018, p. 363).

No âmbito federal, o processo administrativo disciplinar é regulado pela Lei nº 8.112/1990. Cabe aos Estados-membros, em âmbito regional, regulamentar a matéria no que tange aos servidores estaduais, podendo haver tratamento genérico ou legislação específica para policiais civis, o que pode variar entre os Estados.

Assim, a depender do teor da legislação estadual acerca das divisões internas e atribuições da Corregedoria-Geral, o órgão poderá se valer de sindicância administrativa, inquérito administrativo, processo

---

8 Hierarquia, para Carvalho Filho (2008, p. 58): "é o escalonamento em plano vertical dos órgãos e agentes da Administração que tem como objetivo a organização da função administrativa".

9 O poder disciplinar decorre do poder hierárquico, mas não somente dele, pois, como bem observa Matheus Carvalho (2023, p. 143): "a doutrina costuma apontar que o Poder Disciplinar pode decorrer do Poder Hierárquico, haja vista tratar-se a hierarquia de uma espécie de vinculação especial, mas também pode decorrer dos contratos celebrados pela Administração Pública, sejam regidos pelo direito público ou pelo direito privado".

10 **Jurisprudência em Teses**, STJ, edição 1, tese 2: "2) As instâncias administrativa e penal são independentes entre si, salvo quando reconhecida a inexistência do fato ou a negativa de autoria na esfera criminal."

administrativo disciplinar ou outros meios sumários, para apuração de infrações disciplinares, sendo certo que tais instrumentos possuem regência normativa própria, a qual deve ser observada em todas as fases do procedimento.

Cabe mencionar que o tema do processo administrativo disciplinar recebeu especial atenção da jurisprudência do STJ, tanto que foram publicadas seis edições e um compilado das *Jurisprudências em Teses* do STJ[11] acerca do assunto, valendo a consulta para maior aprofundamento, sendo ainda imprescindível o cotejo da legislação local de cada Estado para que se compreenda melhor a dinâmica do funcionamento das corregedorias no âmbito da polícia civil.

O Corregedor-Geral de Polícia Civil será designado pelo Diretor--Geral, e o **§ 1º do art. 10 da LONPC** traz como requisitos para ocupação do cargo que o indicado seja delegado de polícia da classe mais elevada da carreira.

Por certo, nada impede que as legislações locais prevejam em seus regulamentos outros requisitos para que um delegado da última classe seja designado Corregedor-Geral, desde que obedecidos critérios objetivos, pertinentes e verdadeiramente preocupados com o bom desempenho da função, tais como conduta ilibada, certo tempo de permanência na instituição ou no cargo, entre outros.

Acrescente-se ademais que cada polícia civil poderá ter em seu organograma subórgãos derivados da Corregedoria-Geral, com divisões administrativas por matérias (correições, inquéritos policiais, processo administrativo disciplinar, ações de controle interno etc.) ou por regiões geográficas, de modo a melhor gerir as atribuições conferidas pela legislação nacional, detalhadas pelo legislador local.

Importante notar ainda a disposição constante do **art. 10, § 2º**, de que aos policiais civis lotados em quaisquer unidades da Corregedoria--Geral é facultada a lotação subsequente em unidades administrativas por, no mínimo, um ano. Com efeito, a previsão confere mais isenção e imparcialidade ao exercício das funções correicionais, evitando possíveis

---

11 **Jurisprudência em Teses**, STJ. Edições nºs 1, 5, 140, 141, 142, 147 e 154, disponíveis em: https://scon.stj.jus.br/SCON/jt/doc.jsp?livre=%27154%27.tit. Acesso em: 06 fev. 2024.

retaliações aos agentes que atuam diretamente em procedimentos que possam gerar punições aos demais colegas de profissão.

Assim, longe de significar eventual favorecimento a tais servidores, a garantia de lotação em unidade administrativa, é, ao revés, uma garantia a todos os policiais civis que eventualmente se vejam respondendo a procedimentos administrativos, de que os feitos serão concluídos sem a interferência de fatores externos, com decisões única e exclusivamente baseadas na lei.

Em verdade, a título de ilustração, imagine-se que o policial "x" faz parte de comissão julgadora ou que tenha sob a sua análise e responsabilidade procedimento do qual venha a resultar sanção ao policial "y". Decerto, o policial "x" não pode se sentir intimidado por aplicar o rigor da lei, nem temer represálias atinentes ao exercício de sua função, como uma transferência punitiva, a qual é sabidamente vedada.

Dessa forma, a disposição legal garante ao decisor desempenhar suas tarefas de forma imparcial e unicamente com amparo na legislação de regência, permitindo que, por ocasião de sua saída da Corregedoria-Geral, possa escolher sua lotação subsequente em unidade administrativa, pelo período mínimo de um ano.

Pensamos que a previsão se aplica a todos os órgãos responsáveis por desempenhar funções correicionais, especialmente aqueles que tratam da aplicação de penalidades disciplinares a policiais civis, ainda que recebam outra denominação nos Estados, desde que subordinados à Corregedoria-Geral de Polícia Civil, a fim de assegurar o escopo de proteção – do julgador e dos julgados – idealizado pela LONPC.

Art. 10. [...]

§ 3º É garantido o duplo grau de revisão do julgamento nos processos disciplinares na hipótese de penalidade de demissão, mediante recurso ao Conselho Superior de Polícia Civil e, em última instância, ao Chefe do Poder Executivo.

A lei faz menção ainda à previsão de duplo grau de revisão do julgamento de processos disciplinares que resultem na penalidade de demissão. Insta anotar que o recurso será direcionado ao Conselho Superior de Polícia e, em última instância, ao Chefe do Poder Executivo.

CAPÍTULO III DA ORGANIZAÇÃO E DO FUNCIONAMENTO

103

Nesse ponto, cabe observar pequena confusão terminológica no que concerne aos termos recurso administrativo e revisão administrativa no texto do § 3º do art. 10 da LONPC. Com efeito, a doutrina esclarece que, *litteris*:

> Enquanto no recurso administrativo, a parte interessada, no mesmo processo, prolonga a discussão quanto ao acerto da decisão perante a autoridade superior, na revisão administrativa, a autoridade, de ofício ou a pedido do agente, pode rever, a qualquer tempo, a sanção administrativa aplicada em processo administrativo encerrado, quando surgirem fatos novos ou circunstâncias relevantes suscetíveis de justificar a inadequação da sanção (Oliveira, 2023, p. 360).

Seria mais correto, portanto, o legislador utilizar a terminologia duplo grau de recurso ou duplo grau recursal, a fim de manter hígida a correção acerca da acepção jurídica dos termos recurso e revisão,[12] tal como o fazem a doutrina e a legislação de regência. Veja-se, por exemplo, que a lei que regula o processo administrativo federal – Lei nº 9.784/1999 – tem previsão específica para o recurso administrativo (arts. 56 a 64-B) e para revisão administrativa (art. 65), havendo regramentos próprios para cada instituto.

Frise-se ademais que os Estados-membros possuem autonomia legislativa para regulamentar o processo administrativo no âmbito de seus territórios.

Ao assegurar o duplo grau recursal, a LONPC, a princípio, preconiza a tramitação de um processo administrativo em três instâncias diversas, havendo um julgamento inicial e mais dois recursos, acaso os órgãos responsáveis pela penalidade de demissão já não sejam o Conselho Superior de Polícia ou o Governador do Estado.

A atribuição para aplicação da penalidade de demissão será definida pela legislação de cada Estado-membro, com indicação do órgão competente dentro da estrutura hierárquica da polícia civil, sendo certo

---

12 Matheus Carvalho (2023, p. 1448), ao lecionar sobre a revisão, afirma que "não se trata de recurso, mas sim de novo processo no qual a administração proferirá outra decisão sobre a mesma matéria", e reafirmar a diferença substancial entre os dois institutos.

que as duas instâncias recursais previstas na LONPC deverão passar a constar destes regulamentos locais.

A partir da análise desse dispositivo há algumas situações emblemáticas que podem surgir, cabendo os seguintes questionamentos:

(i) Na hipótese de a legislação local já garantir o duplo grau recursal dentro da estrutura hierárquica da polícia civil quando aplicada a penalidade de demissão, ainda assim, os recursos ao Conselho Superior de Polícia e ao Chefe do Poder Executivo devem ser assegurados ao policial punido, isto é, seria possível ultrapassar a previsão das três instâncias administrativas?

(ii) Na hipótese de a legislação local prever o governador do Estado como autoridade competente para aplicação da penalidade de demissão, deverá, ainda assim, ser respeitado o duplo grau recursal? Quem seria a autoridade competente nesse caso? A ausência de instâncias recursais não representaria supressão de direitos ao servidor penalizado, bem como violação ao princípio da isonomia em relação aos demais policiais?

Pois bem, caro leitor, não temos tais respostas, uma vez que tais questionamentos somente serão solucionados à medida que a lei orgânica nacional das polícias civis começar a ser efetivamente implementada nos Estados-membros, quando a legislação local deverá ser compatibilizada com a LONPC, ou, a depender do caso, na hipótese de inauguração do regramento interno – que nascerá já adequado aos seus termos –, as consequências práticas da decisões melhor dirão sobre sua manutenção ou não no ordenamento.

Porém, é possível apontar, em relação ao item (i), que o art. 57 da Lei nº 9.784/1999 prevê que o processo administrativo tramitará por no máximo três instâncias, salvo disposição legal diversa, de molde a não se extrair impedimento legal à previsão de mais de três instâncias. Todavia, seria o caso de previsão desarrazoada e desproporcional, que poderia inviabilizar o funcionamento da máquina administrativa, sendo mais aconselhável o ajuste da legislação local para fins de garantia tão somente do duplo grau recursal, tal como previsto na LONPC.

No que concerne ao item (ii), que é o caso, por exemplo, da Lei Orgânica do Estado do Rio de Janeiro ao prever que o Governador do Estado tem competência privativa para aplicar a penalidade de demissão

CAPÍTULO III DA ORGANIZAÇÃO E DO FUNCIONAMENTO **105**

a Delegados de Polícia,[13] faz-se necessária, a nosso ver, uma adequação da legislação local, para fins de compatibilização com o que dispõe a normativa nacional, de forma a garantir o duplo grau recursal a todos os servidores, sob pena de inegável e injustificável quebra de isonomia, além de nefasto cerceamento do direito de defesa.

SEÇÃO V
DA ESCOLA SUPERIOR DE POLÍCIA CIVIL

Art. 11. A Escola Superior de Polícia Civil, órgão de formação, capacitação, pesquisa e extensão, é responsável pelo desenvolvimento dos recursos humanos da polícia civil e é dirigida por delegado de polícia da classe mais elevada do cargo, preferencialmente com especialização nas áreas de administração ou educação.

§ 1º A Escola Superior de Polícia Civil pode realizar cursos de graduação ou de pós-graduação *lato sensu* ou *stricto sensu*, os quais, desde que observadas as exigências do Ministério da Educação, terão integração e plena equivalência com os cursos de universidades públicas.

§ 2º O curso de formação profissional pode ser considerado como de pós-graduação para fins de titulação, observadas as normas do Ministério da Educação.

§ 3º O corpo docente da Escola Superior de Polícia Civil, designado pelo respectivo diretor, pode ser preenchido preferencialmente por integrantes da instituição dentre os policiais civis que detenham notório saber, habilitação técnica ou formação pedagógica comprovadas, selecionados por meio de edital publicado na imprensa oficial que contemple requisitos de habilitação a serem comprovados mediante apresentação de títulos

---

13 LC do Estado do Rio de Janeiro nº 204/2022: "Art. 25. São competentes para aplicação das sanções disciplinares: I – O Governador do Estado, em qualquer caso, e privativamente nos casos de demissão e cassação e aposentadoria de Delegados de Polícia; [...]". Disponível em: http://www3.alerj.rj.gov.br/lotus_notes/default.asp?id=52&url=L2NvbnRlZWkubnN-mL2E5OWUzMTdhOWNmZWMzODMwMzI1Njg2MjAwNzFmNWQyL2MyZTczOTNlOWI4MjAzMjUwMzI1ODg3NTAwNjRkNGNhP09wZW5Eb2N1bWVudA==>. Acesso em: 17 fev. 2024.

e aptidões certificadas tecnicamente e em unidades acadêmicas, observadas as disciplinas que integram as grades curriculares dos cursos estruturados pela coordenação pedagógica.

§ 4º A Escola Superior de Polícia Civil terá participação nos processos seletivos dos concursos públicos para os cargos integrantes da estrutura da polícia civil.

A previsão do **art. 11** revela a preocupação do legislador ordinário com a evolução das polícias civis por meio da capacitação dos seus policiais, em sinal de zelo com a instituição e com seu material humano, seu maior patrimônio. Com efeito, a criação de uma Escola Superior de Polícia Civil, voltada à formação e à capacitação dos agentes, além de estimular o desenvolvimento de pesquisa e extensão na área de segurança pública é medida que engrandece a função policial.

A Escola Superior de Polícia Civil é definida pela LONPC como órgão de formação, capacitação, pesquisa e extensão, sendo responsável pelo desenvolvimento dos recursos humanos da polícia civil.

Com efeito, a formação se dá quando do ingresso dos novos policiais civis à instituição, após aprovação por concurso público de provas ou de provas e títulos, conforme definido pelo art. 20 da LONPC, o que se aplica tanto para os cargos de oficial investigador de polícia, quanto para os cargos de delegado de polícia e de perito oficial criminal (art. 19), por meio dos cursos de formação profissional.

O curso de formação profissional visa capacitar o aluno e desenvolver nele as habilidades necessárias para o desempenho da atividade para cujo cargo foi aprovado e, no caso da atividade policial, engloba capacidades intelectuais, físicas e operacionais. O aluno deve receber formação acerca de conhecimentos jurídicos, operacionalização dos sistemas informatizados, técnicas de investigação, manuseio de arma de fogo, táticas policiais, defesa pessoal, primeiros socorros e tudo o mais que o cargo especificamente exigir, conforme disciplinado em regulamentos próprios.

Porém, sendo certo que a formação inicial pode não englobar todas as valências inerentes à atividade policial, que os ensinamentos se perdem com o transcurso do tempo ou mesmo que as lições aprendidas se tornam obsoletas com o surgimento de novas tecnologias, e que os criminosos desenvolvem novas estratégias para escapar à ação investigativa, é necessário que o policial civil receba cursos de atualização e capacitação de forma cíclica e constante, sempre com vistas à apuração qualificada de infrações penais de forma cada vez mais eficiente.

Daí o papel de grande relevo da Escola Superior de Polícia Civil na capacitação de policiais, a qual deve ser contínua, com a disponibilização periódica de cursos de atualização e aperfeiçoamento profissional. Ademais, a lei prevê as incumbências de atuar com pesquisa e extensão, de molde a fornecer estímulo à produção acadêmica na área de segurança pública.

A produção de conhecimento de segurança pública por quem efetivamente faz a segurança pública, além de engrandecer a própria classe policial ao propiciar a difusão de saberes e a troca de experiências, deve ter o condão de alcançar os mais diversos nichos sociais, a fim de quebrar paradigmas construídos principalmente por atores maliciosos e, ainda que dissociados da realidade, divulgados pela grande mídia, o que faz com que ganhem ares de verdade.

Nesse passo, a promoção da produção de conhecimento sobre segurança pública é um dos princípios da Política Nacional de Segurança Pública e Defesa Social (PNSPDS), constante da Lei nº 13.675/2018, que institui o Susp (art. 4º, XII). A Lei do Susp prevê ainda, como diretriz, a formação e capacitação continuada e qualificada dos profissionais de segurança pública (art. 5º, VI).

No mais, é de se apontar que a LONPC vai ao encontro das disposições da Lei do Susp, ao incentivar a qualificação profissional (art. 13, I, da Lei do Susp), o intercâmbio de conhecimentos técnicos e científicos, pela reciprocidade na abertura de vagas nos cursos ofertados pelas diversas escolas policiais estaduais (art. 10, § 5º), com a previsão do estabelecimento de uma matriz curricular nacional. Nesta toada, a Lei do Susp prevê ainda a instituição do Sistema Integrado de Educação e Valorização Profissional.[14]

---

14 Lei nº 13.675/2018: Art. 38. É instituído o Sistema Integrado de Educação e Valorização Profissional (Sievap), com a finalidade de: I – planejar, pactuar, implementar, coordenar e supervisionar as atividades de educação gerencial, técnica e operacional, em cooperação com as unidades da Federação; II – identificar e propor novas metodologias e técnicas de educação voltadas ao aprimoramento de suas atividades; III – apoiar e promover educação qualificada, continuada e integrada; IV – identificar e propor mecanismos de valorização profissional.

A direção da Escola Superior de Polícia Civil será levada a efeito por delegado de polícia da classe mais elevada do cargo, preferencialmente, com especialização nas áreas de administração ou educação, conforme disposição do art. 10 da LONPC, previsão mais que adequada diante da complexidade que é comandar uma escola de formação e qualificação profissional, responsável por moldar as valências técnicas dos futuros policiais e de aperfeiçoar as capacidades daqueles que já se encontram na linha de frente.

O **§ 1º do art.** 11 faculta à Escola Superior de Polícia Civil a realização de cursos de graduação ou pós-graduação *lato sensu* ou *stricto sensu*, os quais, desde que observadas as exigências do Ministério da Educação, terão integração e plena equivalência com os cursos de universidades públicas, dispondo em seu **§ 2º** que os cursos de formação profissional podem vir a ser considerados como de pós-graduação para fins de titulação, desde que atendida a normativa do Ministério da Educação.

Em relação ao corpo docente, a LONPC privilegia a escolha de policiais civis integrantes da instituição, que detenham notório saber, habilitação técnica ou formação pedagógica comprovadas, os quais terão preferência na designação a ser feita pelo diretor (**§ 3º**). Em homenagem à transparência e à publicidade, o preenchimento das vagas será realizado por edital publicado em imprensa oficial, com informações sobre os requisitos de habilitação, os quais devem ser comprovados mediante apresentação de títulos e aptidões certificadas tecnicamente e em unidades acadêmicas, com observância das disciplinas que integram as grades curriculares dos cursos estruturados pela coordenação pedagógica.

Outra incumbência de extrema importância destinada à Escola Superior de Polícia Civil é a participação nos processos seletivos dos concursos públicos para os cargos integrantes da estrutura da polícia civil, nos termos do **art. 11, § 4º**. Cabe anotar que as disposições acerca do concurso público estão previstas a partir do art. 20 da LONPC.

SEÇÃO VI
DAS UNIDADES DE EXECUÇÃO

Art. 12. Constituem unidades de execução da polícia civil, sem prejuízo de outras definidas na lei do respectivo ente federativo:

I – unidades policiais circunscricionais, distritais ou regionais;

II – unidades policiais especializadas;

III – Coordenadoria de Recursos e Operações Especiais; e

IV – Departamento de Identificação Civil.

§ 1º A polícia civil pode criar unidades especializadas em combate à corrupção, ao crime organizado, a crimes contra a vida, à lavagem de dinheiro, a crimes cibernéticos, a crimes ambientais, a crimes de violência doméstica e familiar e a crimes contra vulneráveis, bem como em proteção animal, em interceptação de comunicação telefônica, de informática e telemática, entre outras unidades policiais especializadas.

§ 2º O efetivo das unidades especializadas em combate à lavagem de dinheiro e em interceptação de comunicação telefônica, de informática e telemática deve ser composto exclusivamente de policiais civis.

§ 3º O Departamento de Identificação Civil abrange, sem prejuízo de outras atividades, a emissão e o controle de documentos oficiais de identificação civil, a gestão de dados relacionados a registros fotográficos e de sinais característicos corporais, coleta de impressão digital, palmar e plantar, boletim de vida pregressa, formulários de risco de vida e outros documentos necessários ao arquivo e à documentação de informações de relevância para a apuração, respeitada a preservação da intimidade, da vida privada e da honra das pessoas cadastradas.

§ 4º O Departamento de Identificação Civil deve ser coordenado por policial civil designado pelo Delegado-Geral de Polícia Civil dentre os que detenham habilitação específica e sejam da classe mais elevada.

§ 5º Os bancos de dados oriundos das atividades de identificação civil, criminal e funcional das polícias civis são de responsabilidade dessas.

Art. 13. A criação de unidades e a distribuição dos cargos da polícia civil devem observar, preferencialmente, os seguintes fatores:

I – índice analítico de criminalidade e de violência regionais;

II – especialização da atividade investigativa por natureza dos delitos; e

III – população, extensão territorial e densidade demográfica.

Mais uma vez a LONPC define uma estrutura básica de órgãos, ora denominados unidades de execução, isto é, aqueles diretamente relacionados com o desenvolvimento das atividades-fim de polícia investigativa e judiciária, estabelecendo expressamente que outras unidades poderão ser criadas, a critério da lei do respectivo ente federativo, de forma a fazer valer a autonomia estadual, respeitando-se as vicissitudes da realidade de cada Estado-membro.

O **art. 12** prevê assim quatro grandes grupos de unidades de execução: unidades policiais circunscricionais, distritais ou regionais; unidades policiais especializadas; coordenadoria de recursos e operações especiais; e departamento de identificação civil.

As unidades policiais circunscricionais, distritais ou regionais **(art. 12, I)**, nomenclatura que varia de Estado para Estado, terão suas atribuições definidas de acordo com legislação interna de cada polícia civil, geralmente com base em limitações geográficas, podendo coincidir com a área de um ou mais municípios ou abranger determinada região do Estado, como uma região metropolitana, por exemplo.

Essas unidades de execução serão as responsáveis, em regra e de um modo geral, por registros de ocorrência, orientação e atendimento ao público, pesquisas em sistemas e bancos de dados, diligências em locais de crime, coleta de elementos de investigação, como a intimação de testemunhas e a requisição de imagens de câmeras de segurança, formalização de autos de prisão em flagrante, investigações policiais de seguimento, dentre outras atribuições, e também por cumprir ordens judiciais, como mandados de prisão e mandados de busca e apreensão.

CAPÍTULO III DA ORGANIZAÇÃO E DO FUNCIONAMENTO

111

Cabe anotar que para Renato Brasileiro de Lima (2020, p. 178), com espeque no que prevê a Constituição Federal, há uma clara distinção entre as funções de polícia investigativa e as funções de polícia judiciária, asseverando que, no que tange à primeira, "devem ser compreendidas as atribuições ligadas à colheita de elementos informativos quanto à autoria e materialidade das infrações penais". Por sua vez, "a expressão polícia judiciária está relacionada às atribuições de auxiliar o Poder Judiciário, cumprindo ordens judiciárias relativas à execução de mandados de prisão, busca e apreensão, condução coercitiva de testemunhas etc.".

O autor reconhece, todavia, que "prevalece na doutrina e na jurisprudência a utilização da polícia judiciária para se referir ao exercício de atividades relacionadas à apuração da infração penal" (Lima, 2020, p. 178), citando como exemplo a redação da Súmula Vinculante nº 14 do STF.[15]

Parte das competências a serem desempenhadas pelas unidades de execução, ressalvadas a competência da União e as infrações penais militares, encontra previsão no art. 6º da própria LONPC, anotando-se que cabe à polícia civil executar privativamente as funções de polícia judiciária civil e de apuração de infrações penais,[16] a serem materializadas em inquérito policial ou em outro procedimento de investigação podendo-se citar, exemplificativamente, algumas delas, quais sejam:

> Art. 6º [...]
>
> I – cumprir mandados de prisão, mandados de busca e apreensão e demais medidas cautelares, bem como ordens judiciais expedidas no interesse da investigação criminal;
>
> II – garantir a preservação dos locais de ocorrência da infração penal e controlar o acesso de pessoas a eles, sem

---

15 Súmula Vinculante nº 14, do STF, *in verbis*: "É direito do defensor, no interesse do representado, ter acesso amplo aos elementos de prova que, já documentados em procedimento investigatório realizado por órgão com competência de polícia judiciária, digam respeito ao exercício do direito de defesa".

16 Perceba-se que a LONPC, na redação do art. 6º, tal como observado pela doutrina de Renato Brasileiro de Lima, diferencia as funções de polícia judiciária das funções de polícia investigativa, de forma a especificar e valorizar o trabalho desenvolvido pelas polícias civis.

prejuízo da atuação de outros órgãos policiais, no âmbito de suas atribuições legais, nas situações de flagrante delito;

[...]

VIII – organizar e realizar tratamento de dados e pesquisas jurídicas, técnicas e científicas relacionadas às funções de investigação criminal e de apuração das infrações penais, além de outras que sejam relevantes para o exercício de suas atribuições legais;

[...]

X – apoiar, contribuir e cooperar com o Poder Judiciário e com o Ministério Público, mediante acordos de cooperação mútua, nos limites de suas competências constitucionais e legais;

XI – participar do planejamento das políticas públicas e desenvolver políticas de repressão qualificada às infrações penais;

XII – exercer o poder hierárquico e o poder disciplinar;

XIII – atuar de forma cooperada com outros órgãos de segurança pública, nos limites de suas competências constitucionais e legais;

XIV – custodiar o policial civil condenado ou preso provisório à disposição da autoridade competente, na hipótese de ausência de unidade de custódia de caráter exclusivo, por meio de órgão próprio e na forma da lei;

XV – produzir, na forma da lei e no âmbito das atribuições dos cargos, relatórios de interesse da apuração penal, recognição visuográfica e laudo investigativo;

[...]

XVIII – exercer outras atribuições previstas na legislação, obedecidos os limites e a capacidade de auto-organização dos Estados, do Distrito Federal, dos Territórios e dos Municípios, decorrentes do art. 144 da Constituição Federal;

[...]

CAPÍTULO III DA ORGANIZAÇÃO E DO FUNCIONAMENTO

XXIV – exercer todas as prerrogativas inerentes ao poder de polícia judiciária e de apuração das infrações penais para o cumprimento de suas missões e finalidades;

XXV – participar do planejamento e da elaboração das políticas públicas, dos planos, dos programas, dos projetos, das ações e das suas avaliações que envolvam a atuação conjunta entre os órgãos de segurança pública ou de persecução penal, observadas as respectivas competências constitucionais e legais; [...]

É importante observar aqui que os limites da atribuição de cada unidade de execução, nas competências acima previstas, serão determinados pela legislação da polícia civil de cada Estado-membro, uma vez que as atribuições legais poderão ser distribuídas entre outros órgãos que compõem a estrutura organizacional básica do ente, consoante abordado nos comentários acerca do art. 7º, para o qual remetemos o leitor.

Ademais, cabe destacar que, em regra, a atribuição circunscricional – isto é, das unidades policiais circunscricionais, distritais ou regionais – para apuração de infrações penais é fixada de acordo com o local em que se consumou a infração penal, ou, em caso de tentativa, com base no local em que se deu o último ato de execução (art. 70, *caput*, do CPP),[17] posto que caminha em paralelo com a competência territorial do juízo para processar e julgar o crime, disciplinada pelo CPP.

Com efeito, a persecução penal atrela diversos atores, como a Polícia Civil, o Ministério Público, a Defensoria Pública e o Poder Judiciário, os quais devem trabalhar coordenados e em conjunto, de modo a conferir melhor eficiência no que concerne ao objetivo final, que é a aplicação da lei ao caso concreto, promovendo a pacificação social, com respeito às regras postas e, principalmente, à dignidade da pessoa humana.

A delimitação circunscricional não impede, todavia, a realização de diligências em território pertinente à circunscrição de outra unidade de polícia judiciária, desde que as referidas diligências tenham como finalidade a instrução de investigações em curso na unidade que as

---

17 CPP: "Art. 70. A competência será, de regra, determinada pelo lugar em que se consumar a infração, ou, no caso de tentativa, pelo lugar em que for praticado o último ato de execução."

determina (Lima, 2020, p. 181), independente de precatórias ou requisições, segundo dispõe o art. 22 do CPP.

Além disso, como forma de manter a imparcialidade e a independência funcional do Estado-investigação (Barbosa, 2015), por meio do qual a doutrina denomina como princípio do delegado natural,[18, 19] devidamente ancorado pelo que prevê o art. 2º, § 4º, da Lei nº 12.830/2013,[20] certo é que o inquérito policial, uma vez instaurado e em curso em uma unidade policial, somente poderá ser avocado ou redistribuído por superior hierárquico, mediante despacho fundamentado, por motivo de interesse público ou nas hipóteses de inobservância dos procedimentos previstos em regulamento da corporação que prejudique a eficácia da investigação.

Com isso, a Lei nº 12.830/2013 assegura a lisura na condução das investigações policiais, fazendo-se observar as regras de competência previstas no CPP, bem como o regramento interno para distribuição das

---

18 Ruchester Marreiros Barbosa, citando Nestor Távora e Rosmar Rodrigues Alencar (2015, p. 118), assim aduz: "Na doutrina, os professores Nestor Távora, advogado, e Rosmar Rodrigues Alencar, juiz federal, atentos a essa maturidade institucional de ideologia democrática, entendem que nosso ordenamento consagra o princípio do delegado natural, diante do artigo 2º, parágrafo 4º, da Lei 12.830/13. Ao comentar esse dispositivo, assim aduzem: '[...] o parágrafo 4º, de seu artigo 2º, que suscita a ideia de um princípio do delegado natural, na esteira noção mais geral de um princípio da autoridade natural (juiz natural, promotor natural e defensor natural)'". Prossegue mais adiante: "Conquanto haja resistências da jurisprudência e da doutrina majoritária em admitir tal princípio do delegado de polícia natural, entendemos que já se trata de princípio positivado no sistema".

19 Contra a existência do princípio do delegado natural: "1. Os princípios constitucionais do juiz natural e do promotor natural têm seu emprego restrito às figuras dos magistrados e dos membros do Ministério Público, não podendo ser aplicados por analogia às autoridades policiais ou ao denominado 'delegado natural', que obviamente carecem da competência de sentenciar ou da atribuição de processar, nos termos estabelecidos na Constituição da República" (STF, 2ª Turma, Recurso Ordinário em HC nº 126.885/RJ, publicação no **DJE** de 01.02.2016); "A autoridade policial, segundo se observa da Constituição Federal (art. 144, § 4º) e do Código de Processo Penal (art. 4º), tem atribuição e não competência, ou seja, não lhe incumbe exercer atividade jurisdicional. Portanto, não há previsão no ordenamento jurídico pátrio da figura do 'Delegado de Polícia Natural'" (STJ, 5ª Turma, HC nº 145.040/RJ, Rel. Min. Campos Marques, julgado em 13.08.2013).

20 Lei nº 12.830/2013: "Art. 2º As funções de polícia judiciária e a apuração de infrações penais exercidas pelo delegado de polícia são de natureza jurídica, essenciais e exclusivas de Estado. [...] § 4º O inquérito policial ou outro procedimento previsto em lei em curso somente poderá ser avocado ou redistribuído por superior hierárquico, mediante despacho fundamentado, por motivo de interesse público ou nas hipóteses de inobservância dos procedimentos previstos em regulamento da corporação que prejudique a eficácia da investigação."

CAPÍTULO III DA ORGANIZAÇÃO E DO FUNCIONAMENTO **115**

atribuições investigativas no âmbito das polícias civis, evitando arbitrariedades e indevidas interferências políticas, econômicas, midiáticas etc. (Lima Filho, 2022), o que, ao fim e ao cabo, promove a garantia de direitos fundamentais do investigado e das próprias vítimas, com esteio na imparcialidade e na independência funcional da autoridade policial competente para funcionar no caso concreto.[21]

A competência territorial não é, todavia, a única regra prevista no CPP para fixação da competência jurisdicional, o que pode influenciar na distribuição de eventual medida cautelar pelo delegado de polícia caso a unidade policial distrital tenha atribuição para investigação de crimes dolosos contra a vida, consumados ou tentados, por exemplo, uma vez que a medida deverá ser distribuída ao Tribunal do Júri,[22, 23] devendo a atuação policial caminhar junto com as disposições constitucionais, processuais penais e leis de organização judiciárias dos tribunais de justiça locais.

Nesse passo, é certo que a atribuição para a investigação policial, além do fator geográfico, pode vir a ser determinada pela natureza da infração penal e, justamente nesse sentido, é a previsão da LONPC ao elencar unidades policiais especializadas (**art. 12, II**), no rol de unidades de execução da polícia civil.

Com o fito de evitar manipulações e interferências inapropriadas, as legislações locais deverão prever de forma clara e objetiva as atribuições de cada uma de suas unidades de execução, seja distrital, seja

---

21 Para Ruchester: "Não restam dúvidas, portanto, que no âmbito interno, por meio da doutrina, e na seara internacional, o princípio do delegado de polícia natural consagrado na Lei 12.830/13, além de efetivar uma garantia constitucional de imparcialidade e independência funcional do Estado-investigação, norma, portanto, materialmente constitucional, representa, no âmbito internacional, nos moldes do artigo 4º, II da CR/88, norma materialmente convencional, diante dos ditames do órgão máximo de interpretação da Convenção Americana de Direitos Humanos, a Corte Interamericana de Direitos Humanos".

22 CRFB/1988, art. 5º [...] XXXVIII – é reconhecida a instituição do júri, com a organização que lhe der a lei, assegurados: a) a plenitude de defesa; b) o sigilo das votações; c) a soberania dos veredictos; d) a competência para o julgamento dos crimes dolosos contra a vida; [...].

23 CPP, art. 74. A competência pela natureza da infração será regulada pelas leis de organização judiciária, salvo a competência privativa do Tribunal do Júri. § 1º Compete ao Tribunal do Júri o julgamento dos crimes previstos nos arts. 121, §§ 1º e 2º, 122, parágrafo único, 123, 124, 125, 126 e 127 do Código Penal, consumados ou tentados.

especializada, podendo estabelecer atribuições privativas ou concorrentes para fins de investigação de infrações penais específicas.

Em pesquisa às unidades policiais especializadas das diversas polícias civis brasileiras, foi possível encontrar delegacias dedicadas a uma gama de matérias específicas, valendo citar: roubos e furtos (de veículos, cargas); atendimento à mulher, proteção à criança, ao adolescente e à pessoa idosa; atendimento ao turista; combate à corrupção; proteção a vulneráveis; crimes contra a saúde; homicídios e proteção à pessoa; antissequestro; desaparecidos (e, ainda, crianças desaparecidas); estelionato; combate a crimes cibernéticos ou de informática; defesa do consumidor; delitos de trânsito; armas, munições e explosivos; futebol e eventos; proteção ao meio ambiente; combate ao crime organizado; combate à lavagem de capitais; repressão ao narcotráfico; repressão a entorpecentes; conflitos fundiários; capturas; defraudações; defesa de serviços delegados; crimes raciais e delitos de intolerância; crimes fazendários; repressão a crimes contra a propriedade imaterial; combate a crimes contra o agronegócio ou conflitos agrários; repressão a delitos cometidos no sistema penitenciário; repressão a crimes funcionais; crimes contra a ordem tributária e administração pública; crimes contra o patrimônio, dentre outras.

Em verdade, a especialização das funções de uma unidade policial, que passa a tratar rotineiramente de uma mesma infração penal, passando a conhecer e estudar melhor determinando *modus operandi* de tipos semelhantes de criminosos, reunindo elementos de prova mais técnicos e precisos, certamente conduz ao aperfeiçoamento das investigações e a uma melhor entrega de resultados ao *Parquet* e ao Estado-juiz para fins de continuidade da persecução penal.

As atribuições conferidas às unidades especializadas em razão da natureza da infração penal podem excluir (atribuição exclusiva) ou não (atribuição concorrente) a apuração de determinados delitos pelas unidades circunscricionais, distritais ou regionais, a depender da regulamentação levada a efeito pela polícia civil local, sendo inegável, contudo, que deve prevalecer, sobretudo, a cooperação entre todas as unidades de execução, que, integradas e munidas de informações compartilhadas, terão melhores condições de combater o inimigo comum: o criminoso.

A lei orgânica assevera ainda, no § 1º **do art. 12**, que a polícia civil pode criar unidades especializadas no combate à corrupção, ao crime organizado, a crimes contra a vida, à lavagem de dinheiro, a crimes cibernéticos, a crimes ambientais, de violência doméstica e familiar ou contra vulneráveis, bem como voltados à proteção animal, assim como unidades destinadas à realização de interceptação de comunicação telefônica, de informática e telemática, entre outras unidades policiais especializadas.

Em verdade, a criminalidade encontra-se cada vez mais organizada e mais atenta à evolução tecnológica, sendo imperioso às polícias civis acompanhar e proceder à devida repressão, se necessário for, com a criação de novas unidades especializadas inicialmente não previstas em lei, conforme brecha já deixada pela própria LONPC, vez que se trata de rol meramente exemplificativo, que rende homenagens à saudável autonomia que devem possuir as polícias civis estaduais no trato de sua atividade-fim.

Observe-se que a LONPC faz uma ressalva quanto à composição do efetivo das unidades especializadas em combate à lavagem de dinheiro e em interceptação de comunicação telefônica, informática e telemática, destacando que ele deve ser formado exclusivamente por policiais civis (**art. 12, § 2º**), de modo a restringir a discricionariedade do gestor no que tange à lotação de agentes na estrutura organizacional destas unidades especializadas.

Em nossa concepção, trata-se de medida que visa salvaguardar dados investigativos sensíveis, preservando ainda o uso de técnicas e métodos ínsitos à persecução penal que, acaso difundidos em meios equivocados, poderão vir a frustrar a colheita de indícios de autoria e materialidade delitivas, bem como o sucesso de futuras operações policiais, sendo recomendável que se mantenham adstritos apenas ao âmbito interno da corporação.

A previsão do **§ 2º do art. 12 da LONPC** significa verdadeira vedação à lotação de servidores extraquadros nas unidades especializadas em combate à lavagem de dinheiro e em interceptação de comunicação telefônica, informática e telemática. Assim, em razão da especificidade das atividades a serem desempenhadas, o gestor será compelido a buscar constante capacitação de seu pessoal ou de novos policiais que venham a ingressar na unidade, respeitando-se, portanto, a legislação nacional.

A terceira unidade de execução prevista pela LONPC é a Coordenadoria de Recursos e Operações Especiais (**art. 12, III**), que é a unidade de operações da polícia civil responsável pelo apoio técnico e operacional às delegacias (distritais ou especializadas), uma vez que reúne os recursos especiais da instituição, isto é, um conjunto de serviços que formam o que é a Coordenadoria de Recursos Especiais da Polícia Civil do Estado do Rio de Janeiro – CORE.[24]

Os serviços que compõem a coordenadoria, com possíveis variações a depender do Estado da Federação, são os seguintes: esquadrão antibombas, operações aéreas, operações marítimas, operações táticas, operações especiais, treinamento de disparos de arma de fogo, atirador de elite ou de precisão, suporte de apoio operacional, setor de negociações, treinamento de cães farejadores, setor de cursos e especializações, treinamento especializado, planejamento operacional, incursões em áreas urbanas e rurais etc.

Decerto, podem haver ainda setores na unidade especializados em manuseio de artefatos ou dispositivos improvisados, além dos explosivos industriais, atendimento pré-hospitalar tático ou policial, entrada tática, combate em ambiente confinado, progressão em patrulha e progressão em área de alto risco, operações com drones, negociadores em operações com reféns, abordagem de veículos, emboscada e contraemboscada, grandes eventos, gerenciamento de crises, uso de veículos blindados, defesa pessoal, escoltas especiais, segurança de dignitários, técnicas de abordagem etc.

Devido ao alto grau de conhecimento técnico e ao treinamento específico, a Coordenadoria de Recursos e Operações Especiais atuará, em grande parte, no planejamento operacional da polícia civil, principalmente em operações complexas, que exigem experiência profissional e superioridade técnica, a qual é advinda do treinamento constante e do uso de táticas e técnicas especiais, que permitem melhor observação das variáveis e, ao final, a mais acertada tomada de decisão, com fito no cumprimento da lei e das disposições constitucionais.

---

24 A descrição foi formulada pelo Delegado Fabricio Oliveira, coordenador da CORE/RJ ao *podcast* Domingo de Lei. Disponível em: https://www.youtube.com/watch?v=PnYfuMKwKGM. Acesso em: 29 fev. 2024.

CAPÍTULO III DA ORGANIZAÇÃO E DO FUNCIONAMENTO

É importante anotar que, a partir de 2017, considerando as conclusões oriundas do Conselho Nacional dos Comandos de Operações Policiais Especiais (CNCOPE), as unidades de recursos especiais das polícias civis passaram a seguir uma padronização nacional de nomenclatura, uniforme e doutrina, padronização essa igualmente almejada pela lei orgânica nacional das polícias civis.

No que concerne à denominação, como forma de homenagear o grupo de operações especiais mais antigo do Brasil, a CORE, referência em combates urbanos, mormente em se considerando o ambiente hostil em que opera, e cuja criação remonta aos idos de 1969, as unidades táticas dos Estados da Federação passariam a ser nominadas CORE (Menezes, 2022).

Em relação ao uniforme, convencionou-se padronizá-los com um tipo de camuflagem chamado *multicam*, o qual, segundo estudos, melhor se adéqua à maioria dos ambientes e biomas do país, sendo adequado tanto para operações em ambientes urbanos quanto para combates e incursões em ambientes rurais.

Por sua vez, a doutrina referente às operações especiais no Brasil ainda é incipiente, mas vem sendo construída por grandes nomes da segurança pública, que, dia após dia, operam em diversos pontos do país e, cada vez mais, buscam aprimoramento de suas funções, fazendo da troca de experiência com as coirmãs de armas (sejam unidades da polícia civil nos demais Estados, sejam unidades da polícia militar, da polícia penal ou das forças armadas) seu maior aliado no combate à criminalidade organizada.

Decerto, somente quem atua no *front* da batalha (que é diária) é que possui legitimidade para produzir conhecimento sólido e fundamentado sobre segurança pública e que deve merecer respeitado lugar de fala nas decisões referentes à temática, não se descurando obviamente dos estudos teóricos, os quais se prestam a complementar a experiência empírica, jamais substituí-la. Daí a importância de uma produção doutrinária sólida, seja para orientação e coesão internas, seja para nortear a atuação dos demais atores da persecução penal.

Convém mencionar ainda que o ingresso na Coordenadoria, conforme regulamentação de cada polícia civil, via de regra, é realizado por meio de processo seletivo específico, destinado a policiais civis regularmente aprovados em concurso público, para que sejam testadas as valências físicas, técnicas e comportamentais necessárias para o efetivo exercício da função, uma vez que se trata de prestar uma atividade de excelência, altamente técnica.

Assim, a seleção de policiais civis para participar das denominadas tropas de elite pode ser constituída por testes de aptidão física, com atividades como corrida, natação, apneia, barra fixa, flexão de braço, abdominais, testes de força e resistência, tiro, análise do histórico funcional do candidato, apresentação de certidões etc., conforme previamente regulamentado em edital próprio. Uma vez aprovados, os candidatos são geralmente submetidos a um curso de formação, com instruções teóricas e práticas, em que serão transmitidos aos inscritos conhecimentos, habilidades e atitudes necessárias ao desempenho da função operacional, preparando-os para os cenários reais que haverão de enfrentar.

É possível ainda a previsão de exigência de tempo mínimo de efetivo exercício de atividade policial para inscrição e participação no processo seletivo, dentre outros critérios. Observe-se que lei específica do ente pode prever que o curso de formação prestado para ingresso na CORE de outro Estado habilite o policial a integrar a força especial de sua unidade de origem, o que é cada vez mais viável, principalmente em função da padronização que mencionamos acima, fruto de uma integração e união de esforços em nível nacional no combate ao crime organizado, às narcomilícias e à ação de grupos paramilitares por todo o país.

Os cursos de formação para ingresso nessas unidades de execução, de acordo com edital específico, podem contar com a participação de agentes de outras instituições da segurança pública, como policiais militares, policiais penais ou de Forças Militares, e todo o regramento para as etapas seletiva e formativa deve ser previamente regulado por meio de edital, privilegiando a transparência e a imparcialidade na seleção de novos integrantes.

CAPÍTULO III DA ORGANIZAÇÃO E DO FUNCIONAMENTO

Todavia, grande obstáculo à atuação das coordenadorias de recursos e operações especiais, notadamente no Estado do Rio de Janeiro, podendo eventualmente repercutir na realidade da atuação destas forças especiais em outros Estados da Federação, foram as determinações oriundas da ADPF nº 635, também conhecida como "ADPF das Favelas", que impôs uma série de restrições à realização de operações policiais em comunidades do Rio de Janeiro, dificultando sobremaneira o cumprimento da lei, propiciando, por consequência, o crescimento do domínio de forças paralelas e a inviolabilidade de territórios (conflagrados pelo tráfico e pela milícia) pelas forças de segurança (Figueiredo; Saleme, 2024).

Assim como a polícia civil, destaque-se que as outras forças de segurança, além das forças militares, também possuem grupos treinados e capacitados para operações especiais, sendo certo que a integração e a troca de conhecimento entre eles é fundamental para o aperfeiçoamento das nossas polícias, com objetivo final de proporcionar à população o cumprimento do direito (fundamental e social) à segurança pública (Lima, 2021, p. 126) – arts. 5º, *caput*, e 6º, *caput*, da CRFB/1988.

Dessa forma, sejam os falcões no Rio de Janeiro (Jusbrasil, 2021) ou os carcarás no Ceará (Ceará, 2023) – referências a aves com elogiosas habilidades e que passam a nomear os policiais formados em cursos de operações especiais das polícias civis destes Estados –, é imprescindível a atuação destas unidades de execução para o bom desempenho das atividades de polícia investigativa e judiciária, de modo que andou muito bem a LONPC ao trazer a previsão do órgão para a estrutura das polícias civis.

Por fim, a quarta e última unidade de execução prevista pela LONPC é o Departamento de Identificação Civil (**art. 12, IV**), órgão cujas atribuições vêm descritas de forma não exaustiva no **§ 3º do art. 12 da LONPC**, englobando, dentre outras atividades, *litteris*:

> [...] a emissão e o controle de documentos oficiais de identificação civil, a gestão de dados relacionados a registros fotográficos e de sinais característicos corporais, coleta de impressão digital, palmar e plantar, boletim de vida pregressa, formulários de risco de vida e outros documentos necessários ao arquivo e à documentação de

informações de relevância para a apuração, respeitada a preservação da intimidade, da vida privada e da honra das pessoas cadastradas.

A tarefa atribuída aos Estados possui respaldo no que dispõe a Lei nº 7.116/1983, que assegura validade às carteiras de identidade emitidas pelos Estados, regula sua expedição e dá outras providências, e assim dispõe em seu art. 1º, *in expressis*: "A Carteira de Identidade emitida por órgãos de Identificação dos Estados, do Distrito Federal e dos Territórios tem fé pública e validade em todo o território nacional".

Com efeito, segundo conceito oriundo da medicina legal, identificação "é o processo pelo qual se determina a identidade de uma pessoa ou de uma coisa" (Ferreira, 2022, p. 93), por meio de métodos adequados e técnicas específicas, que obedeçam aos postulados da perenidade, da unicidade, da praticabilidade, da imutabilidade e da classificabilidade.

A identidade para Genival França, citado por Wilson Palermo (2022, p. 93), "é o conjunto de caracteres que individualiza uma pessoa ou uma coisa, fazendo-a distinta das demais". Trata-se, portanto, de elemento fundamental para o desenvolvimento das atividades de polícia judiciária, permitindo-se a correta imputação do delito a quem realmente o praticou, além de assegurar a identificação de vítimas já falecidas ou que não tenham capacidade de se expressar. Ou seja, auxilia a atividade investigativa no sentido de afirmar que aquela pessoa é ela mesma, ou é quem ela diz ser, evitando injustiças, impunidade e/ou falsas imputações.[25]

Nesse talante, a função do Departamento de Identificação Civil é proceder à reunião desses caracteres humanos, por meio de fotografia, coleta de impressões papilares, entre outros, a fim de identificar e individualizar as pessoas, com a conseguinte emissão de documento oficial de identificação civil, o que se denomina, na literatura médico-legal, identificação judiciária ou policial.

Vale fazer um pequeno adendo para distinguir a identificação civil da identificação criminal. Nos termos da Constituição da República,

---

25 No mesmo sentido, Renato Brasileiro (2020, p. 216) dispõe: "Para que o Estado possa punir o autor do delito, é indispensável o conhecimento efetivo e seguro de sua correta identidade. [...] afinal, durante a coleta de dados de identificação, é bastante comum que o autor do delito omita seus dados pessoais, apresente informações inexatas, mentindo, usando documentos falsos, ou atribuindo-se falsa identidade".

CAPÍTULO III DA ORGANIZAÇÃO E DO FUNCIONAMENTO **123**

"o civilmente identificado não será submetido a identificação criminal, salvo nas hipóteses previstas em lei" (art. 5º, inciso LVIII, da CRFB/1988). Essa matéria foi regulada pela Lei nº 12.037/2009.

Pois bem, a identificação civil decorre da atuação de órgãos como o departamento de identificação civil, ora previsto na LONPC, e pode ser atestada, segundo dispõe o art. 2º da Lei nº 12.037/2009, pela apresentação dos seguintes documentos: carteira de identidade, carteira de trabalho, carteira profissional, passaporte, carteira de identificação funcional, outro documento público que permita sua identificação, a exemplo da CNH, ou documento de identificação militar.

Assim, aquele que, instado a se identificar, apresente documentos comprobatórios de sua identificação civil, não deverá ser submetido à identificação criminal (ser levado à delegacia para a colheita de suas impressões datiloscópicas, fotografias de frente, de perfil etc.) (Masson, 2020, p. 369). Com efeito, trata-se de uma garantia individual do civilmente identificado a impossibilidade de ser levada a efeito também a sua identificação criminal.

A identificação criminal, segundo as lições de Paulo Rangel (2021, p. 151), após as alterações promovidas pela Lei nº 12.654/2012 na Lei nº 12.037/2009,[26] pode ser realizada por meio de três métodos: a) identificação fotográfica, b) identificação datiloscópica (coleta de impressões digitais), e c) coleta de material biológico para obtenção do perfil genético, em algumas hipóteses.

Na forma da Lei de Execução Penal – LEP (Lei nº 7.210/1984), a identificação do perfil genético[27] será obrigatória para o condenado por

---

26 Lei nº 12.037/2009, art. 5º A identificação criminal incluirá o processo datiloscópico e o fotográfico, que serão juntados aos autos da comunicação da prisão em flagrante, ou do inquérito policial ou outra forma de investigação. Parágrafo único. Na hipótese do inciso IV do art. 3º, a identificação criminal poderá incluir a coleta de material biológico para a obtenção do perfil genético.

27 O Banco Nacional de Perfis Genéticos foi instituído e regulamentado pelo Decreto nº 7.950/2013 e pode receber ainda amostras e perfis genéticos doados voluntariamente por parentes consanguíneos de pessoas desaparecidas para comparação e exclusivamente para identificação da pessoa desparecida e amostras de vestígios de crimes de casos criminais, tratando-se de um banco que possui integração nacional, em busca de coincidências que permitam relacionar suspeitos a locais de crimes ou diferentes locais de crimes entre si, conforme explicitado pelo *17º Relatório da Rede Integrada de Bancos de Perfis Genéticos (RIBPG)*. Disponível em: https://www.gov.br/mj/pt-br/assuntos/noticias/banco-nacional-de-perfis-geneticos-conta-com-mais-de-175-mil-perfis-cadastrados/xvii-relatorio-da-rede-integrada-de-bancos-de-perfis-geneticos-ribpg-final.pdf. Acesso em: 13 mar. 2024.

crime doloso praticado com violência grave contra a pessoa, bem como por crime contra a vida, contra a liberdade sexual ou por crime sexual contra vulnerável, o que se dará mediante extração de DNA (ácido desoxirribonucleico), por técnica adequada e indolor, por ocasião do ingresso no estabelecimento prisional (art. 9º-A da LEP).

Dito isso, há de se consignar que as exceções expressamente previstas na Lei nº 12.037/2009, autorizadoras da identificação criminal – a qual deverá ser realizada sem constrangimento ao identificado –, são as seguintes:

> Art. 3º Embora apresentado documento de identificação, poderá ocorrer identificação criminal quando:
>
> I – o documento apresentar rasura ou tiver indício de falsificação;
>
> II – o documento apresentado for insuficiente para identificar cabalmente o indiciado;
>
> III – o indiciado portar documentos de identidade distintos, com informações conflitantes entre si;
>
> IV – a identificação criminal for essencial às investigações policiais, segundo despacho da autoridade judiciária competente, que decidirá de ofício ou mediante representação da autoridade policial, do Ministério Público ou da defesa;
>
> V – constar de registros policiais o uso de outros nomes ou diferentes qualificações;
>
> VI – o estado de conservação ou a distância temporal ou da localidade da expedição do documento apresentado impossibilite a completa identificação dos caracteres essenciais.
>
> Parágrafo único. As cópias dos documentos apresentados deverão ser juntadas aos autos do inquérito, ou outra forma de investigação, ainda que consideradas insuficientes para identificar o indiciado.

No pertinente à identificação civil, função atribuída ao órgão de execução ora em estudo, é de se observar que o fato de cada Estado possuir um banco de dados e emitir sua própria carteira de identidade, de forma não unificada e não integrada aos demais, acaba por dificultar a tarefa das polícias civis quanto à identificação de um indivíduo de outra unidade federativa, eventualmente detido e que não possua consigo seus documentos pessoais, ou mesmo que minta acerca de sua verdadeira identidade.

Cabe esclarecer aqui que o principal método de identificação utilizado para a identificação judiciária é o sistema datiloscópico, que se vale do desenho digital (isto é, do conjunto de cristas e sulcos existentes nas polpas dos dedos) para identificar uma pessoa, uma vez que se trata de método mais barato, eficiente e acessível (Ferreira, 2022, p. 108), tendo como vantagens ainda o fato de o desenho digital ser perene, imutável e se manter inalterado desde a formação fetal até determinado estágio da putrefação cadavérica, não sendo encontradas digitais idênticas em pessoas diferentes (Lima, 2020, p. 216).

Todavia, os Estados não possuem ainda acesso aos bancos de dados das identidades civis uns dos outros. Ou seja, não podem confirmar, por meio das impressões digitais, fotografias e demais características que aquela pessoa é realmente quem ela diz ser. Essa falha na integração e no compartilhamento de dados, por vezes, provoca o deslocamento intencional de criminosos para outros Estados, a fim de se esquivarem da aplicação da lei penal, especialmente para voltar a cometer novos crimes.

Esse momentâneo entrave para investigação, no entanto, vem sendo superado pelas nossas polícias civis ao agirem integradas, com a troca de informações cada vez mais facilitada pelos meios tecnológicos que permitem a comunicação instantânea entre os agentes. E, por certo, não passou despercebida pelos nossos legisladores, cabendo mencionar ao menos duas iniciativas aptas a promover a integração desses dados, que são: a criação de um Banco Nacional Multibiométrico e de Impressões Digitais e a emissão de um documento de identidade nacional.

O Banco Nacional Multibiométrico e de Impressões Digitais, cuja previsão se deu pela inclusão dos arts. 7º-C e seguintes pela Lei nº 13.964/2019 (conhecido como Pacote Anticrime) na Lei nº 12.037/2009, tem como objetivo armazenar dados de registros biométricos, de impressões digitais e, quando possível, de íris, face e voz, para subsidiar investigações criminais federais, estaduais ou distritais, havendo previsão ainda de compartilhamento ou integração com bancos de dados de identificação de natureza civil, administrativa ou eleitoral.

Por sua vez, no âmbito da identificação civil, a criação de um Documento Nacional de Identidade (DNI), com fé pública e validade em todo o território nacional, que adotará o número de inscrição do CPF como registro geral, único e válido para todo o país, foi disciplinada pela Lei nº 13.444/2017, que prevê que o DNI será emitido: i) pela Justiça Eleitoral, ii) pelos institutos de identificação civil dos Estados e do Distrito Federal (com certificação da Justiça Eleitoral), e iii) por outros órgãos, mediante delegação do Tribunal Superior Eleitoral – TSE, com certificação da Justiça Eleitoral (art. 8º, § 3º, da Lei nº 13.444/2017).

Percebe-se assim grande avanço para a integração da identificação civil, com reflexos positivos na investigação criminal, nas transações comerciais e nos demais atos da vida pública e privada a serem realizados em todo o território nacional, com a unificação dos cadastros de identificação civil, tarefa que permanece a cargo dos departamentos de identificação civil dos Estados, tal como disciplina a LONPC, embora de forma não exclusiva, uma vez que a Justiça Eleitoral também poderá fazê-lo.

A substituição do atual modelo de carteira de identidade estadual pelo documento nacional de identidade se dará de forma gradativa, havendo um planejamento da Justiça Eleitoral que deverá ser observado pelos Estados-membros.[28]

---

28 Planejamento,1º semestre 2024: "Implementação do DNI nos seguintes Estados: Amazonas (AM), Pará (PA), Bahia (BA), Maranhão (MA), Pernambuco (PE), Mato Grosso do Sul (MS), Rio Grande do Sul (RS), Santa Catarina (SC), Mato Grosso (MT), São Paulo (SP), Rio de Janeiro (RJ) e Espírito Santo (ES)". Disponível em: https://www.justicaeleitoral.jus.br/identificacao-civil-nacional/. Acesso em: 20 fev. 2024. Valendo conferir ainda: "Estado de Goiás faz parte do projeto piloto para emissão do RG nacional e inicia as emissões do RG Nacional a partir de 22/08/2022" (disponível em: https://identificacao.policiacivil.go.gov.br/gerencia-identificacao-civil/rg-nacional/; acesso em: 20 fev. 2024); "Em Minas Gerais, a Polícia Civil (PCMG), por meio do Instituto de Identificação, adotou o modelo de Carteira de Identidade Nacional (CIN), documento de identificação único, destinado a todos os brasileiros, que tem o número do Cadastro de Pessoa Física (CPF) como base para a sua emissão" (disponível em: https://www.policiacivil.mg.gov.br/pagina/servicos-identificacao; acesso em: 20 fev. 2024); "A Polícia Civil do Distrito Federal, por meio do Instituto de Identificação, realiza, neste sábado (27), o terceiro mutirão do ano para emissão do novo documento de identidade nacional. A ação visa fortalecer o compromisso de oferecer serviços eficientes à comunidade do DF" (disponível em: https://www.pcdf.df.gov.br/noticias/12442/acao-de-emissao-de-rg-em-27-01-24-divulgacao; acesso em: 20 fev. 2024).

CAPÍTULO III DA ORGANIZAÇÃO E DO FUNCIONAMENTO

A LONPC dispõe ainda acerca do comando dos Departamentos de Identificação Civil, cuja coordenação será atribuída a policial civil designado pelo Delegado-Geral de Polícia Civil dentre os que detenham habilitação específica e sejam da classe mais elevada, nos termos do **§ 4º do art. 12 da LONPC.**

A lei atribui ainda às polícias civis a responsabilidade pelos bancos de dados oriundos das atividades de identificação civil, criminal e funcional (**art. 12, § 5º, da LONPC**).

Nesse ponto, impende diferençar o Departamento de Identificação Civil do Instituto de Identificação. Com efeito, a primeira distinção se refere ao enquadramento dos referidos órgãos dentro da estrutura da polícia civil e, nesse ponto, note-se que o Departamento de Identificação Civil é classificado como unidade de execução e tem previsão no **art. 12, IV, da LONPC.** O Instituto de Identificação, por sua vez, é denominado pela lei orgânica como unidade técnico-científica, conforme o **art. 15, III.**

Enquanto o Departamento de Identificação Civil se atém à identificação judiciária ou policial, o Instituto de Identificação cuida da denominada identificação médico-legal, que pode se dar quanto à espécie, quanto à raça, quanto ao sexo, quanto à idade, quanto à estatura, dentre outros fatos técnico-científicos, devendo ser realizada por peritos especializados. Para Eduardo Arcos (2023): "Na identificação médico--legal, exigem-se, além dos conhecimentos e técnicas médico-legais, a compreensão das ciências acessórias, razão pela qual sempre deverá ser realizada por legistas".

Por derradeiro, tangenciando a temática, vale lembrar que constitui contravenção penal a recusa a se identificar perante a autoridade, quando por esta justificadamente solicitado ou exigido, na forma do art. 68 da Lei de Contravenções Penais (Decreto-Lei nº 3.688/1941). E, ainda, que, embora seja constitucionalmente assegurado ao investigado o direito ao silêncio, a mencionada garantia não lhe confere a prerrogativa de mentir perante a autoridade policial, atribuindo a si próprio identidade distinta da que realmente possui, conduta não abarcada pelo postulado da não autoincriminação e que se subsume ao crime previsto no art. 307 do Código Penal – CP.[29]

---

29 Entendimento consolidado pela jurisprudência do Supremo Tribunal Federal, que decidiu nos seguintes termos, *in verbis*: "[...] c) a evolução jurisprudencial consolidou-se por esta Corte Constitucional no julgamento, em 22.09.2011, da repercussão geral da questão constitucional

Ao final da seção, já no **art. 13**, a **LONPC** estabelece alguns parâmetros que devem ser preferencialmente observados pelo gestor para a criação de unidades e para a distribuição dos cargos no âmbito da corporação. A previsão certamente torna mais objetiva a tarefa da inauguração de unidades novas, a considerar fatores mensuráveis, quais sejam: índice analítico de criminalidade e de violência regionais **(I)**; especialização da atividade investigativa por natureza dos delitos **(II)**; e população, extensão territorial e densidade demográfica **(III)**.

Com efeito, as informações objetiva e quantitativamente declinadas nos incisos do **art. 13** serão obtidas a partir da análise de bancos de dados da própria instituição e de análises estatísticas e criminais levadas a efeito por órgãos oficiais e que, sendo bem aplicadas, na prática, além de equalizar a disposição do efetivo policial, evitando a interferência de interesses escusos na organização e estruturação da atividade policial, ainda conduzem à otimização dos recursos disponibilizados à realização das atividades investigativas.

SEÇÃO VII
DAS UNIDADES DE INTELIGÊNCIA

Art. 14. Constituem unidades de inteligência da polícia civil, sem prejuízo de outras definidas na lei do respectivo ente federativo:

I – Diretoria de Inteligência Policial;

II – Coordenadorias Regionais de Inteligência;

III – Núcleos de Inteligência em unidades especializadas definidas em estrutura organizacional específica;

IV – Coordenadoria de Doutrina de Inteligência Policial e Treinamento; e

---

debatida no RE 640139, de relatoria do Min. Dias Toffoli, oportunidade em que se reafirmou que o princípio constitucional da vedação à autoincriminação não alcança aquele que atribui falsa identidade perante autoridade policial com o intuito de ocultar maus antecedentes, o que torna típica, sem qualquer traço de ofensa ao disposto no art. 5º, LXIII, da CF, a conduta prevista no art. 307 do CP; [...]" (RE nº 971.959, Rel. Luiz Fux, Tribunal Pleno, julgado em 14.11.2018, PROCESSO ELETRÔNICO REPERCUSSÃO GERAL – MÉRITO **DJe**-190 DIVULG 30.07.2020 PUBLIC 31.07.2020).

V – Coordenadoria de Contrainteligência Policial.

De forma mais que acertada e consentânea com o exercício da atividade policial, a lei orgânica nacional das polícias civis traz em seu bojo a estrutura mínima de unidades de inteligência que devem compor a corporação, estabelecendo a existência de uma diretoria de inteligência policial, de coordenadorias regionais de inteligência, de núcleos de inteligência em unidades especializadas, de uma coordenadoria de doutrina de inteligência policial e treinamento, e de uma coordenadoria de contrainteligência policial.

As ramificações em estruturas regionais e em unidades especializadas (**art. 14, II e III**) caminham no sentido do aperfeiçoamento e da eficiência da atividade, com vistas à otimização das funções, que, devidamente interligadas, certamente conduzirão a resultados positivos para a organização, uma vez que a atividade de inteligência foi inserida dentre as competências das polícias civis, no art. 6º da LONPC, nos seguintes termos:

> Art. 6º [...]
>
> VI – produzir, difundir, planejar, orientar, coordenar, supervisionar e executar ações de inteligência e de contrainteligência destinadas à execução e ao acompanhamento de assuntos de segurança pública, da polícia judiciária civil e de apuração de infração penal, de forma a subsidiar ações para prever, prevenir e neutralizar ilícitos e ameaças de qualquer natureza que possam afetar a ordem pública e a incolumidade das pessoas e do patrimônio, na esfera de sua competência, observados os direitos e as garantias individuais; [...]

Diversamente do que fez com outros órgãos, a LONPC não delimitou as atribuições das unidades de inteligência previstas no **art. 14**, o que nos leva a crer que a tarefa caberá aos Estados-membros, no âmbito da normatização interna de cada polícia civil, havendo a possibilidade expressa no *caput* de que outras unidades sejam criadas.

Ao ensejo, vale anotar que a atividade de inteligência não é exclusiva da segurança pública ou da atividade policial, uma vez que a obtenção de conhecimento, especialmente na era da informação, significa a conquista ou a manutenção de poder, tanto em setores públicos quanto em privados.

A inteligência tem origens bem remotas, sendo citada pela literatura (Martins, 2022, p. 70) inclusive em passagens bíblicas, tal como no seguinte excerto:

> Disse o Senhor a Moisés: Envia homens que espiem a terra de Canaã, que eu hei de dar aos filhos de Israel; de cada tribo de seus pais envia um homem que seja um de seus príncipes. Enviou-os Moisés do deserto de Parã, segundo o mandado do Senhor; todos aqueles homens eram príncipes dos filhos de Israel (Números 13:1-3).

Segundo os estudiosos, a inteligência deita raízes em quatro matrizes históricas: economia, guerra, diplomacia e polícia, e tem sua participação mais popularmente conhecida pelas atividades de espionagem, por meio da qual o detentor de informações obtidas de forma clandestina ou sigilosa passa a situar-se em posição de vantagem em relação ao seu adversário, podendo antecipar ações ou impedir as investidas do inimigo, valendo-se especialmente do fator surpresa (Martins, 2022, p. 70).

A evolução histórica demonstra que a inteligência foi inicialmente utilizada para a guerra, fomentando a defesa externa e a estratégia militar. Em seguida foi instrumento de grande valia no contexto da diplomacia e das relações exteriores, prestando-se posteriormente para o resguardo da ordem pública e da segurança interna dos países.

Atualmente, a inteligência se faz cada vez mais necessária, mormente em razão dos denominados conflitos irregulares, que, segundo Alessandro Visacro (2022, p. 49), são aqueles surgidos no período pós--1945, marcados "pelo crescente protagonismo desempenhado por atores armados não estatais, como, por exemplo, movimentos de luta armada, grupos rebeldes e organizações terroristas".

O conceito de inteligência vem disciplinado no art. 1º da Lei nº 9.883/1999, *litteris*:

> § 2º Para os efeitos de aplicação desta Lei, entende-se como inteligência a atividade que objetiva a obtenção, análise e disseminação de conhecimentos dentro e fora do território nacional sobre fatos e situações de imediata

ou potencial influência sobre o processo decisório e a ação governamental e sobre a salvaguarda e a segurança da sociedade e do Estado.

Por seu turno, o Decreto nº 8.793/2016, que fixa a Política Nacional de Inteligência (PNI), traz a seguinte definição, cuja transcrição melhor orientará o leitor na compreensão do tema, *in verbis*:

> Atividade de Inteligência: exercício permanente de ações especializadas, voltadas para a produção e difusão de conhecimentos, com vistas ao assessoramento das autoridades governamentais nos respectivos níveis e áreas de atribuição, para o planejamento, a execução, o acompanhamento e a avaliação das políticas de Estado. A atividade de Inteligência divide-se, fundamentalmente, em dois grandes ramos:
>
> I – Inteligência: atividade que objetiva produzir e difundir conhecimentos às autoridades competentes, relativos a fatos e situações que ocorram dentro e fora do território nacional, de imediata ou potencial influência sobre o processo decisório, a ação governamental e a salvaguarda da sociedade e do Estado; [...]

Assim, a atividade de inteligência no âmbito das polícias civis tem a finalidade de proporcionar diagnósticos e prognósticos sobre a evolução de situações de interesse da segurança pública e de investigação policial em curso ou a ser deflagrada a partir dela, subsidiando a autoridade policial nos processos de tomada de decisão.

A inteligência foi concebida por Sherman Kent sob três aspectos: produto (o conhecimento em si), organização (a instituição produtora do conhecimento) e processo (métodos utilizados pela instituição para produzir o conhecimento) (Martins, 2022, p. 72). E consiste, a partir de técnicas operacionais específicas, na busca e sistematização de dados disponíveis, protegidos ou negados, com vistas a antecipar a ação policial em relação a investidas criminógenas, promovendo maior eficiência para a investigação e para a segurança pública como um todo.

As agências de inteligência trabalham primordialmente com a obtenção, a reunião e a verificação de dados, em uma metodologia conhecida como ciclo de produção do conhecimento, o qual também é alimentado pelo intercâmbio de dados e conhecimentos entre órgãos de inteligência e de repressão em âmbito regional, nacional e internacional, um dos objetivos da PNSPDS, na forma do art. 6º, IX, da Lei do Susp (Lei nº 13.675/2018).[30]

Nesse contexto, há que se distinguir inteligência de investigação, conceitos que não se confundem. Daí, parte-se da premissa de que inteligência não investiga, mas é essencial ao planejamento na área policial e de segurança pública, por meio da obtenção, análise e disseminação do conhecimento. Inteligência é uma atividade assessória e estratégica para a polícia civil, cuja atividade-fim é a investigação.

A doutrina traça uma linha divisória de bases bem sólidas entre os dois institutos, uma vez que, enquanto a investigação

> trabalha com o passado, com o que já aconteceu, buscando produzir provas e identificar autorias de crimes, tendo como cliente final o Judiciário, a inteligência trabalha principalmente com o presente e o futuro, buscando produzir conhecimentos para assessorar o processo decisório e tendo como destinatário final o Executivo (Kraemer, 2015, p. 77).

Desse modo, estabelecida a diferença, é certo dizer que documentos de inteligência, que subsidiam a tomada de decisões, possuem caráter meramente informativo, sem valor probatório, sendo legalmente classificados como sigilosos, de modo que não se prestam a instruir o inquérito policial, conforme esclarecido pelo ilustre presentante do Ministério Público do Mato Grosso do Sul no bojo da RCL nº 46.029/MS,[31] nos seguintes termos, *in expressis*:

> Os relatórios de inteligência (RELINT) podem ser, no máximo, difundidos com outras agências de inteligências e não se destinam à prova de fato, mas a repasse de conhecimento. Isto porque o Relatório de Inteligência serve para orientar a Autoridade Competente (ou órgão decisor) à

---

30 A Lei do Susp prevê ainda o compartilhamento de informações dos seus órgãos com o Sisbin (art. 10, IV, da Lei nº 13.675/2018).

31 STF, Rcl nº 46.029/MS, **DJE** nº 45, divulgado em 09.03.2021, publicado no **DJE** 10.03.2021, Rel. Min. Alexandre de Moraes. Disponível em: https://portal.stf.jus.br/processos/detalhe. asp?incidente=6119383. Acesso em: 20 fev. 2024.

CAPÍTULO III *DA ORGANIZAÇÃO E DO FUNCIONAMENTO* **133**

tomada de uma decisão e não se predestina à instrução de inquéritos ou procedimentos investigativos. [...]

Os denominados RELINT derivam da atividade de inteligência disciplinada pela Lei nº 9.883/19995, ou seja, a "que objetiva a obtenção, análise e disseminação de conhecimentos dentro e fora do território nacional sobre fatos e situações de imediata ou potencial influência sobre o processo decisório e a ação governamental e sobre a salvaguarda e a segurança da sociedade e do Estado" (art. 1º, § 1º), não se prestam a integrar acervo probatório.

Conforme explica a doutrina: "o grande problema da relação entre relatório de inteligência e inquérito policial diz respeito à confusão feita entre os dois documentos. Enquanto o inquérito está no cerne da atividade da atividade (sic) de polícia judiciária, o relatório de inteligência é documento de natureza administrativa, pois é produto da análise de dados e informações para assessoramento a um processo decisório, não se pode confundir as duas peças, e um relatório de inteligência em hipótese alguma poderia compor os autos de um inquérito policial".

Com efeito, a atividade de inteligência é dinâmica e exige constante atualização, necessidade de qualificação, e a tomada de uma série de medidas para salvaguardar a produção e a difusão de conhecimentos, evitando-se o vazamento indevido de informações, o que pode ser operacionalizado por meio de limite de acesso, compartimentação, graus de sigilo e uso do canal técnico para comunicação *intra* e interagências.

Por esses motivos, embora a LONPC tenha silenciado a esse respeito, o recrutamento de policiais civis para operar nessas agências deve atender a critérios mais rigorosos, com seleção de profissional com perfil e qualificação adequados, verificando-se seus antecedentes funcionais, na busca de agentes que satisfaçam elevados padrões éticos e morais. Demais disso, a formação e a capacitação desses agentes devem ser observadas com rigor, mantendo-se especialização e treinamento contínuos.

Nesse exato sentido, a LONPC traz a previsão de uma coordenadoria de doutrina de inteligência policial e treinamento (**art. 14, IV**), unidade responsável por uma diretriz (doutrina) e pelo treinamento dos agentes na área de inteligência, a qual efetivamente demanda atualização e aprofundamento contínuos, devendo seguir a esteira do que prevê a doutrina de inteligência, que é destinada a direcionar a produção do conhecimento.

Decerto, "o termo doutrina refere-se a um conjunto de princípios que servem de base para o funcionamento de um sistema qualquer de ação e reflexão. [...]. Tal conjunto ajuda a educar e a orientar as práticas individuais e coletivas de uma organização" (Abin, 2023, p. 8). Para tanto, a doutrina precisa ser clara, parcimoniosa e autocrítica, para que seja revisada e aperfeiçoada de tempos em tempos, sendo o que se espera da doutrina de inteligência.

Por sua vez, cabe esclarecer que a contrainteligência (**art. 14, V, da LONPC**) consiste na "atividade que objetiva prevenir, detectar, obstruir e neutralizar a Inteligência adversa e as ações que constituam ameaça à salvaguarda de dados, conhecimentos, pessoas, áreas e instalações de interesse da sociedade e do Estado",[32] tratando-se, destarte, de unidade cuja existência é essencial e salutar ao bom funcionamento e à continuidade da entidade.

A contrainteligência atua na proteção do conhecimento produzido, dos agentes e da própria instituição, seus documentos e instalações, uma vez que tem como objetivos prevenir, obstruir, identificar e, se necessário, neutralizar ações adversas que podem ter origem interna, como eventuais desvios de conduta ou vazamento de informações, ou ameaças externas, tais como espionagem, terrorismo, sabotagem etc.

Em conclusão, mencione-se que o uso indevido das agências de inteligência pelo Estado não passou ao largo da apreciação do STF, que, por meio do voto condutor da Ministra Cármen Lúcia, na relatoria da ADPF nº 722,[33] repreendeu severamente a prática, nos seguintes termos:

> [...] As atividades de inteligência, portanto, devem respeitar o regime democrático, no qual não se admite a perseguição de opositores e aparelhamento político do Estado. Aliás, o

---

32 Conceito trazido pelo Decreto nº 8.793/2016, que fixa a Política Nacional de Inteligência (PNI).

33 F, Plenário, ADPF nº 722/DF, Rel. Min. Cármen Lúcia, data de publicação **DJE** 09.06.2022, divulgado em 08.06.2022. Disponível em: https://portal.stf.jus.br/processos/detalhe. asp?incidente=5967354. Acesso em: 15 mar. 2024.

CAPÍTULO III DA ORGANIZAÇÃO E DO FUNCIONAMENTO **135**

histórico de abusos relatados quanto ao serviço de inteligência acentua a imperiosidade do efetivo controle dessa atividade. [...] 9. É imprescindível que a colheita de dados, a produção de informações e o respectivo compartilhamento entre os órgãos integrantes do Sistema Brasileiro de Inteligência se opere com estrita vinculação ao interesse público, observância aos valores democráticos e respeito aos direitos e garantias fundamentais. Produção e compartilhamento de dados e conhecimentos específicos que visem ao interesse privado do órgão ou de agente público não é juridicamente admitido e caracteriza desvio de finalidade e abuso de poder. [...] 12. O uso da máquina estatal para a colheita de informações de servidores com postura política contrária ao governo caracteriza desvio de finalidade e afronta aos direitos fundamentais de livre manifestação do pensamento, de privacidade, reunião e associação. [...].

Repise-se que as atribuições das sobreditas unidades de inteligência deverão ser regulamentadas por atos normativos próprios de cada unidade federativa, uma vez que a LONPC se reservou a prever a composição de uma estrutura mínima de unidades, a qual pode, inclusive, ser alargada pelos Estados.

SEÇÃO VIII
DAS UNIDADES TÉCNICO-CIENTÍFICAS

Art. 15. Constituem unidades técnico-científicas da polícia civil as unidades responsáveis pela perícia oficial criminal, nos casos em que o órgão central de perícia oficial de natureza criminal estiver integrado em sua estrutura, cujos chefes devem ser designados pelo Delegado-Geral de Polícia Civil, dentre outras:

I – Instituto de Criminalística;

II – Instituto de Medicina Legal; e

III – Instituto de Identificação.

§ 1º As unidades técnico-científicas são responsáveis pelas atividades de perícia oficial de natureza criminal e técnico-científicas relativas às ciências forenses.

§ 2º Os Institutos de Criminalística, de Medicina Legal e de Identificação devem ser coordenados por peritos oficiais criminais das respectivas áreas que estejam na ativa e sejam da classe mais elevada.

§ 3º Fica garantido, mediante requisição fundamentada, o livre acesso das polícias civis aos bancos de dados de unidades técnico-científicas não integradas à instituição.

Considerando a relevância da perícia para a investigação criminal, sendo a intervenção técnica por vezes imprescindível para que a autoridade policial e seus agentes possam desvelar a materialidade e a autoria de determinadas espécies delitivas, a LONPC fez previsão de uma seção específica para tratar das unidades técnico-científicas que devem compor o órgão central de perícia oficial acaso ele esteja integrado à estrutura da polícia civil.

Nesse ponto cabe esclarecer que o órgão central de perícia oficial pode estar ou não integrado à estrutura da polícia civil. Na primeira hipótese, o órgão deverá ser formado pelas unidades técnico-científicas previstas na LONPC, quais sejam, instituto de criminalística, instituto de medicina-legal e instituto de identificação, dentre outros. De outra forma, "quando o órgão central de perícia oficial não estiver abrangido na estrutura organizacional da Polícia Civil, constituindo órgão autônomo, essas unidades serão partes integrantes da chamada Polícia Técnico-Científica" (Arcos, 2023).

Sobre essa possibilidade, o STF assentou que "Os Estados podem optar por garantir a autonomia formal aos institutos de criminalística ou podem integrá-los aos demais órgãos de segurança pública, sem que isso importe ofensa material à Constituição" (STF, Plenário, ADI nº 6.621/TO, Rel. Min. Edson Fachin, julgado em 07.06.2021) (Cavalcante, s.d.). A decisão tem como fundamentos os arts. 144, §7º,[34] da CRFB/1988, e 9º, § 2º, X, da Lei nº 13.675/2018 (Susp), que afirma que

---

34 CRFB/1988, art. 144. [...] § 7º A lei disciplinará a organização e o funcionamento dos órgãos responsáveis pela segurança pública, de maneira a garantir a eficiência de suas atividades.

os institutos oficiais de criminalística, medicina legal e identificação são integrantes operacionais do Susp.

Desse modo, ainda que as unidades técnico-científicas não sejam integradas à polícia civil, a LONPC garante à autoridade policial e seus agentes livre acesso aos bancos de dados das mencionadas unidades, o que deve ser feito mediante requisição fundamentada, nos termos do que dispõe o **art. 15, § 3º, da lei.** Em nossa opinião, esse trâmite deve ser o mais simplificado possível, a fim de não prejudicar o andamento das investigações e a elucidação de infrações penais pela polícia civil.

Anote-se que as referidas unidades, uma vez inseridas na estrutura da polícia civil, deverão ser coordenadas por peritos oficiais criminais da classe mais elevada e das respectivas áreas, isto é, um perito criminal deve coordenar o instituto de criminalística, um perito médico-legista ou odontolegista deve chefiar o instituto de medicina legal, e um perito criminal papiloscopista deve ser o responsável pela coordenação do instituto de identificação **(art. 15, § 2º, da LONPC).**

É certo que pode haver variações a depender da organização administrativa de cada Estado, no entanto, há de ser mantida a pertinência temática para o exercício do cargo de posto mais alto na estrutura dessas unidades que, sendo técnico-científicas, devem ser coordenadas por alguém com capacidade técnica compatível. A designação para a chefia deve ocorrer por ato do Delegado-Geral de Polícia Civil **(art. 15, *caput*, parte final, da LONPC).**

A LONPC deixa em aberto a possibilidade de criação de novas unidades técnico-científicas no âmbito da estrutura do órgão central, previsão mais que salutar, haja vista que a especialização de algumas funções eminentemente técnicas aumenta as chances de êxito nas investigações, podendo-se citar como exemplo a criação de um órgão de perícia especializado em genética forense.

O § 1º do art. 15 da LONPC esclarece que as unidades técnico-científicas são responsáveis pelas atividades de perícia oficial de natureza criminal e técnico-científica relativas às ciências forenses. A perícia médico-legal, com efeito, consiste em "um conjunto de procedimentos médicos e técnicos que tem como finalidade o esclarecimento de um fato de interesse da justiça" (Ferreira, 2022, p. 41).

A perícia oficial é desenvolvida por peritos oficiais, para os quais é exigido concurso público, com formação acadêmica específica. Nesse contexto, a Lei nº 12.030/2009 destaca que, no exercício da atividade de perícia oficial de natureza criminal, é assegurada autonomia técnica, científica e funcional, isto é, no que concerne ao mérito de seu mister, o perito não está subordinado a nenhuma outra autoridade – policial ou judiciária. Relembre-se que o perito atua após requisição da autoridade policial, nos termos do art. 6º do CPP. E, ainda, que também há perícias realizadas em juízo.

Note-se que o CPP é expresso ao consignar, no *caput* do art. 158, a obrigatoriedade de exame de corpo de delito em infrações que deixem vestígios (chamadas não transeuntes). Wilson Palermo (2022, p. 41) define corpo de delito como "o conjunto de elementos sensíveis denunciadores do fato criminoso", a partir daí é que o perito realiza o sobredito exame, cujo resultado é materializado por meio de um documento médico-legal chamado relatório (auto ou laudo), orientando a autoridade policial acerca dos elementos constituintes da hipótese fática em apuração.

O exame de corpo de delito[35] pode ser realizado em pessoas vivas (para constatação de uma lesão corporal provocada por agressão física, por exemplo), em locais (*verbi gratia*, para constatação de arrombamento em um furto no interior de residência e/ou para coleta de impressões digitais no mesmo cenário), em cadáveres (por exemplo, para verifica-ção da causa da morte em caso de morte violenta, isto é, decorrente de suicídio, acidente ou crime), em objetos (em arma de fogo, por exemplo, para constatar sua capacidade de efetuar disparos) etc., sendo afeta a cada perito a sua respectiva área de atuação.

Em se tratando da temática, é imperioso que seja observada a cadeia de custódia, que consiste no "conjunto de todos os procedimentos utilizados para manter e documentar a história cronológica do vestígio, para rastrear sua posse e manuseio a partir de seu reconhecimento até o descarte", nos termos do que dispõe a Portaria SENASP nº 82/2024, assim como o art. 158-A do CPP, inserido pelo Pacote Anticrime (Lei nº 13.964/2019), *in verbis*:

---

35 CPP, art. 159. O exame de corpo de delito e outras perícias serão realizados por perito oficial, portador de diploma de curso superior. § 1º Na falta de perito oficial, o exame será realizado por 2 (duas) pessoas idôneas, portadoras de diploma de curso superior preferencialmente na área específica, dentre as que tiverem habilitação técnica relacionada com a natureza do exame.

CAPÍTULO III DA ORGANIZAÇÃO E DO FUNCIONAMENTO

Art. 158-A. Considera-se cadeia de custódia o conjunto de todos os procedimentos utilizados para manter e documentar a história cronológica do vestígio coletado em locais ou em vítimas de crimes, para rastrear sua posse e manuseio a partir de seu reconhecimento até o descarte.

Nesse sentido, considerada a atuação específica de cada unidade técnico-científica, veja-se que o Instituto de Criminalística **(art. 15, I, da LONPC)** será o responsável por exames em locais de crime, coleta de vestígios, exames laboratoriais, exames em documentos, objetos, veículos, substâncias, exames em dispositivos eletrônicos e de informática, reprodução simulada, balística etc., com a aplicação de conhecimentos técnico-científicos de diversas áreas do saber para a resolução de questões jurídicas relevantes.

A atuação do setor de criminalística permite uma variada gama de exames e perícias, dentre os quais podemos exemplificativamente citar exame de entorpecentes, venenos, toxicológico, em alimentos e outros afetos a análises químicas, busca por sangue, esperma e pelos em cenas de crimes, pesquisa residuográfica (em busca de resíduos de disparos de arma de fogo), descrição de armas de fogo, seus componentes ou acessórios, de munições e seus componentes, determinação de eficácia da arma, confronto balístico ou microbalístico, análise da trajetória dos projéteis, análise de material audiovisual etc.

A perpetuação de um local de crime ou de um objeto, produto ou instrumento do crime, se dá por meio do laudo pericial, cuja parte mais importante é a descrição, parte do documento em que se situa o *visum et repertum* – ver e repetir (Ferreira, 2022, p. 82-83) e que servirá de base para as considerações jurídicas da autoridade policial, do promotor de justiça, da defesa e do juiz. O laudo, sempre que possível, deve ser instruído com fotografias, esquemas gráficos e demais formas de ilustração.

Dessa feita, considerando-se a multidisciplinariedade que envolve sua atuação, os Institutos de Criminalística poderão manter subdivisões internas, em setores específicos e cujos peritos sejam especializados em determinada matéria, com o que otimizarão suas funções no intuito de melhor subsidiar investigações e processos, a partir da avaliação técnica de indícios materiais do crime, seu valor e sua interpretação no que concerne aos elementos constitutivos do corpo de delito, estudando, destarte, a dinâmica do crime (Ferreira, 2022, p. 28).

Ademais, com vistas a preservar a cadeia de custódia, o CPP fez a previsão de que todos os Institutos de Criminalística mantenham uma central de custódia destinada a guarda e controle dos vestígios, a qual deve possuir serviço de protocolo, dentre outras determinações, e cuja gestão deve ser vinculada diretamente ao órgão central de perícia oficial de natureza criminal (art. 158-E, *caput* e parágrafos, do CPP).

Por sua vez, o Instituto de Medicina Legal **(art. 15, II, da LONPC)** terá como atribuições principais a realização de exames periciais em pessoas vivas vítimas de alguma espécie de violência (produzindo laudo de exame de corpo de delito de lesão corporal, conjunção carnal ou ato libidinoso diverso, por exemplo) ou de acidente (*verbi gratia*, em lesão corporal culposa de trânsito), em cadáveres (com a produção do chamado laudo de necrópsia, que visa identificar a causa da morte e suas circunstâncias médicas), exames laboratoriais, encontro de ossada etc., com vistas a, primordialmente, subsidiar a apuração de infrações penais.

A medicina legal, definida por Ambroise Paré como "a arte de fazer relatórios em juízo", é "uma disciplina ampla, pois não se resume a um campo da medicina, mas é construída através da soma de várias especialidades", sendo considerada, atualmente, uma ciência subsidiária imprescindível à aplicação do Direito Penal (Ferreira, 2022, p. 23-24).

Já o Instituto de Identificação **(art. 15, III, da LONPC)** é a unidade técnico-científica responsável por manter o banco de dados pertinente à identificação criminal do Estado, bem como pela realização de perícias de papiloscopia em cenas de crime (com vistas à localização de impressões papilares que podem revelar autores de delitos), em pessoas vivas (para sua identificação criminal, consoante as exceções previstas na Lei nº 12.037/2009) ou mortas (exame de necropapiloscopia para identificação ou confirmação da identidade de cadáveres), bem como exames em objetos que possam conter impressões digitais, dentre outros.[36]

---

36 A título de exemplo, vale colacionar as atividades realizadas pelo Instituto de Identificação do Estado de Alagoas, observando-se, por oportuno, que a LONPC propôs uma divisão de funções entre o Departamento de Identificação Civil (art. 12, IV, unidade de execução responsável pela identificação civil) e o Instituto de Identificação (art. 15, III, unidade técnico-científica, responsável pela identificação criminal), o que acaba se confundindo na hipótese, veja-se: "O Instituto é responsável

CAPÍTULO III DA ORGANIZAÇÃO E DO FUNCIONAMENTO

141

O banco de dados do Instituto de Identificação é alimentado e atualizado a partir de informações encaminhadas pela autoridade policial ao remeter autos de inquéritos policiais ao juiz competente no que concerne ao envolvimento de pessoas com delitos.[37] Também é de atribuição do Instituto de Identificação a emissão da folha de antecedentes criminais, a qual dispõe sobre as informações contidas em seus bancos de dados sobre o histórico da vida pregressa no que tange ao cometimento ou envolvimento do indivíduo em ações delituosas. Trata-se de dados e informações cujo acesso é restrito aos servidores que atuam nos órgãos de persecução penal do Estado.

Cabe aqui relembrar que o Instituto de Identificação é unidade técnico-científica, com previsão no **art. 15, III, da LONPC**, possuindo, dentre outras, a atribuição de identificação criminal, podendo estar ou

---

pela Identificação Criminal e Identificação Civil e pelo exame papiloscópico. Na Criminal o órgão é responsável pela centralização de informações criminais oriundas das Delegacias de Polícia, Polícia Federal e Varas Criminais de todo o Estado de Alagoas, além de informações enviadas por outros Estados, disponíveis às autoridades Policiais e Judiciárias; Pesquisa e confronto datiloscópico de impressões digitais de criminosos; e Manutenção de convênio com o Instituto Nacional de Identificação do Departamento de Polícia Federal para o intercâmbio de informações criminais através do Sistema Nacional de Identificação Criminal – SINIC. Na Identificação Civil ele é responsável pela centralização das individuais datiloscópicas de todas as pessoas que requereram carteira de Identidade em Alagoas; Manutenção de cópias de documentos pelo processo de microfilmagem (certidões e requerimentos), desde 1980. Já nos Exames Papiloscópicos, ele atua fazendo o levantamento de impressões papilares em locais de crime, materiais e documentos; Coordena ainda, o Laboratório de revelação e exames de fragmentos de impressões papilares em materiais e em outros objetos, que não podem ser periciados no local, seja pela necessidade de produtos químicos tóxico específicos ou pelo tempo de reação prologado. O setor possui também Exames Necropapiloscópicos e Neonatal, além de Seção do AFIS & SINIC, que possui equipamento de última geração interligado ao Instituto Nacional de Identificação (INI), do Distrito Federal". Disponível em: https:// www.policiacientifica.al.gov.br/informacoes-publicas/perguntas-frequentes/2-uncategorised/241- -perguntas-frequentes-sobre-o-instituto-de-identificacao. Acesso em: 17 mar. 2024. Diferentemente, no Instituto de Identificação do Estado do Rio de Janeiro, as funções são delimitadas e circunscritas à identificação criminal, tal qual propõe a LONPC, a conferir: "Tem como principal função manter e atualizar o Arquivo Criminal do Estado. É responsável por confeccionar e emitir 'Folhas de Antecedentes Criminais', 'Atestado de Antecedentes', 'Laudos de Perícia Papiloscópica', 'Certidão de Vida Privada' e outros documentos associados à defesa da cidadania. Para atingir estes objetivos, possui o segundo maior acervo de documentos de identificação brasileiro, com mais de 13 milhões de 'Registros Gerais', 13 milhões de 'Folhas de Registro Civil', 15 milhões de 'Individuais Datiloscópicas', cerca de oito milhões de 'Cartões Nominais' e um milhão de 'Prontuários Criminais'". Disponível em: http://www.policiacivilrj.net.br/iifp.php. Acesso em: 17 mar. 2024.

37 CPP, art. 23. Ao fazer a remessa dos autos do inquérito ao juiz competente, a autoridade policial oficiará ao Instituto de Identificação e Estatística, ou repartição congênere, mencionando o juízo a que tiverem sido distribuídos, e os dados relativos à infração penal e à pessoa do indiciado.

não integrado à estrutura da polícia civil e que não se confunde com o Departamento de Identificação Civil, unidade de execução prevista no **art. 12, IV, da LONPC**, que, sem prejuízo de outras atividades, realiza a identificação civil das pessoas.

SEÇÃO IX
DAS UNIDADES DE APOIO ADMINISTRATIVO E ESTRATÉGICO

Art. 16. Às unidades de apoio administrativo, vinculadas diretamente ao Delegado-Geral de Polícia Civil e dirigidas preferencialmente por policiais civis com habilitação técnica comprovada na respectiva área de atuação, incumbem os atos de suporte administrativo e estratégico de gestão.

O **art. 16 da LONPC** traz a previsão de unidades de apoio administrativo e estratégico e delega a essas unidades a prática de atos de suporte administrativo e estratégico de gestão. Positivamente, pois caminha cada vez mais no sentido de profissionalizar os setores de atuação no âmbito da Polícia Civil, aponta a necessidade de habilitação técnica comprovada na respectiva área de atuação para o cargo de diretor da unidade, o qual, segundo a lei, será exercido preferencialmente por um policial civil.

Por atos de suporte administrativo podemos entender toda a questão periférica ao redor da atividade principal das polícias civis – que é a apuração de infrações penais –, de modo a envolver, portanto, por exemplo, licitações para compra de insumos e fornecimento de tecnologias e serviços especializados, realização de contratos administrativos e concursos públicos, celebração de convênios, manutenção predial, gestão de recursos humanos etc.

O suporte estratégico de gestão, por sua vez, envolve todo um processo sistemático e constante de tomada de decisões, que, a partir da análise do cenário, terá condições de definir métodos, técnicas e ferramentas para alcançar os objetivos propostos para a instituição. Assim, com a utilização dos recursos disponíveis, definirá planos de ação, para que de forma racional e padronizada possa otimizar tempo e dinheiro, sendo necessário um esforço organizacional contínuo, com a

CAPÍTULO III DA ORGANIZAÇÃO E DO FUNCIONAMENTO

integração de todas as camadas da organização para que os resultados sejam otimizados.

A gestão estratégica comporta uma gama de subdivisões e, quanto mais específica, mais profissionalizada será a administração da organização, podendo-se falar em gestão estratégica de pessoas, de processos, de projetos, compartimentos cada vez mais necessários para o melhor desempenho da atividade final. Para tanto, é providencial a exigência de habilitação técnica, evitando-se amadorismo e indicações meramente políticas para cargos de tamanha importância orgânica.

De fato, o planejamento estratégico encontra-se no topo da pirâmide organizacional de uma instituição, subordinando-se a ele os planejamentos tático e operacional, respectivamente, de modo que a gestão deve estar diretamente ligada ao Delegado-Geral da Polícia Civil, sendo recomendável que a direção das unidades de apoio administrativo e estratégico também seja confiada a um delegado de polícia, desde que capacitado para tanto, vez que inerente à função de gestor, mormente em razão da relevância orgânica e estratégica que a unidade possui para toda a instituição.

Esse também é o entendimento de Adriano Costa, Fabio Costa, João Araújo e Rodolfo Lazerza (2024, p. 206), para quem:

> a interpretação do artigo 16 precisa se ater à função diretiva do cargo do Delegado de polícia. E, por interpretação sistêmica e lógica baseada no artigo 26, incumbirá somente a Delegados de Polícia, que detêm a prerrogativa de direção das atividades da Polícia Civil no dispositivo em referência, funções de apoio administrativo e estratégico superiores.

Acreditamos que, devido a inúmeras possibilidades de especializações de funções administrativas e de gestão estratégica, termos deveras abrangentes, serão necessárias subdivisões internas no âmbito dessa unidade, o que, ao final, terá como escopo garantir melhor desempenho e melhores resultados, ficando a cargo de cada Estado-membro a devida regulamentação.

SEÇÃO X
DAS UNIDADES DE SAÚDE

Art. 17. Os Estados, o Distrito Federal e os Territórios ficam autorizados a instituir, em benefício dos policiais civis e dos seus dependentes e pensionistas, no exercício de suas competências orçamentárias, unidades de saúde destinadas a dar assistência ambulatorial, clínica, psicológica, psiquiátrica e terapêutica e a encaminhar cirurgias de maior complexidade a outras unidades de saúde especializadas.

Parágrafo único. (VETADO).

A lei orgânica autoriza os Estados-membros, o Distrito Federal e os Territórios a instituir unidades de saúde em benefício de policiais civis, seus dependentes e pensionistas, com o fito de dar assistência ambulatorial, clínica, psicológica, psiquiátrica e terapêutica, bem como para encaminhar cirurgias de maior complexidade a outras unidades de saúde especializadas, desde que o façam no exercício de suas competências orçamentárias.

A previsão é de suma importância, vez que deixa transparecer uma preocupação do legislador nacional com a saúde dos policiais civis, que poderão passar a contar com uma unidade especificamente destinada à categoria, ficando a cargo dos respectivos entes a implementação, que, a nosso ver, deveria ser imperativa.

Mais do que isso, é necessário que as polícias civis estabeleçam um cronograma de acompanhamento da saúde física e psicológica de seus agentes, com programas de prevenção a doenças que estatisticamente mais acometam a classe, viabilizando o seu tratamento, além de campanhas periódicas de conscientização e cuidado com a saúde mental e prevenção ao suicídio, em face do estresse diário ou pós-traumático a que os agentes são submetidos em razão do cargo.

O **parágrafo único do art. 17**, que dispunha sobre a forma de composição dos quadros de servidores destas unidades, foi vetado pelo Presidente da República (Mensagem de veto parcial nº 620, de 23.11.2023),[38] sob os seguintes argumentos, *in verbis*:

---

38 Disponível em: https://www.planalto.gov.br/ccivil_03/_ato2023-2026/2023/Msg/Vep/VEP-620-23.htm. Acesso em: 01 abr. 2024.

Ouvidos, o Ministério da Saúde, o Ministério da Gestão e da Inovação em Serviços Públicos e a Advocacia-Geral da União manifestaram-se pelo veto ao seguinte dispositivo do Projeto de Lei:

Parágrafo único do art. 17 do Projeto de Lei

"Parágrafo único. Os quadros das unidades de saúde criadas para os fins deste artigo devem ser contratados exclusivamente por meio de processo seletivo específico vigente ou mediante contratos de gestão com organizações sociais de saúde."

Razões do veto

"Apesar da boa vontade do legislador, o parágrafo único do art. 17 do Projeto de Lei parece padecer de inconstitucionalidade, pois, ao prever que os quadros das unidades de saúde deveriam ser contratados exclusivamente por meio de processo seletivo específico vigente ou mediante contratos de gestão com organizações sociais de saúde, a proposição legislativa traz restrição indevida à autonomia dos entes federativos, em afronta ao art. 18 da Constituição.

Ademais, a despeito de o termo 'processo seletivo' ser usado em outro ponto do Projeto de Lei, inclusive em referência expressa a concurso público, aqui não parece o caso. A proposição legislativa dá a entender que os contratados para essas unidades de saúde poderiam ser por mero processo seletivo que não concurso, o que fere o disposto no inciso II do *caput* do art. 37 da Constituição."

Em votação realizada em 28.05.2024, o veto foi mantido pela Câmara dos Deputados.

SEÇÃO XI
DAS UNIDADES DE TECNOLOGIA

Art. 18. As polícias civis podem constituir unidade centralizada de tecnologia para fins de estudo, de desenvolvimento, de implantação, de pesquisa e de organização de instrumentos e mecanismos tecnológicos.

As unidades de tecnologia são a última espécie de órgãos essenciais prevista na estrutura organizacional básica da polícia civil pela LONPC, cujo rol foi disposto no art. 7º. De fato, a previsão de uma unidade centralizada de tecnologia com a finalidade de estudo, desenvolvimento, implantação, pesquisa e organização de instrumentos e mecanismos tecnológicos, além de inerente à própria manutenção e ao funcionamento das atividades das polícias civis, vai ao encontro do princípio da eficiência na administração pública.

Para Carvalho Filho (2008, p. 24), além de atender aos comandos de produtividade e economicidade, reduzindo desperdícios de dinheiro público, o princípio da eficiência demanda a execução de serviços públicos com presteza, perfeição e rendimento, devendo recorrer à moderna tecnologia para obter a qualidade total da execução de suas atividades.

Com efeito, a tecnologia e seus avanços devem ser utilizados em prol das atividades de polícia judiciária e investigativa, sendo papel da unidade de tecnologia desenvolver e aperfeiçoar os sistemas utilizados, a fim de otimizar os resultados que se deseja alcançar, com a preservação do sigilo dos dados da investigação e das pessoas investigadas.

Tanto os recursos tecnológicos devem ser utilizados para o fomento de um melhor desempenho das atividades quanto para auxiliar a desvendar a autoria e a materialidade delitivas, mormente em se considerando a elevação dos índices de crimes praticados em meio virtual, cada vez mais elaborados, posto que o crime evolui na medida em que a sociedade também o faz, e a polícia civil não pode deixar de acompanhar esse fluxo.

Nesse sentido, veja-se que a inovação tecnológica é uma das diretrizes da PNSPDS, que prevê o fortalecimento das instituições de segurança pública por meio de investimentos e do desenvolvimento de projetos estruturantes e de inovação tecnológica (art. 5º, VII, da Lei nº 13.675/2018), assim como o uso de sistema integrado de informações e dados eletrônicos (art. 5º, XXIII, da mesma lei), posto que a modernização dos sistemas da legislação deve acompanhar a evolução social.

CAPÍTULO IV
DOS POLICIAIS CIVIS

Lucas dos Reis Montenegro

SEÇÃO I
DO QUADRO POLICIAL

Art. 19. O quadro de servidores da polícia civil, cujas atribuições são de nível superior, é integrado pelos seguintes cargos:

I – delegado de polícia;

II – oficial investigador de polícia; e

III – perito oficial criminal, se o órgão central de perícia oficial de natureza criminal estiver integrado na estrutura da polícia civil.

§ 1º Os cargos efetivos da polícia civil são considerados permanentes, típicos de Estado e essenciais ao funcionamento da instituição para todos os efeitos legais, e suas atividades devem ser exercidas exclusivamente pelos ocupantes dos cargos previstos nesta Lei ou em lei do respectivo ente federativo.

§ 2º Os cargos efetivos da polícia civil têm suas atribuições definidas na Constituição Federal, no Decreto-Lei nº 3.689, de 3 de outubro de 1941 (Código de Processo Penal), e na legislação extravagante, sem prejuízo de outras definidas em leis e regulamentos.

§ 3º Os ocupantes dos cargos da polícia civil exercem autoridade nos limites de suas atribuições legais.

O art. 19 inicia seu texto inaugurando informações acerca da composição dos quadros de servidores das Polícias Civis. Uma informação interessante – já no *caput* – pode ser extraída da expressão "[...] cujas atribuições são de nível superior [...]".

O legislador nacional – valendo-se da atribuição constitucional constante do art. 24, XVI, da CRFB/1988 –, ao fixar a organização de pessoal das Polícias Civis, o faz de maneira a exigir dos ocupantes de seus cargos o nível superior.

Há, portanto, mandamento genérico determinando a exigência de nível superior como condicionante para o provimento de todos os cargos relacionados à estrutura de servidores da Polícia Civil.

Podemos fazer uma referência cruzada interessante ao art. 3º desta mesma Lei Orgânica Nacional, que afirma, em seu inciso II, que incumbe à lei orgânica da Polícia Civil de cada Estado federado – bem como do Distrito Federal e dos Territórios – definir os "requisitos para a investidura em cada cargo, com as devidas promoções e progressões".

Sem adentrarmos em questões de conflito de competência federativa – notadamente com relação à análise do que seria ou não "norma geral", a atrair competência legislativa da União –, vemos que o espaço de fixação de requisitos, no tocante à exigibilidade ou não de curso superior para determinados cargos, torna-se restrito aos entes federados.

Reconhecer que as atribuições dos policiais civis constituem "atribuições de nível" superior implica imperatividade da exigência de diploma de terceiro grau como condição para provimento do cargo. Há, assim, uma uniformização das exigências acadêmicas por todo o Território Nacional, o que se manifesta, inclusive, como forma de dignificar e valorizar a função policial, em consonância com o disposto por meio do art. 4º, II, da Lei nº 13.675, de 2018[39] – lei instituidora do Susp.

A lei orgânica nacional fala em nível superior em termos genéricos, no *caput* do art. 19. Os incisos do *caput* enumeram os cargos policiais a compor a estrutura de pessoal das Polícias Civis. São eles: (i) Delegado de Polícia; (ii) Oficial Investigador de Polícia; e (iii) Perito Oficial Criminal. Alguns comentários se fazem necessários.

---

39 Art. 4º São princípios da PNSPDS: [...]

II – proteção, valorização e reconhecimento dos profissionais de segurança pública; [...]

CAPÍTULO IV DOS POLICIAIS CIVIS

Com relação ao cargo de Delegado de Polícia, a Constituição da República, em seu art. 144, § 4º, afirma que as Polícias Civis são dirigidas por "[...] delegados de polícia de carreira [...]". A carreira de Delegado de Polícia se encontra, portanto, assentada constitucionalmente como cargo de direção.

Em termos de legislação ordinária, a Lei nº 12.830, de 2013, em seu art. 2º, afirma que incumbe ao Delegado de Polícia o exercício das funções de polícia judiciária e de apuração das infrações penais, afirmando, ainda, a natureza jurídica de tais atribuições, bem como sua essencialidade e o fato de serem exclusivas de Estado – afastando-as, assim, de eventual delegação a particulares.

A Polícia Civil funciona, então, de maneira hierarquizada, sendo a atribuição de direção afeta à carreira de Delegado de Polícia. O Delegado de Polícia atua como "Autoridade Policial", nomenclatura encontrada tanto na Lei nº 12.830, de 2013, quanto no CPP. Os ocupantes dos demais cargos são, portanto, agentes da Autoridade Policial: atuam em seu nome e sob sua ordenança.

Com relação ao cargo de "Oficial Investigador de Polícia", cargo de agente da Autoridade Policial, vemos que o legislador unificou as diversas nomenclaturas utilizadas pelos diferentes entes federados. Passa a haver uma única carreira de agente, que se torna, por obrigação legal, necessariamente de nível superior. Não há mais que se falar, portanto, em cargos policiais de nível médio, a exemplo do que ocorre em alguns Estados.

A uniformização da nomenclatura dos cargos de agente parece benéfica e evita situações em que, a despeito de ocuparem cargos diferentes, servidores realizam a mesma função e acabam por ter plano de cargo e remuneração diferenciados. Há, assim, apenas uma carreira de agente, com progressão de carreira idêntica a todos os seus ocupantes.

O inciso III, por fim, enumera a carreira de Perito Oficial Criminal, com a seguinte ressalva: "[...] se órgão central de perícia oficial de natureza criminal estiver integrado na estrutura da polícia civil".

Vemos, aqui, que o cargo em comento somente existe para a situação em que as atribuições de perícia oficial criminal sejam exercidas pelo próprio órgão de Polícia Civil. A lei permite chancela, assim, a possibilidade de os Estados criarem órgãos apartados de perícia criminal, verdadeiras "Polícias Científicas" não integrantes da Polícia Civil. Tal possibilidade seria, contudo, constitucional?

Podemos identificar duas linhas de raciocínio com relação à criação de uma "Polícia Científica" autônoma: um primeiro entendimento diria ser inconstitucional, por violação ao rol constante do art. 144 da Constituição da República, que, ao enumerar os órgãos de segurança pública, não considerou a possibilidade de criação de órgão autônomo de "Polícia Científica" – a quem incumbiria a realização das perícias criminais.

De outro giro, uma segunda corrente entenderia ser a criação de um órgão autônomo de "Polícia Científica" constitucional, por tratar-se apenas de matéria organizacional, aberta ao crivo do Estado-Membro, não se tratando de criação de verdadeira nova instituição policial para além daquelas preconizadas pelo Constituinte – rol constante do art. 144 CRFB/1988.

O § 1º do art. 19 traz algumas características dos cargos efetivos de Polícia Civil. São elas:

1. Os cargos efetivos de Polícia Civil são **permanentes**.

2. Os cargos efetivos de Polícia Civil são **atividades tipicamente de Estado.**

3. Os cargos efetivos de Polícia Civil são **essenciais** ao funcionamento da instituição.

4. Os cargos efetivos de Polícia Civil apenas podem ser ocupados por servidores policiais civis – **exclusivamente**.

Extraímos, assim, quatro grandes características. Embora a lei fale em características do "cargo", podemos compreender como verdadeiras características da atividade de Polícia Civil. A atividade de polícia civil, portanto, é **permanente; tipicamente de Estado; essencial; e exclusiva.**

Por permanência entenda-se que a atividade de Polícia Civil deve ser realizada de maneira ininterrupta, sem cessar, sendo permanente e inerente ao próprio Estado. Não pode, portanto, ser interrompida. Relacionado a esse tema, o STF já reconheceu que aos policiais civis não é estendido o direito de greve previsto aos demais servidores públicos.[40]

---

40 O precedente em comento evoca questões como interesse público e social da "manutenção da ordem interna", afirmando a impossibilidade total de greve por parte de servidores

A atividade de Polícia Civil é típica de Estado, de acordo com os termos utilizados pelo art. 19, § 1º. Qual seria a intenção do texto legal em consignar – de maneira expressa – que a atividade de Polícia Civil é de natureza exclusivamente estatal – tipicamente estatal?

Afirmar a tipicidade parece vedar qualquer raciocínio a propor uma delegação do exercício da atividade a particulares, o que é pertinente sobretudo em razão de haver aqueles que defendem a delegação do Poder de Polícia – conceito do Direito Administrativo – a particulares.[41]

Aberto o flanco do exercício do Poder de Polícia Administrativo por particulares, naturalmente seria possível alegar a delegação de determinadas atividades de polícia judiciária a particulares, notadamente atividades consideradas como "de meio". A lei, assim, é clara em afastar qualquer possibilidade de delegação da atividade de Polícia Civil a particulares.

A essencialidade da atividade de Polícia Civil conversa, sobretudo, com a permanência. A atividade é permanente e essencial, fulcral à própria existência do Estado. Não pode ser interrompida, tampouco suprimida. Não há desenho institucional concebível sem atividade de Polícia Civil. O fato de a lei denominar a atividade essencial poderia atrair a aplicabilidade de institutos publicistas ligados aos serviços públicos tidos por essenciais, mas não parece ser o caso, notadamente em razão da impossibilidade de greve por parte de policiais civis. A essencialidade, portanto, parece mais uma valoração axiológica – atuando muito mais no campo interpretativo – do que uma norma jurídica do tipo regra, a atrair aplicabilidade imediata por meio de uma mera interpretação gramatical. Há, aqui, diálogo claro com a norma constante do art. 2º da Lei nº 12.830/2013.[42]

---

policiais civis, que sequer poderiam reduzir o contingente em atividade, ao molde de outras atividades consideradas essenciais (ARE nº 654.432, Rel. Min. Edson Fachin, Relator(a) p/ Acórdão: Min. Alexandre de Moraes, Tribunal Pleno, julgado em 05.04.2017, PROCESSO ELETRÔNICO **DJe**-114 DIVULG 08.06.2018 Publicado em 11.06.2018).

41 Para aprofundamento na discussão, ver Recurso Extraordinário nº 633.782, que originou o Tema nº 532 do STF (RE nº 633782, Rel. Luiz Fux, Tribunal Pleno, julgado em 26.10.2020, PROCESSO ELETRÔNICO REPERCUSSÃO GERAL – MÉRITO **DJe**-279 DIVULG 24.11.2020 Publicado em 25.11.2020).

42 Art. 2º As funções polícia judiciária e a apuração de infrações penais exercidas pelo delegado de polícia são de natureza jurídica, essenciais e exclusivas de Estado.

A quarta característica afirmada pelo § 1º do art. 19 – o fato de os cargos efetivos de Polícia Civil apenas poderem ser ocupados por servidores policiais civis, exclusivamente – veda uma antiga prática de ter servidores de outros órgãos de segurança pública lotados em delegacias, cedidos por seus órgãos de origem. No Estado do Rio de Janeiro era comum haver policiais militares trabalhando em Delegacias de Polícia como "adidos", realizando atividades de polícia judiciária.[43]

O § 2º do art. 19, por fim, traz o arcabouço jurídico fundamental das atividades de polícia judiciária: Constituição da República de 1988; CPP e legislação extravagante – sem prejuízo de outras atividades e atribuições definidas em lei e regulamentos.

Com relação às atribuições previstas em legislação extravagante e regulamentos, alguns cuidados se fazem necessários. Primeiramente, mister que se observe a missão constitucional acometida à Polícia Civil pela Constituição da República. Esse será o primeiro norte. O CPP, por sua vez, traz uma série de atribuições e poderes ao Delegado de Polícia – e a agentes da Autoridade Policial – sendo exemplo notório o art. 6º.[44]

---

43 Paulo Rangel (2021, p. 128) afirma que: "É cediço que no Estado do Rio de Janeiro existem policiais militares lotados em unidades de polícia de atividade judiciária, ou seja, delegacias de polícia, especializadas ou não. Ocorre que o ato administrativo que designou esses policiais militares para exercer atividade estranha à função para a qual foram preparados é ilegal, desprovido de dois elementos de todo e qualquer ato administrativo, quais sejam: motivo e finalidade".

44 Art. 6º Logo que tiver conhecimento da prática da infração penal, a autoridade policial deverá:

I – dirigir-se ao local, providenciando para que não se alterem o estado e conservação das coisas, até a chegada dos peritos criminais; (Redação dada pela Lei nº 8.862, de 28.3.1994)

II – apreender os objetos que tiverem relação com o fato, após liberados pelos peritos criminais; (Redação dada pela Lei nº 8.862, de 28.3.1994)

III – colher todas as provas que servirem para o esclarecimento do fato e suas circunstâncias;

IV – ouvir o ofendido;

V – ouvir o indiciado, com observância, no que for aplicável, do disposto no Capítulo III do Título VII, deste Livro, devendo o respectivo termo ser assinado por duas testemunhas que lhe tenham ouvido a leitura;

VI – proceder a reconhecimento de pessoas e coisas e a acareações;

VII – determinar, se for caso, que se proceda a exame de corpo de delito e a quaisquer outras perícias;

VIII – ordenar a identificação do indiciado pelo processo datiloscópico, se possível, e fazer juntar aos autos sua folha de antecedentes;

IX – averiguar a vida pregressa do indiciado, sob o ponto de vista individual, familiar e social, sua condição econômica, sua atitude e estado de ânimo antes e depois do crime e durante ele, e

A legislação extravagante cuida também de atribuições das polícias civis, a exemplo da Lei nº 12.830/2013, uma espécie de "estatuto geral" da investigação criminal.

Há, ainda, a questão de legislações locais, como as leis orgânicas das polícias civis a nível estadual. No Estado do Rio de Janeiro, por exemplo, temos a LC nº 204/2022, instituidora da Lei Orgânica da Polícia Civil daquele ente federado. A mencionada lei cita, em seu art. 1º, o art. 144 da CRFB como seu fundamento normativo máximo. O art. 2º, § 1º traz disposição interessante – e inserida justamente no contexto a que se refere o art. 19, § 2º, da LONPC:

> Art. 2º À Polícia Civil, dentro de suas atribuições constitucionais, é assegurada independência funcional e administrativa, cabendo-lhe praticar atos próprios de gestão.
>
> § 1º As decisões da Polícia Civil fundadas em sua independência funcional e administrativa, obedecidas as formalidades legais, têm eficácia plena e executoriedade imediata, ressalvadas as competências constitucionais e legais do Governador do Estado, do Poder Legislativo, do Poder Judiciário, do Ministério Público e do Tribunal de Contas.

As normas da lei orgânica da polícia civil fluminense que fixam atribuições à Polícia Civil – por força do texto legal – possuem eficácia plena e executoriedade imediata,[45] com ressalva a eventuais competências fixadas constitucional e legalmente a outros atores.

Com relação à fixação de atribuições por meio de regulamentos – atos administrativos –, alguns cuidados se fazem necessários. Estamos

---

quaisquer outros elementos que contribuírem para a apreciação do seu temperamento e caráter;

X – colher informações sobre a existência de filhos, respectivas idades e se possuem alguma deficiência e o nome e o contato de eventual responsável pelos cuidados dos filhos, indicado pela pessoa presa. (Incluído pela Lei nº 13.257, de 2016)

45 A lei, inclusive, faz eco à classificação de normas constitucionais classicamente estabelecida por José Afonso da Silva, que, tratando de normas constitucionais, as diferencia entre aquelas normas de eficácia plena; de eficácia limitada; e de eficácia contida. As normas de eficácia plena têm por características o fato de serem autoaplicáveis, de aplicação direta. Não carecem, portanto, de intermédio de outro ato normativo para que produzam efeitos. As normas definidoras de atribuição à Polícia Civil do Estado do Rio de Janeiro – constantes de sua lei orgânica – serão eficazes sem a necessidade de interposição de qualquer outro ato normativo. Para exposição sintética e didática das classificações trazidas por José Afonso da Silva, ver Gonçalves Filho, 2012, p. 417- 418.

tratando, aqui, de manifestação daquilo que é chamado de Poder Regulamentar. José dos Santos Carvalho Filho (2020, p. 163) define o Poder Regulamentar como:

> [...] a prerrogativa conferida à Administração Pública de editar atos gerais para complementar as leis e permitir a sua efetiva aplicação.44 A prerrogativa, registre-se, é apenas para complementar a lei; não pode, pois, a Administração alterá-la a pretexto de estar regulamentando. Se o fizer, cometerá abuso de poder regulamentar, invadindo a competência do Legislativo. Por essa razão, o art. 49, V, da CF, autoriza o Congresso Nacional a sustar atos normativos que extrapolem os limites do poder de regulamentação.

Trata-se, portanto, de hipótese em que o Poder Executivo – de maneira anômala – exerce função de normogênese, isto é, cria norma jurídica. O Poder Regulamentar deve ser exercido dentro de parâmetros fixados por delegação normativa, que deve trazê-los de forma clara e balizada.

Analisar a questão do exercício do Poder Regulamentar no âmbito da realidade de atividades de polícia judiciária parece abrir flanco para discussões interessantes. Há autores que afirmam a necessidade de uma releitura do Princípio da Legalidade, apontando a superação de uma ideia de Administradora Pública como mera executora de leis – mera *longa manus* do Poder Legislativo, portanto. Fala-se, assim, em Princípio da Juridicidade (Binenbojm, 2014, p. 140): a Administração Pública não está sujeita apenas a mandato legislativo, mas também a todo o ordenamento jurídico.

A sujeição ao ordenamento jurídico como um todo implica, ainda, uma sujeição maior à Constituição, sujeição essa que se deve operar de maneira direta. As regras e os princípios constitucionais, portanto, vinculam a atuação administrativa – em que está inserida a atividade de polícia civil, integrante do Poder Executivo que é – independentemente do intermédio do legislador.

Há situações em que inexiste um mandamento legislativo de atuação direto, mas em que a axiologia constitucional aponta para uma necessidade de atuação em determinado sentido. Nessas hipóteses, há autores que defendem – em homenagem à juridicidade, a revisão do que seria o vetusto Princípio da Legalidade – o poder-dever de agir, por parte da

Administração (realidade em que se insere a Polícia Civil), em casos de omissão legal, mas com embasamento direto na Constituição (Aragão, 2004). A vinculação necessária entre atos de polícia judiciária e a lei em sentido estrito – seja o CPP, seja a lei orgânica, sejam outros diplomas – parece tornar tal possibilidade meramente hipotética, mas, ainda assim, digna de análise.

O § 3º do art. 19, por fim, afirma que os "[...] ocupantes dos cargos da polícia civil exercem autoridade nos limites de suas atribuições legais". Policiais – assim como todo e qualquer agente público – devem atuar de acordo com a lei. Trata-se de homenagem ao Princípio da Legalidade, por certo, um dos princípios centrais do atuar administrativo, cf. determina o *caput* do art. 37 da Constituição da República.[46]

O tema nos remete à Lei nº 13.869/2019 – que dispõe sobre os crimes de abuso de autoridade. O art. 1º da lei em comento traz o escopo de sua abrangência: "Art. 1º Esta Lei define os crimes de abuso de autoridade, cometidos por agente público, servidor ou não, que, no exercício de suas funções ou a pretexto de exercê-las, abuse do poder que lhe tenha sido atribuído".

Abusa de autoridade, portanto, o agente que atua para além do poder que tenha sido atribuído – e a fonte de atribuição, por excelência, é a Lei, e, naquilo que for cabível, o regulamento.

SEÇÃO II
DO CONCURSO, DA INVESTIDURA E DA PROMOÇÃO

Art. 20. O quadro de servidores efetivos das polícias civis é composto por cargos de nível superior, em função da complexidade de suas atribuições, nos quais o ingresso depende de aprovação em concurso público de provas ou de provas e títulos, observados os seguintes requisitos:

I – ser brasileiro;

---

46 Art. 37. A administração pública direta e indireta de qualquer dos Poderes da União, dos Estados, do Distrito Federal e dos Municípios obedecerá aos princípios de legalidade, impessoalidade, moralidade, publicidade e eficiência e, também, ao seguinte: (Redação dada pela Emenda Constitucional nº 19, de 1998.)

156 *COMENTÁRIOS À LEI ORGÂNICA NACIONAL DAS POLÍCIAS CIVIS*

II – ter, no mínimo, 18 (dezoito) anos;

III – estar quite com as obrigações eleitorais e militares; e

IV – gozar de capacidade física e mental para o exercício do cargo.

§ 1º Para o cargo de oficial investigador de polícia é exigido diploma de ensino superior completo, em nível de graduação, em qualquer área, reconhecido pelo Ministério da Educação.

§ 2º Para o cargo de perito oficial criminal é exigido diploma de nível superior completo, em nível de graduação, reconhecido pelo Ministério da Educação, observado que os editais dos concursos públicos podem prever seleção por área de conhecimento e exigir habilitação legal específica, na forma da lei do respectivo ente federativo.

§ 3º Para o cargo de delegado de polícia são exigidos curso de bacharelado em Direito reconhecido pelo órgão competente e 3 (três) anos de atividade jurídica ou policial, cabendo ao Conselho Superior de Polícia Civil definir os requisitos para classificação como atividade jurídica.

§ 4º Para a investidura no cargo de delegado de polícia é exigida aprovação em concurso público de provas e títulos, com a participação da Ordem dos Advogados do Brasil em todas as fases do certame, vedada a participação na comissão do concurso de servidor da segurança pública que não integre os quadros da polícia civil.

§ 5º A comprovação de formação superior e atividade jurídica ou policial de que trata este artigo deve ocorrer no ato da posse.

§ 6º Lei do respectivo ente federativo pode estabelecer critérios para a realização e a seleção das etapas do concurso público destinado aos cargos efetivos das polícias civis, como as etapas de prova física, de exame psicotécnico, de avaliação médica e de investigação social.

O art. 20 trata das formas de ingresso aos quadros das polícias civis e dos requisitos a serem preenchidos pelos postulantes a tais cargos. O art. 37, inciso I, da CRFB afirma que o acesso a cargos, empregos ou

CAPÍTULO IV DOS POLICIAIS CIVIS

157

funções públicas é franqueado a brasileiros que preencham os requisitos estabelecidos em lei – mandado de delegação legislativa, portanto, em que o art. 20 da LONPC está assentado – e aos estrangeiros na forma da lei – norma constitucional de aplicabilidade contida ou restringível (Gonçalves Filho, 2012, p. 417- 418).[47]

O ingresso aos quadros das polícias civis se dá, inclusive, por força de mandamento constitucional, por meio de concurso público – conforme determina o art. 37, II, da Constituição da República –[48] que poderá ser de provas ou provas e títulos.

O *caput* do art. 20 possibilita que o respectivo ente realize ou concurso público ou por prova ou por prova e título. Veremos que essa faculdade é restringida para o caso do cargo de delegado de polícia (cf. § 3º do art. 20, a ser comentado a seguir).

Os incisos I a IV do art. 20 enumeram os requisitos a serem preenchidos para os postulantes aos cargos de policiais civis. São eles: (i) ser brasileiro; (ii) a idade mínima de 18 (dezoito) anos; (iii) quitação das obrigações eleitorais e militares; e (iv) gozar de capacidade física e mental para o exercício do cargo.

O inciso I exige a nacionalidade brasileira como requisito – nata ou naturalizada.[49] Como mencionado anteriormente, o art. 37, I, da CRFB delega à lei a fixação das situações em que estrangeiros poderão – no Brasil – ocupar cargos públicos. É faculdade legislativa, portanto, restringir o acesso a determinados cargos a estrangeiros. A atividade policial civil, portanto, é restrita a brasileiros por força de lei, sejam eles brasileiros natos ou naturalizados.

O cargo de policial civil não é exclusivo de brasileiros natos, observe-se. Tais cargos estão enumerados – em rol taxativo, que não pode ser

---

47 Com relação aos estrangeiros, o acesso a cargos públicos se dá na forma da lei, isto é, a lei pode vir a restringir as hipóteses em que o estrangeiro terá acesso a determinados cargos públicos.

48 Art. 37. [...] II – a investidura em cargo ou emprego público depende de aprovação prévia em concurso público de provas ou de provas e títulos, de acordo com a natureza e a complexidade do cargo ou emprego, na forma prevista em lei, ressalvadas as nomeações para cargo em comissão declarado em lei de livre-nomeação e exoneração; [...]

49 A Constituição da República, em seu art. 12, define os cidadãos brasileiros como natos (inciso I) e naturalizados (inciso II). O brasileiro naturalizado, portanto, não é considerado estrangeiro.

158 COMENTÁRIOS À LEI ORGÂNICA NACIONAL DAS POLÍCIAS CIVIS

ampliado pelo legislador infraconstitucional – por meio do art. 12, § 3º, da CRFB.[50]

O inciso II exige idade mínima de 18 anos – idade em que cessa a incapacidade civil – art. 4º, I, do Código Civil.[51] A exigência de capacidade civil coincide com a necessidade de assunção do plexo de deveres e direitos inerente ao cargo público.

O inciso III exige a regularidade eleitoral e militar. O voto, no Brasil, é obrigatório para os maiores de 18 anos e os menores de 70 anos, nos termos do art. 14, § 1º, I, da CRFB.[52] O serviço militar – para homens – é igualmente obrigatório, conforme se depreende do art. 143, *caput* e § 2º, da CRFB.[53] É, portanto, condição para provimento do cargo a quitação de tais obrigações constitucionalmente previstas.

O inciso IV, por fim, exige o gozo de capacidade física e mental adequada ao exercício da função policial. O concurso poderá, assim, exigir teste de aptidão física para o provimento do cargo, bem como estabelecer requisitos mínimos de saúde necessários – desde que adequados e necessários à exigência da atividade.

---

50 Art. 12. [...]

I – de Presidente e Vice-Presidente da República;

II – de Presidente da Câmara dos Deputados;

III – de Presidente do Senado Federal;

IV – de Ministro do Supremo Tribunal Federal;

V – da carreira diplomática;

VI – de oficial das Forças Armadas.

VII – de Ministro de Estado da Defesa.

51 Art. 4º São incapazes, relativamente a certos atos ou à maneira de os exercer: (Redação dada pela Lei nº 13.146, de 2015) (Vigência)

I – os maiores de dezesseis e menores de dezoito anos; [...]

52 Art. 14. A soberania popular será exercida pelo sufrágio universal e pelo voto direto e secreto, com valor igual para todos, e, nos termos da lei, mediante:

§ 1º O alistamento eleitoral e o voto são:

I – obrigatórios para os maiores de dezoito anos;

II – facultativos para: [...]

b) os maiores de setenta anos.

53 Art. 143. O serviço militar é obrigatório nos termos da lei. [...]

§ 2º As mulheres e os eclesiásticos ficam isentos do serviço militar obrigatório em tempo de paz, sujeitos, porém, a outros encargos que a lei lhes atribuir.

CAPÍTULO IV *DOS POLICIAIS CIVIS*

159

Com relação à capacidade mental, poderá ser exigido exame psico-técnico como etapa do concurso. O STF possui enunciado de súmula vinculante sobre o tema, com o seguinte sentido: "Súmula vinculante nº 44-STF: Só por lei se pode sujeitar a exame psicotécnico a habilitação de candidato a cargo público".

A súmula vinculante não reflete, contudo, a integridade do atual estado da arte da jurisprudência com relação ao tema. Tanto o STF quanto o STJ exigem ainda – além da previsão legal – como requisitos para a realização de exame psicotécnico para acesso a cargos públicos: (i) previsão editalícia; (ii) adoção de critérios objetivos para a avaliação psicotécnica; e (iii) possibilidade de o candidato prejudicado interpor recurso.[54]

O § 1º do art. 20 exige diploma de ensino superior para provimento do cargo de oficial investigador de polícia – tema já trabalhado por nós.

O § 2º do art. 20 trata especificamente do cargo de oficial perito criminal, para o qual poderá ser exigida pelo edital, além do diploma de nível superior, habilitação legal específica, desde que a lei do ente federado assim o determine. O dispositivo está inserido no tema das profissões legalmente regulamentadas, sendo bom exemplo a Lei nº 5.194/1966 – lei regulamentadora do exercício das profissões de Engenheiro, Arquiteto e Engenheiro Agrônomo. A habilitação para tais profissões é fiscalizada pelos Conselhos Profissionais.

O § 3º do art. 20 trata especificamente dos requisitos a serem preenchidos para o cargo de delegado de polícia. Exige-se: (i) bacharelado em Direito; e (ii) três anos de atividade jurídica ou policial. O cargo de delegado de polícia é, assim, privativo de bacharéis em Direito, em consonância com o que dispõe o art. 2º da Lei nº 12.830/2013.[55] A função de delegado de polícia é uma função de natureza – além da natureza policial – jurídica, conforme determina o art. 3º da Lei nº 12.830/2013.[56]

---

54 Nesse sentido: STF, Plenário, AI nº 758.533-QO-RG, Rel. Min. Gilmar Mendes, DJe de 13.08.2010; STJ, 2ª Turma, AgRg no REsp. nº 1.404.261/DF, Rel. Min. Mauro Campbell Marques, julgado em 11.02.2014.

55 Art. 2º As funções de polícia judiciária e a apuração de infrações penais exercidas pelo delegado de polícia são de natureza jurídica, essenciais e exclusivas de Estado.

56 Art. 3º O cargo de delegado de polícia é privativo de bacharel em Direito, devendo-lhe ser dispensado o mesmo tratamento protocolar que recebem os magistrados, os membros da Defensoria Pública e do Ministério Público e os advogados.

A exigência de três anos de atividade jurídica ou policial ecoa exigência similar fixada para os cargos de magistrado e membros do Ministério Público – conforme se depreende da leitura dos arts. 93, inciso I, da CRFB,[57] e 129, § 3º, da CRFB,[58] respectivamente.

A inclusão do tempo de atividade policial como requisito alternativo se faz necessária para que os servidores já policiais possam prestar concurso para o cargo de delegado de polícia – visto que não exercem atividade jurídica e não podem atuar como advogados – vedação constante do art. 28, inciso V, da Lei nº 8.906/1994 (Estatuto da OAB).[59]

Parece-nos salutar a exigência de tempo mínimo de atividade jurídica/policial. A uma, em razão de a atividade exercida pelos ocupantes do cargo de delegado de polícia ser de alto grau de complexidade e de relevante responsabilidade – impactando diretamente no bem jurídico liberdade, um dos mais caros dos seres humanos –, a duas, em razão de um reconhecimento da relevância do papel do delegado de polícia na persecução penal, na medida em que se passa a exigir tempo de experiência idêntico àquele exigido tanto pela magistratura quanto pelo Ministério Público. É o reconhecimento prático daquilo que já consta do art. 3º da Lei nº 12.830/2013, que exige que se dê ao cargo de delegado de polícia o "[...] mesmo tratamento protocolar que recebem os magistrados, os membros da Defensoria Pública e do Ministério Público e os advogados".

Caberá ao Conselho Superior de Polícia a fixação dos requisitos para a definição de "atividade jurídica". Para fins de concurso para ingresso na carreira da magistratura, o Conselho Nacional de Justiça

---

57 Art. 93. Lei complementar, de iniciativa do Supremo Tribunal Federal, disporá sobre o Estatuto da Magistratura, observados os seguintes princípios:

I – ingresso na carreira, cujo cargo inicial será o de juiz substituto, mediante concurso público de provas e títulos, com a participação da Ordem dos Advogados do Brasil em todas as fases, exigindo-se do bacharel em direito, no mínimo, três anos de atividade jurídica e obedecendo-se, nas nomeações, à ordem de classificação; [...]

58 Art. 129. São funções institucionais do Ministério Público: [...]

§ 3º O ingresso na carreira do Ministério Público far-se-á mediante concurso público de provas e títulos, assegurada a participação da Ordem dos Advogados do Brasil em sua realização, exigindo-se do bacharel em direito, no mínimo, três anos de atividade jurídica e observando-se, nas nomeações, a ordem de classificação.

59 Art. 28. A advocacia é incompatível, mesmo em causa própria, com as seguintes atividades: [...]

V – ocupantes de cargos ou funções vinculados direta ou indiretamente a atividade policial de qualquer natureza; [...]

CAPÍTULO IV DOS POLICIAIS CIVIS · **161**

– CNJ define aquilo que considera atividade jurídica por meio do art. 59 da Resolução CNJ nº 75/2009. Afirma o citado artigo:

> Art. 59. Considera-se atividade jurídica, para os efeitos do art. 58, § 1º, alínea "i":
>
> I – aquela exercida com exclusividade por bacharel em Direito;
>
> II – o efetivo exercício de advocacia, inclusive voluntaria, mediante a participação anual mínima em 5 (cinco) atos privativos de advogado (Lei nº 8.906, 4 de julho de 1994, art. 1º) em causas ou questões distintas;
>
> III – o exercício de cargos, empregos ou funções, inclusive de magistério superior, que exija a utilização preponderante de conhecimento jurídico;
>
> IV – o exercício da função de conciliador junto a tribunais judiciais, juizados especiais, varas especiais, anexos de juizados especiais ou de varas judiciais, no mínimo por 16 (dezesseis) horas mensais e durante 1 (um) ano;
>
> V – o exercício da atividade de mediação ou de arbitragem na composição de litígios.
>
> § 1º É vedada, para efeito de comprovação de atividade jurídica, a contagem do estágio acadêmico ou qualquer outra atividade anterior à obtenção do grau de bacharel em Direito.
>
> § 2º A comprovação do tempo de atividade jurídica relativamente a cargos, empregos ou funções não privativos de bacharel em Direito será realizada mediante certidão circunstanciada, expedida pelo órgão competente, indicando as respectivas atribuições e a prática reiterada de atos que exijam a utilização preponderante de conhecimento jurídico, cabendo à Comissão de Concurso, em decisão fundamentada, analisar a validade do documento.

O § 4º do art. 20 traz algumas formalidades com relação ao concurso público para o cargo de delegado de polícia: (i) necessidade de participação da Ordem dos Advogados do Brasil (OAB) em todas as etapas do certame; e (ii) vedação à participação – na qualidade de membro de banca examinadora – de servidor da segurança pública que não integre os quadros da polícia civil.

Com relação à participação da OAB no certame, trata-se de praxe em concursos para outros cargos jurídicos. Admitir a participação da Ordem demonstra compromisso com a Advocacia, carreira com que fatalmente os delegados de polícia terão de interagir no exercício de sua função. A Advocacia é uma carreira particular, mas com assento constitucional. Dispõe o art. 133 da CRFB que: "[o] advogado é indispensável à administração da justiça, sendo inviolável por seus atos e manifestações no exercício da profissão, nos limites da lei."

A segunda exigência constante do § 4º – vedação de participação de servidor público de outras carreiras de segurança pública na banca examinadora do certame – é fundada na necessidade de reforço da autonomia intelectual da polícia civil. Membros de outras instituições e poderes serão bem-vindos, mas o espaço a ser ocupado – na banca examinadora – por profissionais de segurança pública o será somente por servidores da própria instituição policial civil. Faz-se, assim, um espaço para criação de uma "doutrina jurídica de polícia civil", o que é salutar para o fortalecimento acadêmico da instituição policial civil. Pretensos candidatos ao cargo de delegado de polícia civil deverão, dessa forma, estar familiarizados com determinadas linhas de pensamento de componentes da banca – ainda que delas discordem – para expor tais pontos de vista, eventualmente, em uma fase discursiva ou oral do certame.

O § 5º do art. 20 determina que "[a] comprovação de formação superior e atividade jurídica ou policial de que trata este artigo deve ocorrer no ato da posse". Tal previsão difere da regra de outros certames para carreiras jurídicas, em que o tempo de prática jurídica deve ser demonstrado quando da inscrição definitiva do concurso – a ocorrer para os candidatos que chegam à etapa da prova oral.

O § 5º determina que a comprovação tanto do nível superior, da atividade jurídica e da atividade policial dar-se-á quando do ato de posse. Inicialmente, vemos que a exigência de comprovação de atividade jurídica ou de atividade policial é algo ínsito ao concurso para o cargo de delegado de polícia, ao passo que a comprovação de formação em nível superior se aplica para os demais cargos.

CAPÍTULO IV DOS POLICIAIS CIVIS **163**

A exigência constante do § 5º – somente no ato de posse – possibilita que tais requisitos venham a ser cumpridos ao longo do tempo de certame, haja vista a comprovação se dar tão somente no ato de posse. A lei difere, aqui, de concursos para outras carreiras jurídicas, que tendem a exigir a comprovação da atividade jurídica quando da chamada "inscrição definitiva no certame", que ocorre quando o candidato é bem-sucedido na prova discursiva e segue para a realização da etapa oral do certame.

O § 6º prevê a possibilidade de o ente federado estabelecer critérios específicos para etapas como prova física, exame psicotécnico, avaliação médica e investigação social. Trata-se de manifestação da autonomia normativa dos entes federados. Tal autonomia deverá se dar, contudo, em sinergia com a legislação federal e com a Constituição da República. A possibilidade de previsão de critérios específicos para tais etapas – por meio de lei – fortalece o vetor segurança jurídica, pois os candidatos saberão que eventuais exigências constantes do edital – para tais etapas – deverão ter esteio em lei em sentido estrito.

Art. 21. O tempo de atividade policial civil deve ser considerado para pontuação em prova de títulos no concurso público para o cargo de delegado de polícia, valorado em 30% (trinta por cento) da pontuação máxima da prova de títulos, na proporção mínima de 0,5 (meio ponto) e máxima de 2 (dois) pontos percentuais por ano de serviço, podendo os pontos ser escalonados ou não, de acordo com o respectivo edital.

§ 1º O edital do concurso para delegado de polícia pode prever pontuação, na prova de títulos, de tempo de atividade nos órgãos previstos no *caput* do art. 144 da Constituição Federal, conforme legislação do respectivo ente federativo.

§ 2º A pontuação da prova de títulos deve corresponder a, no mínimo, 10% (dez por cento) do total da nota do certame.

§ 3º Os concursos públicos para o cargo de delegado de polícia devem adotar a prova oral como etapa do certame, assegurados critérios objetivos para aferição da nota, sistema de auditoria e recurso individualizado dos candidatos quanto ao gabarito apresentado pela banca examinadora e ao resultado provisório da nota.

§ 4º Os entes federativos podem adotar o critério referido no *caput* deste artigo nos concursos públicos para os demais cargos efetivos da polícia civil.

O *caput* do art. 21 determina que a atividade policial venha a ser considerada – nos concursos públicos para o cargo de delegado de polícia – para fins de pontuação em prova de títulos. Há, aqui, uma determinação legal para que a atividade policial – que será, também, apta a contabilizar como tempo para cumprimento do requisito de três anos de atividade jurídica ou policial – seja computada como pontuação para fins de prova de título, à valoração da pontuação máxima de 30% (trinta por cento) de toda a pontuação da etapa de titulação.

Trata-se, novamente, de manifestação da intenção do legislador de valorizar a atividade policial, que será considerada como *plus* em nível de títulos para aqueles candidatos já policiais que venham a participar de concurso público para o cargo de delegado de polícia. A lei orgânica determina, ainda, a pontuação mínima que deverá ser considerada por ano de serviço.

Há, aqui, um incentivo para que os servidores policiais que venham a se tornar bacharéis em Direito façam concurso público para o cargo de delegado de polícia, cargo de direção dentro da estrutura policial civil.

O § 1º do art. 21 possibilita que os entes federados prevejam, por meio de previsão editalícia, pontuação a ser conferida – na etapa de títulos – em razão do exercício de atividade em outros órgãos de segurança pública constantes do rol do *caput* art. 144 da CRFB – desde que haja previsão em lei estadual. São órgãos de segurança, conforme o art. 144 da CRFB: (i) polícia federal; (ii) polícia rodoviária federal; (iii) polícia ferroviária federal; (iv) polícias civis; (v) polícias militares e corpos de bombeiros militares; e (vi) polícias penais federal, estaduais e distritais.

O § 2º afirma o percentual mínimo da nota global do concurso público para o cargo de delegado de polícia que será relativo à etapa de títulos, a saber, 10%. Note-se que a lei fala em percentual mínimo, não trazendo o percentual máximo, que deverá ser fixado por meio do edital para ingresso na carreira de delegado de polícia de cada ente. Frise-se que, com relação ao percentual máximo da nota global a ser integralizado pela prova de títulos, haverá de ser observada a proporcionalidade, de

CAPÍTULO IV DOS POLICIAIS CIVIS

165

modo que a titulação não venha a subverter, à integralidade, a ordem classificatória do certame, o que pode levantar argumentos relacionados à isonomia do certame, princípio central dos concursos públicos.

O § 3º traz disposições relativas à prova oral como etapa do certame para o cargo de delegado de polícia. Inicialmente, o texto da lei fala na obrigatoriedade de tal etapa para os concursos para delegado de polícia. A lei prevê, ainda, questões atinentes à transparência da etapa oral do certame: (i) necessidade de adoção de critérios objetivos para aferição de nota e (ii) sistema de auditoria e recurso.

Por fim, o § 4º, encerrando o art. 21, prevê a possibilidade de os entes federados adotarem – para além do cargo de delegado de polícia – os critérios constantes do *caput* para os certames dos outros cargos da estrutura de polícia civil. Significa, assim, a possibilidade de inclusão de etapa de título nos termos preconizados pelo art. 21.

Art. 22. Durante o curso de formação profissional, de caráter eliminatório, pode ser concedida ajuda de custo não inferior a 50% (cinquenta por cento) do valor da remuneração prevista em lei para a classe inicial do respectivo cargo, na forma da lei do respectivo ente federativo.

O art. 22 trata da etapa de formação profissional – etapa eliminatória –, momento em que o candidato aprovado no certame aprenderá, efetivamente, a profissão policial. Trata-se, por força do texto de lei, de etapa do certame. A lei dispõe que a etapa do curso de formação profissional será etapa eliminatória, silenciando-se com relação à possibilidade de tal etapa ser, ainda, classificatória, a exemplo do que ocorre em alguns estados. Trata-se de uma valorização da etapa intelectual do certame, impedindo que critérios menos objetivos – mais inerentes ao curso de formação profissional – venham a interferir na classificação final do certame.

Art. 23. Os editais dos concursos públicos para provimento dos cargos efetivos das polícias civis podem impor tempo mínimo de permanência na unidade policial de lotação inicial, de acordo com indicadores de criminalidade e necessidades de interesse público.

Parágrafo único. A investidura em cargo da polícia civil é feita na classe inicial.

O art. 23 faculta aos editais dos concursos públicos para servidores policiais civis a possibilidade de estipulação de tempo mínimo para exercício do cargo em uma determinada lotação inicial – de acordo com indicadores de criminalidade e necessidades de interesse público. Esse dispositivo permite que o Chefe do Executivo, juntamente à administração superior da polícia civil do ente, venha a desenhar um plano de distribuição de policiais recém-lotados de acordo com indicadores objetivos de segurança que sejam mais aptos a nortear de que forma o interesse público será mais bem atendido.

Trata-se de dispositivo que homenageia a eficiência administrativa como fator de escolha de lotação, em detrimento de critérios menos isonômicos de que por vezes se valem os gestores quando da seleção da lotação dos policiais – bem como da manutenção de determinado policial em sua unidade de lotação inicial.

O **parágrafo único** afirma que a investidura em cargo da polícia civil se dá na classe inicial, de modo que não será possível a previsão em edital de ingresso em outro nível da carreira. Trata-se de manifestação do princípio constitucional da isonomia, na medida em que todos aqueles candidatos – logrando êxito no certame –, ao tomarem posse, integrarão a carreira rigorosamente no mesmo nível, independentemente de eventuais fatores exógenos (influência política) ou endógenos (influência junto a componentes importantes dentro da estrutura da polícia civil) que os pudessem vir a privilegiar.

Art. 24. A lei do respectivo ente federativo deve dispor sobre o fluxo regular e o equilíbrio quantitativo dos servidores nos cargos da polícia civil, com a previsão de realização periódica de concursos públicos.

§ 1º O servidor que pedir exoneração antes de completar 3 (três) anos de exercício deve ressarcir ao erário competente os gastos com sua formação, proporcionalmente ao tempo de serviço.

§ 2º As promoções dos policiais civis ocorrerão com base nos critérios de antiguidade, de tempo de serviço na carreira e de merecimento e podem, inclusive, ser realizadas post mortem, conforme disposto em lei específica do respectivo ente federativo.

CAPÍTULO IV *DOS POLICIAIS CIVIS*

§ 3º Em situações específicas, lei do respectivo ente federativo disporá sobre a regulamentação da promoção dos policiais civis independentemente da existência de vagas.

§ 4º As promoções de classes nos cargos da polícia civil devem ser estabelecidas pelos critérios definidos em lei específica, como tempo na carreira, aperfeiçoamento e merecimento.

§ 5º Para promoção à classe mais elevada dos cargos efetivos da polícia civil, pode ser exigida a realização de curso de gestão pública ou equivalente, disponibilizado pela Escola Superior de Polícia Civil ou por outras instituições oficiais de ensino superior.

§ 6º A lei do respectivo ente federativo pode dispor sobre outros critérios de promoção mais benéficos que os previstos nesta Lei.

O *caput* do art. 24 traz previsão acerca da necessidade de manutenção de uma periodicidade regular com relação à realização de concursos públicos para os cargos constantes da estrutura da polícia civil. Remete, ainda, ao legislador do ente que trace critérios a determinar os meios e os modos para que haja equilíbrio quantitativo nos quadros da polícia civil – isto é, para que o número de inativos e ativos permaneça em uma razão ótima, de modo que o serviço público seja realizado de maneira eficiente.

A lei do ente deverá ser lei de iniciativa do Chefe do Executivo, em razão de sua inserção na temática de realização de provimento de cargos públicos, a atrair a regra constante do art. 61, § 1º, II, c, da Constituição da República –[60] aplicável aos estados por se tratar de norma de preordenação institucional, atraindo o chamado princípio da simetria em razão da leitura conjunta com o art. 25 da Constituição da República.[61]

---

60 Art. 61. A iniciativa das leis complementares e ordinárias cabe a qualquer membro ou Comissão da Câmara dos Deputados, do Senado Federal ou do Congresso Nacional, ao Presidente da República, ao Supremo Tribunal Federal, aos Tribunais Superiores, ao Procurador-Geral da República e aos cidadãos, na forma e nos casos previstos nesta Constituição.

§ 1º São de iniciativa privativa do Presidente da República as leis que: [...]

II – disponham sobre: [...]

c) servidores públicos da União e Territórios, seu regime jurídico, provimento de cargos, estabilidade e aposentadoria; (Redação dada pela Emenda Constitucional nº 18, de 1998) [...]

61 Art. 25. Os Estados organizam-se e regem-se pelas Constituições e leis que adotarem, observados os princípios desta Constituição.

O § 1º estabelece a necessidade de o servidor que venha a pedir exoneração antes do prazo de três anos venha a ressarcir o erário pelas despesas relativas à sua formação. Trata-se de previsão similar àquela constante do art. 116, inciso II, da Lei nº 6.880/1980[62] (Estatuto dos Militares), que prevê a necessidade de ressarcimento à União em casos de demissão a pedido – instituto equivalente ao pedido de exoneração pelo próprio servidor.

Sobre o tema, o Supremo chegou a editar o Tema nº 574 da Repercussão Geral,[63] mas, recentemente, entendeu pela ausência de repercussão geral do assunto.[64]

O § 2º versa sobre a fixação de critérios para concessão dos diferentes tipos de promoção: (i) antiguidade; (ii) tempo de serviço na carreira; e (iii) merecimento – inclusive post mortem. Caberá ao legislador local, por meio de lei específica, a sua definição.

O § 3º afirma que o ente local – novamente, por lei – poderá regulamentar a temática da promoção de policiais civis independentemente da existência de vagas, desde que em situações específicas. A intenção do legislador é, aqui, possibilitar a promoção de determinados policiais civis mesmo que não haja vagas na classe imediatamente superior, em situações específicas. Vislumbra-se, aqui, por exemplo, uma eventual promoção por um grande mérito em razão de uma relevante bravura, por exemplo. A inexistência de vagas não será óbice – em havendo previsão legal do ente – para que o servidor venha a ser promovido.

O § 4º afirma que lei específica do ente tratará do estabelecimento de critérios para as promoções.

O § 5º afirma que poderá ser exigida para a promoção aos cargos mais elevados da polícia civil a realização de curso de gestão pública ou equivalente – disponibilizado pela respectiva Escola Superior de Polícia Civil ou por instituições oficiais de ensino superior. Trata-se, mais uma

---

62 Art. 116 A demissão a pedido será concedida mediante requerimento do interessado: [...]

II – com indenização das despesas efetuadas pela União com a sua preparação, formação ou adaptação, quando contar menos de 3 (três) anos de oficialato. (Redação dada pela Lei nº 13.954, de 2019)

63 Tema nº 574 – Desligamento voluntário do serviço militar, antes do cumprimento de lapso temporal legalmente previsto, de oficial que ingressa na carreira por meio de concurso público.

64 Conforme decisão prolatada em 07.05.2024.

CAPÍTULO IV DOS POLICIAIS CIVIS

169

vez, da intenção do legislador de fomentar a formação técnica continuada do servidor policial.

O § 6º, por fim, afirma que lei do ente federado poderá fixar outros critérios de promoção, desde que mais benéficos àqueles previstos pela lei orgânica nacional. Regra interessante, pois prevê, em interpretação a contrario senso, que critérios de promoção mais severos do que aqueles previstos pela lei orgânica nacional não serão legalmente válidos.

Art. 25. A requerimento dos interessados, os ocupantes dos cargos efetivos da polícia civil podem exercer funções no âmbito de outro ente federativo, mediante permuta ou cessão, condicionada à autorização expressa dos respectivos governadores ou mediante delegação desses, atendida a legislação aplicável, sem qualquer prejuízo e asseguradas todas as prerrogativas, os direitos e as vantagens, bem como os deveres e as vedações estabelecidos pelo ente federativo de origem.

O art. 25 prevê uma interessante possibilidade: a permuta e a cessão entre servidores públicos de órgãos de polícia civil pertencentes a estados federados distintos. A permuta ou a cessão deverão ser autorizadas pelos respectivos governadores dos estados envolvidos – ou por agente público que receba delegação de atribuição para tal, a exemplo do secretário de segurança ou chefe de polícia.

Embora o texto da norma não trate expressamente, presume-se que os vencimentos dos servidores cedidos ou permutados serão pagos pelos estados de origem, na medida em que se fala em prerrogativas, direitos e vantagens assegurados, fazendo menção, ao fim do texto, ao estado de origem.

Seria, contudo, essa norma constitucional? Inicialmente, podemos compreender a disposição do art. 25 como uma espécie de federalização das polícias civis – o que pode ser, inclusive, a intenção da própria lei orgânica nacional. Cria-se uma uniformização das nomenclaturas dos cargos e das normas atinentes aos requisitos para acesso aos quadros das policiais civis para, após, prever a possibilidade de exercício das funções policiais em estado diverso daquele em que foi provido o cargo público.

As estruturas de polícia civil são eminentemente estaduais – ou distritais. Assim o quis o Constituinte, estabelecendo no § 6º do art. 144

sua subordinação ao governador do estado, do distrito ou do território.[65] A instituição polícia civil é intimamente ligada ao estado a que pertence, pois exerce nele as atividades de polícia judiciária. São as polícias civis, como dito, subordinadas ao governador do estado, a quem incumbe, *ultima ratio*, a prerrogativa de, nos termos da lei, definir a estrutura do órgão polícia civil – sim, órgão, sem personalidade jurídica, fruto da desconcentração administrativa (Carvalho Filho, 2020, p. 140).

Parece que houve, aqui, um exacerbamento da competência legislativa para trazer normas gerais estruturais das polícias civis. A título de exemplo, para que permuta similar fosse permitida aos membros da Magistratura, foi aprovada emenda ao texto constitucional – a Emenda Constitucional nº 130/2023.[66] Houve necessidade de aprovação de emenda ao texto constitucional para que a Lei Orgânica da Magistratura Nacional pudesse contemplar previsão de permuta entre magistrados de mesma entrância. Por essa razão, a previsão constante do art. 25 nos parece exorbitar a previsão constitucional.

SEÇÃO III
DAS PRERROGATIVAS, DAS GARANTIAS, DOS DIREITOS, DOS DEVERES E DAS VEDAÇÕES

Art. 26. O delegado de polícia, além do que dispõem as normas constitucionais e legais, detém a prerrogativa de direção das atividades da polícia civil, bem como a presidência, a determinação legal, o comando e o controle de apurações, de procedimentos e de atividades de investigação.

---

65 Art. 144. [...] § 6º As polícias militares e os corpos de bombeiros militares, forças auxiliares e reserva do Exército subordinam-se, juntamente com as polícias civis e as polícias penais estaduais e distrital, aos Governadores dos Estados, do Distrito Federal e dos Territórios. (Redação dada pela Emenda Constitucional nº 104, de 2019)

66 Art. 93. Lei complementar, de iniciativa do Supremo Tribunal Federal, disporá sobre o Estatuto da Magistratura, observados os seguintes princípios: [...]

VIII-B – a permuta de magistrados de comarca de igual entrância, quando for o caso, e dentro do mesmo segmento de justiça, inclusive entre os juízes de segundo grau, vinculados a diferentes tribunais, na esfera da justiça estadual, federal ou do trabalho, atenderá, no que couber, ao disposto nas alíneas "a", "b", "c" e "e", do inciso II do caput deste artigo e no art. 94 desta Constituição; (Incluído pela Emenda Constitucional nº 130, de 2023) [...]

CAPÍTULO IV DOS POLICIAIS CIVIS

171

Parágrafo único. Cabe ao delegado de polícia presidir o inquérito policial, no qual deve atuar com isenção, com autonomia funcional e no interesse da efetividade da tutela penal, respeitados os direitos e as garantias fundamentais e assegurada a análise técnico-jurídica do fato.

O art. 26 inaugura a Seção III da LONPC – seção que trata das prerrogativas, das garantias, dos direitos e das vedações inerentes aos ocupantes de cargos de policiais civis. Debuta o tema trabalhando as prerrogativas dos delegados de polícia. Já no *caput*, afirma que ao delegado de polícia incumbe a prerrogativa de "[...] direção das atividades de polícia civil [...]" e do "[...] comando e controle [...]" dos procedimentos investigatórios de sua atribuição.

Reconhecer que incumbe ao delegado de polícia a direção das atividades de polícia civil consiste em dar densidade normativa ao disposto pelo art. 144, § 4º, da Constituição da República, que afirma serem as polícias civis "[...] dirigidas por delegados de carreira [...]". Para além das missões institucionais ligadas à presidência das investigações criminais – art. 2º, § 1º, da Lei nº 12.830/2013 – aos delegados de polícia incumbe, ainda, a direção da instituição polícia civil. Trata-se, portanto, de exercício de função de gestão.

A parte final do art. 26 traz a expressão "comando e controle" ao mencionar o exercício da prerrogativa do delegado de polícia quando da presidência de procedimentos investigatórios de sua atribuição. O que seria a atribuição de "comandar" e "controlar"? Valendo-nos da linguagem regulatória – em que se entende regular como influenciar condutas (Selznick, 1985, p. 1-3) –, comandar e controlar significam (Baldwin; Cave; Lodge, 2012, p. 106 e segs.) a imposição de parâmetros a serem seguidos – *standards* – e a sua aplicação. Ao delegado de polícia incumbe, portanto, fixar os parâmetros investigatórios – as diligências a serem realizadas (quais e de que forma) e zelar pelo fiel cumprimento das investigações, exercendo uma espécie de "controle de qualidade" do produto final a ser entregue – a investigação.

O parágrafo único trata da necessidade de o delegado de polícia – presidente do inquérito policial – atuar com isenção, autonomia funcional e no interesse da efetividade da tutela penal. Reforça, ainda, a necessidade de que se respeitem os direitos e as garantias fundamentais.

A norma, ao falar em isenção, deixa claro que o delegado de polícia não é parte de uma relação jurídica processual – até porque não há, ainda, processo. O delegado de polícia representa o Estado Investigador, integrado à estrutura do Poder Executivo, tendo por missão a precisão de materialidade e autoria de infrações penais.

O delegado – isento que é – deve investigar os fatos, de maneira técnico-jurídica, esclarecendo-os, de modo a apresentar aos demais atores da persecução penal o melhor retrato daquilo que ocorrera no passado. Para que possa ser, de fato, isento em suas análises técnico-jurídicas, ao delegado de polícia deve ser reconhecida a independência funcional. O parágrafo único do art. 26, nessa esteira, reconhece expressamente que o delegado de polícia atua com independência funcional, não devendo, assim, estar sujeito a interesses diversos da adequada investigação policial – políticos, econômicos, pessoais etc.

A questão não se opera sem controvérsia. Em 2022, o STF, ao julgar a ADI nº 5.522,[67] declarou a inconstitucionalidade de emenda à Constituição Estadual de São Paulo que conferia maior autonomia ao delegado de polícia quando do exercício de suas atribuições – notadamente prevendo independência funcional à carreira no exercício de atividades de polícia judiciária.

A lei orgânica inova, expressamente afirmando a independência funcional do delegado de polícia, algo que poderia já ser concluído por meio da leitura combinada do art. 2º, *caput* c/c § 1º da Lei nº 12.830/2013.[68] Reconhecida a característica jurídica da atividade de condução do inquérito, bem como a atribuição do delegado de polícia de presidir o inquérito policial e a exclusividade na atribuição para o

---

67 Ação direta de inconstitucionalidade. 2. Emenda Constitucional nº 35/2012 à Constituição do Estado de São Paulo. Nova redação dada ao art. 140 da Constituição. 3. Polícia Civil do Estado de São Paulo incluída entre as funções essenciais da justiça estadual. 4. Violação aos arts. 37, 129 e 144 da Constituição Federal. 5. Precedentes: ADI 5520 e ADI 882. 6. Ação direta de inconstitucionalidade julgada procedente (ADI nº 5.522, Rel. Gilmar Mendes, Tribunal Pleno, julgado em 21.02.2022, PROCESSO ELETRÔNICO **DJe**-042 DIVULG 04.03.2022 Publicado em 07.03.2022).

68 Art. 2º As funções de polícia judiciária e a apuração de infrações penais exercidas pelo delegado de polícia são de natureza jurídica, essenciais e exclusivas de Estado.

§ 1º Ao delegado de polícia, na qualidade de autoridade policial, cabe a condução da investigação criminal por meio de inquérito policial ou outro procedimento previsto em lei, que tem como objetivo a apuração das circunstâncias, da materialidade e da autoria das infrações penais.

CAPÍTULO IV DOS POLICIAIS CIVIS

173

indiciamento – nos termos do art. 2º, § 6º, da Lei nº 12.830/2013 –,[69] há autores que trabalham com a ideia de independência funcional implícita para os delegados de polícia (Hoffmann; Sannini, 2016).

Reconhecer – expressamente – a independência funcional do delegado de polícia é fundamental para robustecer as investigações criminais e definir – de maneira mais eficiente – o espaço de atuação dos diferentes atores da persecução penal, notadamente da relação entre a Polícia Civil e o Ministério Público – titular da ação penal.

É preciso, pois, dar efetivo significado à atribuição ministerial de titularidade da ação penal: o Ministério Público representa, em juízo, o Estado acusador, mas não é – embora por vezes assim se pretenda – o exclusivo soberano da persecução penal como um todo. Não. Há diferentes atores, cada qual com seu espaço de atribuição – o que é salutar para a divisão de poderes e salvaguarda das garantias fundamentais.

Art. 27. O oficial investigador de polícia, além do que dispõem as normas constitucionais e legais, exerce atribuições apuratórias, cartorárias, procedimentais, de obtenção de dados, de operações de inteligência e de execução de ações investigativas, sob determinação ou coordenação do delegado de polícia, assegurada atuação técnica e científica nos limites de suas atribuições.

Parágrafo único. O oficial investigador de polícia e os demais cargos da polícia civil, nos limites de suas atribuições, devem produzir, com objetividade, técnica e cientificidade, o laudo investigativo e as demais peças procedimentais, os quais devem ser encaminhados ao delegado de polícia para apreciação.

O *caput* do art. 27 cuida das atribuições relativas ao cargo de oficial investigador de polícia. Como dito anteriormente, a lei orgânica unifica a nomenclatura referente aos diferentes cargos de agentes da autoridade policial que existem. Além de unificar a nomenclatura, observamos que são unificadas, também, as funções: não há mais agente exclusivamente cartorário ou investigativo.

---

69 Art. 2º [...] § 6º O indiciamento, privativo do delegado de polícia, dar-se-á por ato fundamentado, mediante análise técnico-jurídica do fato, que deverá indicar a autoria, materialidade e suas circunstâncias.

Ressalta o dispositivo, ainda, que o exercício das atribuições dos oficiais investigadores de polícia civil se dá sob coordenação do delegado de polícia.

O parágrafo único do art. 27 trata do produto do trabalho dos oficiais investigadores de polícia civil e demais cargos de agente: a confecção de laudo investigativo e peças procedimentais. As peças procedimentais deverão ser os documentos a instruir o inquérito policial – ou outro procedimento, como termo circunstanciado ou verificação prévia de informações. O laudo investigativo abordará, resumidamente, as diligências realizadas em uma determinada investigação, sendo instrumental para a confecção do relatório final de inquérito – peça que encerra o inquérito policial, privativa de delegado de polícia, conforme disposto pelo § 1º do art. 10 do CPP:

> Art. 10. O inquérito deverá terminar no prazo de 10 dias, se o indiciado tiver sido preso em flagrante, ou estiver preso preventivamente, contado o prazo, nesta hipótese, a partir do dia em que se executar a ordem de prisão, ou no prazo de 30 dias, quando estiver solto, mediante fiança ou sem ela.
>
> § 1º A autoridade fará minucioso relatório do que tiver sido apurado e enviará autos ao juiz competente.

A atuação dos agentes da autoridade policial deverá se dar com "[...] objetividade, técnica e cientificidade [...]", nos termos do texto da norma analisada. A lei – ao mencionar esses termos – trabalha com uma ideia de parametrização e racionalização da atividade investigativa, que se desenvolve sobre fatos ocorridos no campo do real, razão pela qual evocar a linguagem científica – típica da investigação da realidade natural – não parece desarrazoado.

Art. 28. O perito oficial criminal, além do que dispõem a Constituição Federal, o Decreto-Lei nº 3.689, de 3 de outubro de 1941 (Código de Processo Penal), e a legislação extravagante, sem prejuízo de outras previsões constantes de leis e regulamentos, exerce atribuições de perícia oficial de natureza criminal, sob requisição do delegado de polícia, assegurada a ele autonomia técnica, científica e funcional.

CAPÍTULO IV DOS POLICIAIS CIVIS **175**

O art. 28 trata do cargo de perito oficial criminal, a quem incumbe a realização das perícias necessárias à persecução penal. A atividade pericial criminal é de suma importância, e o uso da linguagem científica, novamente, faz ainda mais sentido. O perito atua de maneira objetiva, isto é, descreve aquilo que vê e informa – técnica do *visum et repertum* –, sem se valer de critérios subjetivos e anímicos quando de sua análise. A realização de perícia é fundamental para angariar elementos informativos a instruir o inquérito policial, sendo determinadas perícias, inclusive, obrigatórias.[70]

O Capítulo II do CPP trabalha com as perícias em geral – especificamente com exame de corpo de delito – e com a cadeia de custódia. A cadeia de custódia[71] é tema intrinsecamente ligado às perícias – envolvendo gestão de vestígios[72] –, tema que repercute, inclusive, no resultado final do trabalho, pois, em caso de descumprimento de disposição normativa, poderemos incorrer em nulidade. Por isso a imperiosidade da citação feita pelo art. 28 à objetividade, à técnica e à cientificidade.

Art. 29. Todos os ocupantes de cargos efetivos da polícia civil, nos limites de suas atribuições legais, e respeitadas a hierarquia e a disciplina, devem atuar com imparcialidade, objetividade, técnica e cientificidade.

O art. 29 resume a necessidade de que todos os ocupantes de cargos efetivos da polícia civil atuem com imparcialidade, objetividade, técnica e cientificidade. Vemos, mais uma vez, que o legislador se vale dos termos "objetividade", "técnica" e "cientificidade" como imperiosos para o exercício da atividade de polícia judiciária – verdadeiros pressupostos metodológicos, inclusive, para que haja, propriamente, imparcialidade na investigação criminal, que deve ser afastada de subjetivismos e interesses diversos daqueles relacionados exclusivamente à apuração dos fatos de relevância para a persecução penal.

---

70 A título de exemplo, veja-se o teor do art. 158 do CPP: "Quando a infração deixar vestígios, será indispensável o exame de corpo de delito, direto ou indireto, não podendo supri-lo a confissão do acusado".

71 Ver arts. 158-A e 158-B do CPP.

72 O CPP, em seu art. 158-C, determina que a coleta de vestígios deverá se dar, preferencialmente, por perito oficial.

176 COMENTÁRIOS À LEI ORGÂNICA NACIONAL DAS POLÍCIAS CIVIS

Reforçar a questão da imparcialidade atrai duas conclusões interessantes:

(i) A Polícia Judiciária não é parte de uma relação processual e não atua de modo adversarial a ninguém. A atividade de Polícia Civil representa o Estado Investigador, que tem por missão o esclarecimento de fatos, não a busca parcial pelo indiciamento. Deve, sim, identificar autoria e materialidade de delitos. Essa é a sua missão institucional. Difere do Ministério Público, que, além de exercer a sua função de fiscal da ordem jurídica – vide o teor do art. 129, II, da CRFB –,[73] atua efetivamente como parte de uma relação processual, na medida em que é o titular da ação penal pública – art. 129, I, da CRFB.

(ii) A definição do método, alinhada à função institucional da Polícia Civil, nos permite visualizar as características do Estado Investigador, que atua ao lado do Estado-Juiz e do Estado Litigante, sendo, de fato, função essencial à justiça, ainda que o Constituinte assim não o tenha deixado expresso.

A lei orgânica, nessa esteira, foi fundamental para delinear o rol de atribuições das polícias civis, sobretudo ao reforçar o apego à objetividade e ao método em detrimento do subjetivismo, demonstrando, assim, a importância da Polícia Civil enquanto ator da persecução penal.

Art. 30. São assegurados aos policiais civis em atividade os seguintes direitos e garantias, sem prejuízo de outros estabelecidos em lei:

I – documento de identidade funcional com validade em todo o território nacional, padronizado pelo Poder Executivo federal e expedido pela própria instituição;

II – registro e livre porte de arma de fogo com validade em todo o território nacional;

III – ingresso e trânsito livre em qualquer recinto público ou privado em razão da função, respeitadas as garantias constitucionais e legais;

---

73 Art. 129. São funções institucionais do Ministério Público:

I – promover, privativamente, a ação penal pública, na forma da lei;

II – zelar pelo efetivo respeito dos Poderes Públicos e dos serviços de relevância pública aos direitos assegurados nesta Constituição, promovendo as medidas necessárias a sua garantia; [...]

CAPÍTULO IV DOS POLICIAIS CIVIS

IV – recolhimento em unidade prisional da própria instituição para fins de cumprimento de prisão provisória ou de sentença penal condenatória transitada em julgado;

V – pronta comunicação de sua prisão ao seu chefe imediato;

VI – prioridade nos serviços de transporte e de comunicação públicos e privados, quando em cumprimento de missão de caráter emergencial;

VII – traslado por órgão público competente, caso seja vítima de acidente que dificulte sua atividade de locomoção ou ocorra sua morte durante atividade policial;

VIII – atendimento prioritário e imediato pelo Ministério Público, pela Defensoria Pública, pelo Poder Judiciário e pelos órgãos de perícia oficial de natureza criminal, se em atividade ou no interesse do serviço;

IX – precedência em audiências judiciais quando comparecer na qualidade de testemunha de fato decorrente do serviço;

X – (VETADO);

XI – (VETADO);

XII – (VETADO);

XIII – (VETADO);

XIV – garantia à policial civil gestante e lactante de indicação para escalas de serviço e rotinas de trabalho compatíveis com sua condição;

XV – garantia de retorno e de permanência na mesma lotação durante 6 (seis) meses após o retorno da licença-maternidade;

XVI – (VETADO);

XVII – (VETADO);

XVIII – (VETADO);

XIX – (VETADO);

XX – (VETADO);

XXI – (VETADO);

XXII – (VETADO);

XXIII – (VETADO);

XXIV – (VETADO);

XXV – (VETADO);

XXVI – (VETADO);

XXVII – (VETADO); e

XXVIII – (VETADO).

§ 1º (VETADO).

§ 2º Aos policiais civis aposentados são assegurados os direitos previstos nos incisos I, II, IV, V, XVII e XXVIII do *caput* deste artigo, e a comunicação prevista no inciso V deve ser feita ao setor de veteranos ou por intermédio do sindicato ou associação representativa da categoria.

§ 3º Os policiais civis, por ocasião de sua aposentadoria, conservarão a autorização do livre porte de arma de fogo válido em todo o território nacional, na forma da legislação em vigor.

§ 4º Fica assegurada a possibilidade de doação de armas de fogo institucionais aos policiais civis aposentados.

§ 5º Deve ser garantida a participação do poder público em mediação judicial proposta pelos órgãos classistas da polícia civil para a negociação dos interesses de seus representados, como forma alternativa ao exercício do direito de greve.

§ 6º Observado o interesse da administração pública, ao policial civil que tenha satisfeito as condições para se aposentar, fica facultada a opção de exercer suas funções no âmbito interno e administrativo em seções, grupos, núcleos e departamentos, bem como no assessoramento a chefias, o que poderá ser revisto a qualquer momento.

§ 7º O policial civil, ao responder pelo expediente administrativo em unidade diversa da de sua lotação, terá direito a adicional na forma de verba indenizatória, se houver previsão em lei do respectivo ente federativo.

§ 8º (VETADO).

§ 9º Na forma da lei do respectivo ente federativo, em caso de morte de servidor policial civil decorrente de agressão, de contaminação por moléstia grave, de doença ocupacional ou em razão da função policial, os dependentes farão jus a pensão equivalente à remuneração do cargo da classe mais elevada e nível à época do falecimento, que será vitalícia para o cônjuge ou companheiro.

§ 10 O policial civil afastado para mandato eletivo ou classista ou cedido para outro órgão de natureza de segurança pública ou institucional, parlamentar ou de gestão pública em outro ente federativo deve ter seu tempo contado como efetivo exercício no serviço policial, bem como ter mantidos os seus direitos para efeitos de promoção e de progressão no cargo e na carreira.

§ 11 (VETADO).

§ 12 Em virtude da atividade de risco exercida, o policial civil pode ser promovido, de forma póstuma, à classe superior, independentemente da existência de vagas.

§ 13 Lei do respectivo ente federativo poderá criar critérios de promoção por bravura fundamentados em indicadores avaliados por comissão específica do Conselho Superior de Polícia Civil.

§ 14 O policial civil não pode ser promovido nos casos de condenação judicial transitada em julgado e de condenação definitiva em processo administrativo disciplinar de que não caiba recurso ou revisão, enquanto perdurarem os efeitos da condenação.

§ 15 A estabilidade do policial civil dar-se-á após 3 (três) anos de efetivo exercício no cargo.

§ 16 (VETADO).

§ 17 Lei complementar do respectivo ente federativo poderá dispor sobre regras diferenciadas de aposentadoria quanto ao tempo de contribuição, de atividade policial e, de forma mais benéfica, quanto ao sexo feminino.

§ 18 Aplica-se ao policial civil aposentado o disposto no art. 17 desta Lei.

§ 19 (VETADO).

§ 20 É garantido direito à promoção na carreira de classe a classe, admitida a promoção extraordinária em casos excepcionais e diferenciados, conforme a lei do respectivo ente federativo.

O art. 30 traz o rol de direitos e garantias assegurados aos policiais civis. Trata-se de um rol mínimo de direitos e garantias, considerada a ressalva feita pela parte final do *caput* do art. 30: "[...] sem prejuízo de outros estabelecidos em lei". Comentaremos o texto inciso por inciso.

O inciso I trabalha a questão da identidade funcional, que será válida em todo o território nacional, de modo que o policial civil será reconhecido como tal em qualquer ente federado – ainda que diverso do seu ente de origem. A lei afirma, ainda, que a identidade funcional do policial civil deverá ser expedida – pelo órgão de origem – de acordo com padronização determinada pelo Poder Executivo Federal. Não parece haver, aqui, possível excesso de atribuições por parte da União, na medida em que a padronização se dá pelo fato de ser o documento válido em todo o território nacional, na linha do que acontece já com outros tipos de documentos.

O inciso II afirma que o policial civil terá livre registro e porte de arma de fogo em todo o território nacional. A norma abrange tanto a arma funcional, aquela recebida pelo Estado, acautelada junto ao policial, como a arma de fogo particular – desde que legalizada. Imperioso, para o último caso, a observância de todas as normas constantes da Lei nº 10.826/2003 e respectiva regulamentação.

O inciso III afirma que o policial civil tem ingresso e trânsito livre em qualquer recinto – público ou privado – desde que em exercício das funções, com ressalva feita ao respeito às garantias constitucionais. Menção necessária ao art. 5º, inciso XI, da CRFB, que estabelece a cláusula de inviolabilidade domiciliar.[74]

---

74 Art. 5º [...] XI – a casa é asilo inviolável do indivíduo, ninguém nela podendo penetrar sem consentimento do morador, salvo em caso de flagrante delito ou desastre, ou para prestar socorro, ou, durante o dia, por determinação judicial; [...]

CAPÍTULO IV DOS POLICIAIS CIVIS

181

Imperioso ressalvar que o ingresso em ambientes – públicos e privados – deverá se dar em razão da função policial. Necessária, igualmente, a menção ao art. 22 da Lei nº 13.869/2019[75] – lei que dispõe sobre os crimes de abuso de autoridade – que afirma ser crime de abuso de autoridade a invasão ou permanência em imóvel privado – sem o consentimento do particular –, sem determinação judicial ou sem amparo legal.

O inciso IV assegura ao policial civil o recolhimento em unidade prisional da própria instituição tanto para os casos de prisões preventivas quanto para o cumprimento de sentença condenatória. O CPP já previa – em seu art. 295, IX –[76] recolhimento em estabelecimento especial – antes da condenação definitiva – para delegados de polícia e "guardas civis". A lei deixa claro, agora, que todos os policiais civis terão direito a recolhimento não apenas em estabelecimento prisional diverso, mas também mantido pela própria instituição, inclusive para casos de cumprimento de pena, garantia essa que não era prevista pelo CPP.

Possíveis argumentos relacionados à isonomia podem surgir aqui, na medida em que o CPP previa recolhimento em estabelecimento prisional distinto somente para as prisões cautelares. Um contra-argumento seria no sentido de abordar a situação específica do policial civil, que, por sua condição policial, quando recolhido ao cárcere, teria sua vida e integridade física demasiadamente arriscadas.

O inciso V estabelece que eventual prisão de policial civil – de qualquer carreira, na medida em que a lei não restringe – deverá ser comunicada ao chefe imediato. Trata-se tanto de uma garantia do policial quanto do próprio serviço, na medida em que o chefe terá ciência do ocorrido e poderá tomar as providências cabíveis.

O inciso VI afirma que os policiais civis terão prioridade nos seguintes serviços públicos – desde que estejam em desempenho de sua função pública e em cumprimento de missão de caráter emergencial:

---

75 Art. 22. Invadir ou adentrar, clandestina ou astuciosamente, ou à revelia da vontade do ocupante, imóvel alheio ou suas dependências, ou nele permanecer nas mesmas condições, sem determinação judicial ou fora das condições estabelecidas em lei: [...]

76 Art. 295. Serão recolhidos a quartéis ou a prisão especial, à disposição da autoridade competente, quando sujeitos a prisão antes de condenação definitiva: [...]

XI – os delegados de polícia e os guardas-civis dos Estados e Territórios, ativos e inativos.

182   COMENTÁRIOS À LEI ORGÂNICA NACIONAL DAS POLÍCIAS CIVIS

(i) serviços de transporte público e privado; e (ii) serviços de comunicação público e privado.

Dois comentários parecem, quanto ao texto da norma, pertinentes. O primeiro diz respeito à definição do que seria "missão de caráter emergencial". A atividade policial parece inerentemente urgente. A lei afirma, contudo, que para que o policial tenha prioridade em tais serviços seria necessária a emergência. Um bom norte interpretativo estaria relacionado ao vetor tempo enquanto fator de utilidade determinante ao bom cumprimento da missão. Missões administrativas, com ampla margem temporal para a resolução estariam, assim, excluídas.

O segundo comentário necessário diz respeito à abrangência da norma, que inclui serviços de transporte e comunicações públicos e privados. A prioridade se dará, assim, tanto em casos de serviços públicos prestados diretamente pelo Estado quanto regimes jurídicos distintos, a exemplo de concessões, permissões ou autorizações, em que o particular presta o serviço público – serviço este de titularidade do Estado.[77]

O inciso VII prevê a prioridade no translado – em caso de acidente – para policiais civis vitimados – acidentados ou mortos – em serviço. Trata-se do reconhecimento do grau de importância da atividade policial civil, apta a atrair prioridade por parte do Estado para atendimento de seus agentes. No mesmo sentido, o inciso VIII prevê prioridade para atendimento – quando em relação com a atividade de polícia civil – por parte do Ministério Público, pela Defensoria Pública, pelo Poder Judiciário e pelos órgãos de perícia oficial. Fortalece-se, assim, a sinergia entre os diferentes atores envolvidos da persecução penal, bem como se valoriza a atividade de polícia.

Coroando as prioridades conferidas aos policiais civis – por parte de órgãos e poderes públicos –, o inciso IX prevê precedência quando da prestação de depoimentos em sede judicial, na qualidade de testemunha, por fato ocorrido em decorrência do serviço. Trata-se de atendimento de um pleito por parte de policiais, que muitas vezes eram instados a depor – depoimento que, para não afetar a continuidade do serviço público, deveria ser realizado na folga – e tinham seu período de repouso vulnerado.

---

77 Cabe, aqui, remissão à Lei nº 8.987/1985, que trata das concessões de serviços públicos.

CAPÍTULO IV DOS POLICIAIS CIVIS

183

O inciso X garante licença remunerada para desempenho de mandato em entidade classista a, no mínimo, três dirigentes – por estado – para cada confederação; federação; e sindicatos, sem prejuízo de direitos e vantagens – por exemplo, aposentadoria especial, progressão funcional – inerentes ao exercício de função policial. O dispositivo em comento foi, inicialmente, vetado pelo Presidente da República sob as seguintes razões de veto:

> A despeito da boa intenção do legislador, a proposta legislativa padece de inconstitucionalidade ao contrariar o disposto no § 4º-B do art. 40 da Constituição, que exige que os requisitos diferenciados para policiais sejam estabelecidos por meio de lei complementar do respectivo ente federativo.

> Ademais, esta previsão legislativa afronta o § 7º do art. 167 da Constituição.

> Por fim, a proposição legislativa é contrária ao interesse público, pois ao versar sobre regime jurídico de servidor estadual implica interferência indevida na organização político-administrativa do ente federado, com impacto sobre o equilíbrio federativo e a segurança jurídica.

Analisando os dispositivos mencionados pelas razões de veto, observamos que o texto vetado não ofende o § 4º-B do art. 40.[78] A lei orgânica não elidiu a necessidade de lei complementar específica do ente. Basta lermos o inciso em consonância com o *caput* do art. 30, que afirma que os direitos serão assegurados sem prejuízo de outros requisitos exigidos em lei. Por interpretação conforme a Constituição, vemos que a norma constante do art. 30, inciso X, não ofende o texto constitucional paradigma. Correta, assim, a derrubada do veto pelo Congresso Nacional.

---

78 Art. 40. O regime próprio de previdência social dos servidores titulares de cargos efetivos terá caráter contributivo e solidário, mediante contribuição do respectivo ente federativo, de servidores ativos, de aposentados e de pensionistas, observados critérios que preservem o equilíbrio financeiro e atuarial. (Redação dada pela Emenda Constitucional nº 103, de 2019) [...]

§ 4º-B Poderão ser estabelecidos por lei complementar do respectivo ente federativo idade e tempo de contribuição diferenciados para aposentadoria de ocupantes do cargo de agente penitenciário, de agente socioeducativo ou de policial dos órgãos de que tratam o inciso IV do caput do art. 51, o inciso XIII do caput do art. 52 e os incisos I a IV do caput do art. 144. (Incluído pela Emenda Constitucional nº 103, de 2019)

Com relação ao art. 167, § 7º,[79] da CRFB, a regra supostamente violada diz respeito à necessidade de, para a criação de despesa pública, edição de lei anterior – lei com a respectiva previsão de fonte de recursos. A norma constante do art. 30, inciso X, da Lei Orgânica, novamente, não afasta a necessidade de lei orçamentária específica. Não há que se falar de inconstitucionalidade.

A respeito da representação classista, a Constituição trabalha o tema em seu art. 8º.[80] O art. 30, inciso X, da Lei Orgânica menciona os seguintes entes de representação classista: (i) sindicato; (ii) federação; (iii) confederação.

---

79 Art. 167. São vedados: [...]

§ 7º A lei não imporá nem transferirá qualquer encargo financeiro decorrente da prestação de serviço público, inclusive despesas de pessoal e seus encargos, para a União, os Estados, o Distrito Federal ou os Municípios, sem a previsão de fonte orçamentária e financeira necessária à realização da despesa ou sem a previsão da correspondente transferência de recursos financeiros necessários ao seu custeio, ressalvadas as obrigações assumidas espontaneamente pelos entes federados e aquelas decorrentes da fixação do salário mínimo, na forma do inciso IV do caput do art. 7º desta Constituição.

80 Art. 8º É livre a associação profissional ou sindical, observado o seguinte:

I – a lei não poderá exigir autorização do Estado para a fundação de sindicato, ressalvado o registro no órgão competente, vedadas ao Poder Público a interferência e a intervenção na organização sindical;

II – é vedada a criação de mais de uma organização sindical, em qualquer grau, representativa de categoria profissional ou econômica, na mesma base territorial, que será definida pelos trabalhadores ou empregadores interessados, não podendo ser inferior à área de um Município;

III – ao sindicato cabe a defesa dos direitos e interesses coletivos ou individuais da categoria, inclusive em questões judiciais ou administrativas;

IV – a assembléia geral fixará a contribuição que, em se tratando de categoria profissional, será descontada em folha, para custeio do sistema confederativo da representação sindical respectiva, independentemente da contribuição prevista em lei;

V – ninguém será obrigado a filiar-se ou a manter-se filiado a sindicato;

VI – é obrigatória a participação dos sindicatos nas negociações coletivas de trabalho;

VII – o aposentado filiado tem direito a votar e ser votado nas organizações sindicais;

VIII – é vedada a dispensa do empregado sindicalizado a partir do registro da candidatura a cargo de direção ou representação sindical e, se eleito, ainda que suplente, até um ano após o final do mandato, salvo se cometer falta grave nos termos da lei.

Parágrafo único. As disposições deste artigo aplicam-se à organização de sindicatos rurais e de colônias de pescadores, atendidas as condições que a lei estabelecer.

Os sindicatos são a organização classista – representativa de categoria profissional – básica, não podendo ter área inferior de representação inferior a um município. (art. 8º, II, CRFB/1988).

As federações e as confederações são as chamadas "associações sindicais de grau superior", nomenclatura utilizada pelo art. 533 da Consolidação das Leis do Trabalho – CLT. As federações representam os diferentes sindicatos em nível estadual – cf. art. 534, *caput* e § 2º, CLT[81]; ao passo que as confederações são a reunião de – no mínimo – três federações (art. 535, CLT).

O inciso XI do art. 30 trata de temática similar ao inciso anterior, mas voltada às associações de servidores – de abrangência nacional ou vinculada ao ente federado. Trata-se de dispositivo que também foi vetado. Dispunham as razões de veto que:

> A despeito da boa intenção do legislador, a proposta legislativa padece de inconstitucionalidade ao contrariar o disposto no § 4º-B do art. 40 da Constituição, que exige que os requisitos diferenciados para policiais sejam estabelecidos por meio de lei complementar do respectivo ente federativo.
>
> Ademais, esta previsão legislativa afronta o § 7º do art. 167 da Constituição.
>
> Por fim, a proposição legislativa é contrária ao interesse público, pois ao versar sobre regime jurídico de servidor estadual implica interferência indevida na organização político-administrativa do ente federado, com impacto sobre o equilíbrio federativo e a segurança jurídica.

Com relação a eventual afronta ao § 4º-B do art. 40 da CRFB, cabem, aqui, os mesmos comentários realizados acerca do inciso X do art. 30 da Lei Orgânica. As demais razões de veto apresentadas apenas trouxeram

---

81 Art. 534. É facultado aos Sindicatos, quando em número não inferior a 5 (cinco), desde que representem a maioria absoluta de um grupo de atividades ou profissões idênticas, similares ou conexas, organizarem-se em federação. (Redação dada pela Lei nº 3.265, de 22.9.1957) [...]

§ 2º As federações serão constituídas por Estados, podendo o Ministro do Trabalho, Indústria e Comércio autorizar a constituição de Federações interestaduais ou nacionais. (Parágrafo 1º renumerado pela Lei nº 3.265, de 22.9.1957)

186   COMENTÁRIOS À LEI ORGÂNICA NACIONAL DAS POLÍCIAS CIVIS

fundamentos genéricos – a exemplo de lesão ao interesse público – sem, contudo, esmiuçarem-se sobre o tema.

Os incisos XII e XIII foram vetados, e não tiveram o veto derrubado. O inciso XIV traz a garantia de que a servidora policial civil lactante estará afeta a escalas de serviço e rotinas compatíveis com a sua condição. A proteção ao aleitamento materno consta, inclusive, de normas da CLT, a exemplo do art. 396,[82] que prevê regime diferenciado de horários para empregadas lactantes.

Na mesma esteira da proteção ao aleitamento materno – versando sobre a temática da proteção à maternidade –, o inciso XV determina a garantia conferida à servidora policial de que, ao término de sua licença-maternidade, retornará e permanecerá, pelo prazo de seis meses, em sua lotação anterior. Trata-se de manifestação da tutela à maternidade, constante do art. 6º, *caput*, CRFB/1988,[83] norma de caráter axiológico elevado, apta a orientar todo ordenamento jurídico. A previsão do inciso em comento garante à policial mãe certo grau de estabilidade, facilitando a sua readaptação à rotina de trabalho, sem que sejam necessárias a ela mudanças drásticas a ocorrerem em razão de uma possível alteração de sua lotação.

Os incisos XVI a XVIII foram vetados. O inciso XIX garante jornada de trabalho aos servidores policiais não superior a 40 horas semanais, afirmando, ainda, a garantia de pagamento em razão de horas extraordinárias – em caráter remuneratório e indenizatório. O dispositivo foi, originalmente, vetado, mas teve seu veto derrubado. Diziam as razões de veto que: "Embora se reconheça a boa intenção do legislador, as propostas legislativas padecem do vício da inconstitucionalidade, por afronta ao disposto no § 7º do art. 167 da Constituição".

Trata-se de vedação genérica, fundamentada no princípio da anterioridade orçamentária, que, como já dito, exige lei anterior para a

---

82 Art. 396. Para amamentar seu filho, inclusive se advindo de adoção, até que este complete 6 (seis) meses de idade, a mulher terá direito, durante a jornada de trabalho, a 2 (dois) descansos especiais de meia hora cada um. (Redação dada pela Lei nº 13.509, de 2017)

83 Art. 6º São direitos sociais a educação, a saúde, a alimentação, o trabalho, a moradia, o transporte, o lazer, a segurança, a previdência social, a proteção à maternidade e à infância, a assistência aos desamparados, na forma desta Constituição. (Redação dada pela Emenda Constitucional nº 90, de 2015)

CAPÍTULO IV DOS POLICIAIS CIVIS

realização de determinada despesa pública. A lei será elaborada, naturalmente, por cada ente federativo, quando do momento da efetivação da norma prevista pela lei orgânica. Não há, assim, vício de inconstitucionalidade. Com relação às horas extras, aquelas realizadas para além da escala de serviço, há discussão acerca da compatibilidade entre seu pagamento e o regime jurídico a que estão sujeitos os policiais civis.

O art. 7º, inciso XVI, da CRFB –[84] constante do rol de direitos trabalhistas mínimos aos trabalhadores urbanos e rurais – prevê remuneração por serviço extraordinário superior, remuneração que deverá se dar na razão de 50% a mais da hora trabalhada ordinariamente. O art. 39, § 3º, CRFB afirma quais direitos trabalhistas são aplicáveis aos servidores públicos:

> Art. 39. [...]
>
> § 3º Aplica-se aos servidores ocupantes de cargo público o disposto no art. 7º, IV, VII, VIII, IX, XII, XIII, XV, XVI, XVII, XVIII, XIX, XX, XXII e XXX, podendo a lei estabelecer requisitos diferenciados de admissão quando a natureza do cargo o exigir.

Por força do disposto pelo § 3º do art. 39, CRFB, portanto, os servidores públicos têm direito, sim, ao pagamento de verba indenizatória em razão de realização por trabalho por tempo superior à jornada ordinária. Trata-se, contudo, de norma constitucional de eficácia contida, na medida em que a parte final admite – desde que por força de lei – o estabelecimento de critérios diferenciados para o gozo de tal direito, desde que a natureza do cargo assim o exija. Esta é a chave interpretativa: necessidade de lei específica a condicionar a implementação do regime de remuneração por trabalho extraordinário e pertinência temática de eventual restrição com a natureza do cargo. Não há, assim, vedação genérica e abstrata ao direito de os servidores públicos serem indenizados por horas extras trabalhadas. Lei específica do ente deverá estabelecer o regime de concessão de tais indenizações, contudo.

Os incisos XX a XXVI foram vetados e não tiveram o veto derrubado. O inciso XXVII – inicialmente vetado e tendo o veto derrubado

---

84 Art. 7º São direitos dos trabalhadores urbanos e rurais, além de outros que visem à melhoria de sua condição social: [...]

– prevê o direito do servidor policial a receber auxílio-saúde, em caráter indenizatório, nos termos de legislação específica do ente federado a que esteja vinculado. As razões de veto afirmaram, genericamente, afronta ao princípio da anterioridade orçamentária e eventual afronta ao interesse público. O reconhecimento do direito ao auxílio-saúde em caráter indenizatório – e não remuneratório – repercute em cálculos de eventuais vantagens, questões previdenciárias, bem como o exclui do teto de remuneração constitucional a que estão sujeitos os servidores públicos e o livra da incidência de imposto de renda, que contempla apenas parcelas recebidas em caráter remuneratório.

O § 1º do art. 30 foi vetado, não tendo o veto sido derrubado. O § 2º do art. 30 afirma que os direitos reconhecidos pelos incisos I, II, IV, V, XVII e XXVIII são estendidos aos policiais civis aposentados, inclusive a comunicação prevista pelo inciso V – comunicação imediata de sua prisão –, que deverá ser feita seja por órgão responsável pelo trabalho com veteranos da força, seja por sindicato ou associação. Trata-se de reconhecimento da dignidade do policial civil aposentado.

O § 3º do art. 30 afirma que os policiais civis aposentados permanecerão com porte de arma – em todo o território nacional –, nos termos da legislação em vigor (remissão ao Estatuto do Desarmamento e normas regulamentadoras). Reconhece-se, aqui, a necessidade de o policial – ainda que aposentado – manter meios de defesa, evitando-se, assim, que o fato de ter deixado o serviço ativo não contribua para uma diminuição de sua segurança pessoal, evitando possíveis vinganças por fatos relacionados ao desempenho da missão policial quando dos tempos em que o servidor constava da atividade. O § 4º, nessa toada, prevê, inclusive, a possibilidade de que a força policial venha a doar armas de fogo institucionais aos policiais aposentados.

O § 5º traz norma interessante: a previsão da mediação judicial – com obrigatória participação do poder público – em substituição ao exercício do direito de greve. A previsão normativa em comento está inserida na realidade posterior à proibição, por parte do STF, do exercício do direito de greve aos servidores policiais civis. A Suprema Corte estendeu vedação normativa ao exercício do direito de greve por parte de militares aos policiais civis – e outros policiais de regime jurídico

CAPÍTULO IV DOS POLICIAIS CIVIS

189

não militarizado – quando do julgamento do ARE nº 654.432/GO, que originou o Tema nº 541 da Repercussão Geral.[85]

A necessidade de participação do poder público em eventual mediação, inclusive, já constava da tese de repercussão geral fixada pelo Tema nº 541.

O § 6º afirma que o servidor policial que já tenha preenchido os requisitos necessários à aposentadoria voluntária, mas que deseje permanecer em atividade, poderá ser lotado em atividades internas e administrativas – desde que observados os interesses da Administração. Trata-se de norma com mais teor de boas aparências do que de real efetividade, na medida em que apenas reconhece uma possibilidade, sem qualquer obrigação por parte da Administração, possibilidade esta que já existia sem necessidade de eventual previsão legal específica. O público-alvo é aquele composto pelos policiais que se encontram no chamado "abono-permanência":[86] cumpriram os requisitos à aposentadoria voluntária, mas ainda não se aposentaram, permanecendo em atividade.

O § 7º prevê a concessão de verba indenizatória ao policial civil que venha a responder por expediente administrativo referente a unidade diversa daquela que é sua lotação – desde que haja norma específica neste sentido. A lei abrange, por exemplo, a realidade das Centrais de Flagrantes, prática comum em alguns estados federados, em que uma delegacia de polícia responde pelos flagrantes relativos a áreas de atribuição territorial de outras unidades de polícia judiciária. A exigência de lei específica, contudo, mitiga a efetividade da norma em comento.

---

85 1 – O exercício do direito de greve, sob qualquer forma ou modalidade, é vedado aos policiais civis e a todos os servidores públicos que atuem diretamente na área de segurança pública. 2 – É obrigatória a participação do Poder Público em mediação instaurada pelos órgãos classistas das carreiras de segurança pública, nos termos do art. 165 do CPC, para vocalização dos interesses da categoria.

86 CRFB/1988 art. 40. [...]

§ 19 Observados critérios a serem estabelecidos em lei do respectivo ente federativo, o servidor titular de cargo efetivo que tenha completado as exigências para a aposentadoria voluntária e que opte por permanecer em atividade poderá fazer jus a um abono de permanência equivalente, no máximo, ao valor da sua contribuição previdenciária, até completar a idade para aposentadoria compulsória. (Redação dada pela Emenda Constitucional nº 103, de 2019)

O § 8º foi vetado, sem ter sido o veto derrubado. O § 9º prevê direito a pensão ao cônjuge, relativa à classe mais elevada da carreira à época do falecimento do servidor. Tal pensão será, ainda, vitalícia. Trata-se de norma específica previdenciária para policiais civis e seus dependentes. A Constituição da República, em seu art. 40,[87] dispõe sobre o regime próprio de previdência social a que estarão sujeitos os servidores públicos, traçando princípios gerais e regras que deverão ser observadas por cada ente federado.

A lei geral a tratar do regime de previdência social dos servidores públicos é a Lei nº 9.717/1998, centrada na necessidade de equilíbrio financeiro e atuarial. O § 9º fixa regras específicas para pensionistas de policiais civis, regras estas que não se replicam para outros servidores. O tratamento especial aos dependentes de policiais é justificado em razão da especificidade da missão policial, não ofendendo, assim, o princípio da isonomia, inclusive por força de regra constitucional – § 4º-B do art. 40 da CRFB:

> Art. 40. [...]
>
> § 4º-B Poderão ser estabelecidos por lei complementar do respectivo ente federativo idade e tempo de contribuição diferenciados para aposentadoria de ocupantes do cargo de agente penitenciário, de agente socioeducativo ou de policial dos órgãos de que tratam o inciso IV do *caput* do art. 51, o inciso XIII do *caput* do art. 52 e os incisos I a IV do *caput* do art. 144. (Incluído pela Emenda Constitucional nº 103, de 2019)

Não há, assim, inconstitucionalidade na fixação de normas especiais relativas a questões previdenciárias para policiais civis, mormente em razão da exigência, pela parte final do§ 9º, de que a morte tenha vínculo causal com o exercício da atividade policial. Mortes naturais, por exemplo, não serão aptas a gerar direito a pensionamento nos termos do § 9º do art. 30 da Lei Orgânica Nacional.

---

87 Art. 40. O regime próprio de previdência social dos servidores titulares de cargos efetivos terá caráter contributivo e solidário, mediante contribuição do respectivo ente federativo, de servidores ativos, de aposentados e de pensionistas, observados critérios que preservem o equilíbrio financeiro e atuarial. (Redação dada pela Emenda Constitucional nº 103, de 2019)

O § 10 do art. 30 afirma que será contado como tempo de efetivo exercício no serviço policial o período em que o servidor policial civil exerceu mandato eletivo ou classista ou que esteve cedido a outros órgãos – inclusive para além da área de segurança pública. O § 11 foi vetado e não teve seu veto derrubado.

O § 12 determina que o policial civil pode ser promovido, de forma póstuma à classe superior, independentemente da existência de vagas. A norma justifica tal previsão em razão da "[...] virtude da atividade de risco exercida". Precisamos, assim, interpretar tal previsão sistematicamente à regra constante do § 10, em que se exige nexo causal com o exercício da atividade policial para a concessão de pensão (conforme a classe final da carreira).

O § 13 prevê a necessidade de criação – por lei do respectivo ente federado – de critérios objetivos para a concessão de promoção por bravura, que deverá ser fundamentada com base em indicadores a serem avaliados por comissão específica do Conselho Superior de Polícia. Trata-se de homenagem à isonomia e ao princípio republicano. A fixação de critérios objetivos para a concessão de promoção por bravura reduz a margem para promoções por critérios pouco republicanos ou subjetivos.

O § 14 veda a concessão de promoções a policiais civis condenados – com trânsito em julgado – judicialmente ou em processo administrativo disciplinar, enquanto vigorarem os efeitos da condenação. Trata-se de regra legal a evitar que o mau policial seja beneficiado com promoções. A exigência do trânsito em julgado para condenações judiciais se dá em razão da presunção de inocência.

O § 15 afirma que a estabilidade do policial civil será dada após três anos de serviço efetivo. Trata-se de norma a repetir o texto constitucional – art. 41, *caput*, CRFB/1988.[88] O § 16 foi vetado e não teve o seu veto derrubado.

O § 17 prevê a possibilidade de concessão – por lei do respectivo ente federado – de critérios mais benéficos de aposentadoria ou contagem de tempo de atividade policial às servidoras policiais do sexo feminino. A

---

88   Art. 41. São estáveis após três anos de efetivo exercício os servidores nomeados para cargo de provimento efetivo em virtude de concurso público. (Redação dada pela Emenda Constitucional nº 19, de 1998)

Constituição da República prevê – tanto para o regime geral de previdência social quanto para o regime próprio a que estão sujeitos os servidores públicos – critérios diferentes para mulheres, como se depreende dos arts. 40, III, CRFB/1988, e 201, § 7º, incisos I e II, da CRFB/1988.

O § 18 afirma que o art. 17 da Lei Orgânica Nacional é aplicável ao policial civil aposentado – norma autoexplicável. O § 19 foi vetado e não teve o seu veto derrubado.

O § 20 afirma o direito à promoção dos servidores policiais, que se dará, regra geral, de classe em classe, salvo situações excepcionais a serem previstas em lei de cada ente federativo.

Art. 31. VETADO.

Art. 32. A remuneração dos servidores policiais civis, em qualquer regime remuneratório, não exclui os direitos previstos no § 3º do art. 39 e nos incisos XXIII e XXIV do *caput* do art. 7º da Constituição Federal nem outros direitos sociais e laborais previstos na legislação.

O art. 32 afirma que aos servidores policiais civis – independentemente do regime remuneratório a que estejam sujeitos, se subsídio ou remuneração – estão garantidos os direitos laborais constantes do art. 39, § 3º, que referencia uma série de incisos do art. 7º da Constituição, bem como dos incisos XXIII e XXIV do próprio art. 7º, CRFB/1988,[89] sem prejuízo de eventuais outros direitos laborais e sociais previstos na legislação em geral.

Enumeremos, de modo a facilitar a visualização, os direitos laborais a que farão jus os servidores policiais civis: IV, VII, VIII, IX, XII, XIII, XV, XVI, XVII, XVIII, XIX, XX, XXII e XXX:

- Salário-mínimo.
- Garantia de salário-mínimo, ainda que recebam remuneração variável.
- 13º salário.

---

89 Art. 7º [...]

XXII – redução dos riscos inerentes ao trabalho, por meio de normas de saúde, higiene e segurança;

XXIII – adicional de remuneração para as atividades penosas, insalubres ou perigosas, na forma da lei; [...]

CAPÍTULO IV DOS POLICIAIS CIVIS **193**

- Remuneração do trabalho noturno superior ao diurno.
- Salário-família ao servidor considerado de "baixa renda".
- Duração do trabalho normal não superior a 8 horas diárias e 44 semanais.
- Repouso semanal remunerado, preferencialmente aos domingos.
- Remuneração do serviço extraordinário superior, no mínimo, em 50% à do normal.
- Gozo de férias anuais remuneradas com, pelo menos, um terço a mais do que o salário normal.
- Licença à gestante.
- Licença-paternidade.
- Proteção do mercado de trabalho da mulher.
- Redução dos riscos inerentes ao trabalho.
- Adicional de periculosidade.
- Aposentadoria.

Chega-se, assim, ao rol de direitos laborais mínimos que deverão ser concedidos aos policiais civis.

Art. 33. São deveres dos policiais civis:

I – observar os valores, as diretrizes e os princípios da instituição;

II – obedecer prontamente às determinações legais do superior hierárquico;

III – exercer com zelo, disciplina e dedicação suas atribuições;

IV – cumprir as normas legais e regulamentares;

V – respeitar e atender com presteza os demais servidores e o público em geral;

VI – manter conduta compatível com a moralidade e a probidade administrativa;

VII – ser proativo e colaborar para a eficiência da polícia civil;

VIII – buscar o aperfeiçoamento profissional;

IX – zelar pela economia do material e a conservação do patrimônio público;

X – colaborar com a administração da justiça; e

XI – respeitar a imagem, os valores e os preceitos da instituição, na forma do respectivo estatuto disciplinar.

§ 1º A hierarquia e a disciplina são valores de integração e de otimização das atribuições dos cargos e das competências organizacionais das polícias civis, direcionadas a assegurar a unidade da investigação criminal.

§ 2º As polícias civis devem adotar medidas para assegurar a harmonia e o respeito entre os policiais de todas as classes e categorias, prevenindo e reprimindo quaisquer condutas ofensivas, insubordinação legal e assédio de qualquer natureza.

O art. 33 elenca os deveres a que estão sujeitos os policiais civis por meio de seus incisos. A maioria dos deveres é autoexplicável. O inciso XI remete ao estatuto disciplinar respectivo a que estará sujeito o servidor policial civil. O descumprimento de deveres disciplinares policiais poderá, assim, ser passível de punição administrativa.

O § 1º menciona como valores institucionais a hierarquia e a disciplina, mas os caracteriza não como valores *per se* – diferentemente do que ocorre, por exemplo, nas forças armadas e nas forças auxiliares, em que a hierarquia e a disciplina constituem eixo central, inclusive por mandamento constitucional –, mas, sim, como relacionados à otimização das atribuições dos cargos, ou seja, muito mais como vetores de divisão de tarefas. Incumbe, assim, aos delegados de polícia o exercício de funções gerenciais, ao passo que, aos demais cargos, o exercício de funções de execução.

O § 2º salienta a necessidade de uma atuação harmoniosa entre as diferentes carreiras a compor a estrutura da Polícia Civil. Dois extremos haverão de ser evitados: (i) o da insubordinação; e (ii) o do assédio. Elementos de execução não deverão, assim, ser insubordinados à gestão, que, por sua vez, não deverá se valer de sua autoridade para fins alheios ao bom andamento do serviço.

Art. 34. É vedada a divulgação, a qualquer tempo e fora da esfera policial, de técnicas de investigação utilizadas pelas polícias civis e de qualquer dado ou informação obtidos por meio de medida cautelar judicial, ressalvadas as hipóteses legais, e o

CAPÍTULO IV DOS POLICIAIS CIVIS **195**

infrator deve responder civil, administrativa e criminalmente pela divulgação não baseada na lei.

§ 1º A vedação disposta neste artigo não se aplica aos cursos de formação, de aperfeiçoamento, de atualização e outros, exclusivamente ministrados aos profissionais das instituições previstas no art. 144 da Constituição Federal.

§ 2º Em audiências, inclusive judiciais, o policial civil deve resguardar o máximo possível a sigilosidade das técnicas e das ferramentas de investigação.

§ 3º A lei do respectivo ente federativo pode estabelecer outras vedações ao policial civil além das previstas neste artigo.

O art. 34 trabalha com a vedação à divulgação de técnicas investigatórias policiais, bem como de informações e dados obtidos por meio de medidas judiciais de natureza cautelar. O dispositivo em comento tutela o sigilo de dados – natureza sensível, por muitas vezes, haja vista terem sido obtidos por meio de decisão judicial, o que demonstra a necessidade de quebra de algum sigilo, nas hipóteses previstas pela lei e pela Constituição.

Tutela, ainda, a sigilosidade inerente à boa aplicação das técnicas investigatórias por parte da Polícia Civil. O Inquérito Policial, salvo quanto às diligências documentadas, é de natureza sigilosa. O sigilo faz parte da boa técnica de polícia. A divulgação das ferramentas investigatórias utilizadas pela polícia pode ser nociva ao sucesso da elucidação dos crimes, na medida em que potenciais alvos passam a saber de tais ferramentas e, consequentemente, passarem a elaborar ardis para evitá-las.

Resguarda, por fim, a imagem institucional da Polícia Civil, bem como a impessoalidade e a probidade administrativa, na medida em que a norma pode endereçar aqueles servidores que – por meio de redes sociais, p.e. – venham a divulgar rotinas policiais como forma de autopromoção.

O § 1º excepciona o *caput*, afirmando ser possível a divulgação de técnicas quando relacionadas a um contexto de docência e aperfeiçoamento profissional policial.

O § 2º traz uma diretiva de sigilo direcionado para audiências – inclusive judiciais –, em que os policiais, quando de sua oitiva, deverão manter, na medida do possível, a discrição quanto a técnicas investigativas. Esse dispositivo não deve ser interpretado como uma norma geral de sigilo, o que seria incompatível ao devido processo legal. As diligências investigatórias serão realizadas nos termos da lei processual penal e em respeito à Constituição da República. A discrição deverá se dar com relação às técnicas materiais de realização de determinadas diligências, de modo a salvaguardar a sua eficácia, mas jamais lhes subtraindo o crivo judicial de legalidade.

O § 3º remete ao legislador local a previsão de novas vedações à divulgação do trabalho policial, que deverão respeitar as diretrizes gerais da Lei Orgânica Nacional, bem como a razoabilidade e a proporcionalidade.

Art. 35. São vedadas a aplicação de critérios de tratamento diferenciado para fins de promoção, de progressão, de aposentadoria, de lotação e de designação ou qualquer outra discriminação da atividade funcional dos cargos efetivos, ressalvados aqueles dispostos em lei.

Parágrafo único. É igualmente vedado o tratamento diferenciado pautado em sexo, em cargo e em limitação física ou para o gozo de direitos previstos em lei, a exemplo da cessão ou das licenças previstas nesta Lei.

O art. 35 veda a utilização de critérios diversos daqueles previsos em lei para fins de promoção; progressão funcional; aposentadoria; e lotação, contendo, ainda, vedação genérica a qualquer tipo de discriminação referente ao exercício da atividade funcional de policial civil – previsão válida para todas as carreiras.

A intenção do legislador, com relação ao dispositivo em comento, dá efetividade aos princípios da legalidade e da isonomia – ambos de estatura constitucional. A lei repele a prática pouco republicana de utilização de elementos não previstos em lei para fins de definição de aspectos relativos à carreira do policial civil – progressão funcional; promoção; e lotação, por exemplo.

Por se tratar de cargo público, os critérios relativos ao bom desempenho da atividade policial deverão ser aqueles estampados na lei, e não critérios subjetivos e anti-isonômicos.

O parágrafo único veda o tratamento diferenciado em razão de sexo, cargo e limitação física para fins de concessão de direitos previstos na lei orgânica. É dizer, em outras palavras, que o administrador não poderá fundamentar eventual negativa, por exemplo, de concessão a um determinado benefício legal em razão de sexo ou limitação de capacidade física. Privilegia-se, aqui, a isonomia em seu sentido material, dando-se máxima efetividade a normas como os arts. 5º, I,[90] e 7º, XXX,[91] CRFB/1988.

---

90 Art. 5º Todos são iguais perante a lei, sem distinção de qualquer natureza, garantindo-se aos brasileiros e aos estrangeiros residentes no País a inviolabilidade do direito à vida, à liberdade, à igualdade, à segurança e à propriedade, nos termos seguintes:

I – homens e mulheres são iguais em direitos e obrigações, nos termos desta Constituição; [...]

91 Art. 7º [...] XXX – proibição de diferença de salários, de exercício de funções e de critério de admissão por motivo de sexo, idade, cor ou estado civil; [...]

CAPÍTULO V
DISPOSIÇÕES FINAIS E TRANSITÓRIAS

Monaliza Gonçalves Araujo

Art. 36. O poder público deve assegurar as condições necessárias à segurança e ao funcionamento das instalações físicas das unidades policiais, bem como o número adequado de servidores para o atendimento eficiente ao usuário.

Art. 37. O ente federativo pode criar o Fundo Especial da Polícia Civil, destinado preferencialmente a valorização remuneratória dos policiais civis, bem como a investimentos com aparelhamento, infraestrutura, tecnologia, capacitação e modernização da instituição, entre outros.

Art. 38. Na criação do cargo de oficial investigador de polícia, os cargos efetivos atualmente existentes na estrutura da polícia civil serão transformados, renomeados ou aproveitados nos termos da lei do respectivo ente federativo, respeitadas a similitude e a equivalência de atribuições nas suas atividades funcionais.

§ 1º (VETADO).

§ 2º (VETADO).

§ 3º (VETADO).

§ 4º (VETADO).

§ 5º (VETADO).

§ 6º (VETADO).

Art. 39. A estrutura de cargos e as respectivas atribuições relativas à atividade pericial oficial prevista no inciso IV do *caput* do art. 6º desta Lei e relacionadas às unidades técnico-científicas da polícia civil, observada a lei federal que estabelece normas gerais para as perícias oficiais de natureza criminal, serão definidas em lei específica, aplicadas as normas gerais desta Lei no que couber, sem prejuízo do disposto nas legislações vigentes dos entes federativos que disponham sobre organização dos serviços de perícias oficiais.

Art. 40. Fica vedada a custódia de preso e de adolescente infrator, ainda que em caráter provisório, em dependências de prédios e unidades das polícias civis, salvo interesse fundamentado na investigação policial.

Art. 41. As funções gratificadas de assessoramento e de chefia da polícia civil são privativas de policiais civis.

Art. 42. (VETADO).

Art. 43. (VETADO).

Art. 44. Fica instituído o Conselho Nacional da Polícia Civil, com competência consultiva e deliberativa sobre as políticas públicas institucionais de padronização e intercâmbio nas áreas de competências constitucionais e legais das polícias civis.

§ 1º O Conselho Nacional da Polícia Civil deve ter sua composição e regimento definidos em decreto específico.

§ 2º (VETADO).

Art. 45. Para maior celeridade e veracidade dos registros cartorários, podem ser adotadas plataformas tecnológicas para registros dos procedimentos, respeitadas as circunstâncias de atuação presencial das equipes envolvidas.

Art. 46. A lei do respectivo ente federativo deve dispor sobre a aplicação de data-base para recomposição salarial dos servidores da polícia civil.

Art. 47. A polícia civil tem como dia nacional a data de 5 de abril.

Art. 48. (VETADO).

200 COMENTÁRIOS À LEI ORGÂNICA NACIONAL DAS POLÍCIAS CIVIS

Art. 49. Permanecem válidas as leis locais naquilo que não sejam incompatíveis com esta Lei.

Art. 50. Esta Lei entra em vigor na data de sua publicação.

O último capítulo da LONPC traz a lume algumas questões administrativas e burocráticas concernentes à gestão da instituição.

Com acerto, o art. 36 dispõe que o poder público deve assegurar as condições necessárias à segurança e ao funcionamento das instalações físicas das unidades policiais, bem como o número adequado de servidores para o atendimento eficiente ao usuário. A preocupação é mais que devida, especialmente em se considerando que a segurança pública é dever do Estado, direito e responsabilidade de todos, tal qual assentado pelo art. 144 da CRFB/1988.

A lei revela um escopo de proteção com as instalações físicas das unidades policiais, questão que sequer precisaria ser abordada pelo diploma legal, não fossem as precárias condições em que se encontra boa parte das delegacias policiais. Justifica-se, portanto, o zelo com a segurança dos policiais que laboram diuturnamente nas ditas unidades e, também, com o atendimento adequado da população.

Observe-se que o número adequado de servidores deve acompanhar o crescimento populacional da área da circunscrição de cada unidade policial, o que pode ser feito por meio do uso de dados fornecidos por órgão oficiais, como o censo do IBGE, o alistamento eleitoral fornecido pelo TRE, dentre outros. O número de servidores pode ser calculado ainda pela quantidade de atendimentos realizados pela unidade, pelo número de registros de ocorrências formalizados ou de inquéritos policiais instaurados.

Não se pode descurar ainda das aposentadorias, das licenças, das cessões de servidores para outros órgãos e demais hipóteses de vacância de cargos como fatores aptos a influir nesse cálculo, tudo com vistas a equalizar os efetivos das unidades, sendo, inclusive, motivação idônea para a abertura de novos concursos públicos.

Ao final, o dispositivo legal tem como objetivo o atendimento eficiente ao usuário, o que se dá de forma imediata, com a garantia de segurança e comodidade quanto ao atendimento nas instalações das delegacias, evitando-se muita espera pela existência de efetivo adequado;

CAPÍTULO V DISPOSIÇÕES FINAIS E TRANSITÓRIAS
201

e, de forma mediata, o êxito na apuração de infrações penais, posto que há bom funcionamento das instalações e uma quantidade próxima ao ideal de servidores, certamente contribuirá positivamente para elevação dos índices de solução de casos, ganhando toda a sociedade.

O art. 37 da LONPC dispõe sobre a criação de um Fundo Especial da Polícia Civil, a critério do ente federativo, e especifica que ele será destinado, preferencialmente, à valorização remuneratória dos policiais civis, bem como a investimentos com aparelhamento, infraestrutura, tecnologia, capacitação e modernização da instituição, podendo haver outras aplicações.

Com efeito, o fundo especial deve ser criado por lei estadual, à qual incumbirá definir quais receitas constituirão o fundo, quem ou que órgão na estrutura da polícia civil fará sua gestão, bem como as formas de arrecadação, que podem decorrer, por exemplo, da aplicação de multas administrativas, de tarifas, de alienações de bens inservíveis etc.

Veja-se que o objetivo da lei é elogiável tanto pelo fato de atentar para a necessária valorização do trabalho policial quanto por desejar um aparelhamento institucional fulcrado na modernização e na tecnologia, sem desprezar a inarredável autonomia dos entes federativos no que tange à melhor forma de se organizar administrativa e financeiramente.

O art. 38 da LONPC constitui importante regra de transição no que concerne à nomenclatura dos cargos dos agentes policiais, os quais passarão a ser denominados oficiais investigadores de polícia.

Note-se que essa mudança deve ser procedida com cautela, mantendo-se a imprescindível correlação entre os requisitos para ingresso e as atribuições dos cargos, evitando-se qualquer espécie de burla ao princípio do concurso público.

Nesse ponto, a LONPC prevê que os cargos efetivos então existentes poderão ser transformados, renomeados ou aproveitados, conforme a lei do ente federativo, respeitadas a similitude e a equivalência de atribuições nas suas atividades funcionais.

A lei visa evitar que o agente público ingresse em nova carreira para a qual não foi aprovado por concurso público, o que consiste em forma de provimento derivado vedada em nosso ordenamento, tal como pacificado pelo enunciado da Súmula Vinculante nº 43 do STF, *litteris*: "É inconstitucional toda modalidade de provimento que propicie ao servidor investir-se, sem prévia aprovação em concurso público destinado ao seu provimento, em cargo que não integra a carreira na qual anteriormente investido".

Demais comentários sobre o cargo de oficial investigador de polícia devem ser buscados nos arts. 19, II, 20, § 1º, e 27 da LONPC.

É de se mencionar que os §§ 1º a 6º do art. 38 da LONPC foram alvos de vetos pelo Presidente da República, cujas razões, em suma, consideraram que:

> [...] a proposição legislativa é contrária ao interesse público, pois versa sobre regras específicas que possibilitam investidura em cargo público via provimento derivado, implicando interferência indevida na organização político-administrativa do ente federado, inclusive em matérias de competência privativa de chefes de poderes executivos, com impacto sobre o equilíbrio federativo.

A mensagem de veto cita ainda a violação ao disposto na Súmula Vinculante nº 43 do STF, e o respaldo jurisprudencial conferido pelos precedentes do STF nos autos da ADI nº 6.433/PR, de abril de 2023, e da ADI nº 5.406/PE, de abril de 2020 (Mensagem de veto parcial nº 620, de 23.11.2023).[92] Em votação realizada em 28.05.2024, os referidos vetos foram mantidos pela Câmara dos Deputados.

O art. 39 da LONPC versa sobre a estrutura de cargos e as respectivas atribuições relativas à atividade pericial oficial, para cujos comentários remetemos o leitor aos arts. 6º, IV, 15, 19, III, e 28 desta obra, esclarecendo que a lei federal que estabelece normas gerais para as perícias oficiais de natureza criminal a que se refere o legislador é a Lei nº 12.030/2009, já abordada por nós nos comentários da Seção VIII da LONPC.

O art. 40 da LONPC apenas assenta questão que há muito vem sendo debatida pela doutrina e pela jurisprudência a partir da interpretação das normas em vigor, aduzindo, *in expressis*:

---

92 Disponível em: https://www.planalto.gov.br/ccivil_03/_ato2023-2026/2023/Msg/Vep/VEP-620-23.htm. Acesso em: 01 abr. 2024.

CAPÍTULO V DISPOSIÇÕES FINAIS E TRANSITÓRIAS

Art. 40. Fica vedada a custódia de preso e de adolescente infrator, ainda que em caráter provisório, em dependências de prédios e unidades das polícias civis, salvo interesse fundamentado na investigação policial.

No tocante a esse tema, é importante brevemente registrar em que contexto se dá a entrada e conseguinte permanência de uma pessoa detida em uma delegacia de polícia. Com efeito, a hipótese mais comum, é a realização da prisão-captura por agentes da Polícia Militar,[93] que, após acionados para o local do crime, conduzem o indivíduo até a unidade policial para que a autoridade policial aprecie a legalidade da prisão, a existência de crime e de situação flagrancial.

Presentes os requisitos legais, a autoridade policial decidirá então sobre a formalização do auto de prisão em flagrante delito, que ocasionará, por sua vez, o recolhimento do conduzido ao cárcere. Observe-se que pode ocorrer ainda, nos termos do que dispõe o art. 322 do CPP, a concessão de fiança em sede policial,[94] com a liberação do conduzido após a formalização do auto de prisão em flagrante e recolhimento da fiança arbitrada.

Em não havendo quaisquer dos requisitos legais aptos a ensejar a prisão em flagrante, será determinada a confecção de outro procedimento policial, com a pronta liberação do suspeito.

Na primeira hipótese, havendo a ratificação da prisão-captura pelo delegado de polícia, com a lavratura do auto de prisão em flagrante (APF), a pessoa autuada em flagrante, acaso não arbitrada ou, em sendo arbitrada, não recolhida a fiança, será encaminhada ao cárcere na unidade policial,[95] devendo permanecer na delegacia de polícia

---

93 Registre-se que os agentes públicos devem prender (flagrante obrigatório ou coercitivo) e qualquer do povo pode efetuar a prisão (flagrante facultativo) de quem se encontre em flagrante delito, na forma do art. 301 do CPP.

94 Excetuando-se os crimes inafiançáveis (arts. 5º, incisos XLII, XLIII e XLIV, da CRFB/1988, e 323 do CPP), não sendo cabível a prisão preventiva ou demais vedações do art. 324 do CPP, assente-se que é possível a concessão de fiança pela autoridade policial nos casos de infrações penais cuja pena privativa de liberdade máxima não seja superior a quatro anos, nos termos do art. 322 do CPP.

95 A respeito do tema, vale o estudo sobre as fases da prisão em flagrante, que, para Renato Brasileiro (2020, p. 1028), consistem em quatro momentos distintos: captura, condução coercitiva, lavratura do auto de prisão em flagrante e recolhimento à prisão.

durante o tempo necessário para a formalização do procedimento e comunicações de praxe, após o que, realizado seu exame de corpo de delito para averiguação de sua integridade física, será providenciado seu encaminhamento ao sistema penitenciário,[96] para que, lá custodiado, seja submetido à audiência de custódia,[97] momento em que o Poder Judiciário então decidirá sobre a legalidade e a necessidade da prisão, além de apurar se houve violência policial em face do preso.[98]

Afora a hipótese de prisão em flagrante, o recolhimento ao cárcere na unidade policial também pode se dar em virtude do cumprimento de mandado de prisão expedido pelo Poder Judiciário, seja cumprimento de mandado de prisão temporária, preventiva, condenatória ou mesmo decorrente do inadimplemento de pensão alimentícia.

Nesse caso, após verificadas a regularidade e a validade do mandado junto aos órgãos competentes, o conduzido será recolhido e mantido no cárcere, durante o tempo necessário para a formalização do procedimento e a realização dos comunicados legais, após o que

---

96 Segundo o teor do art. 2º da Resolução nº 213/2015 do CNJ, esse transporte também não deve ficar a cargo da Polícia Civil, in verbis: Art. 2º O deslocamento da pessoa presa em flagrante delito ao local da audiência e desse, eventualmente, para alguma unidade prisional específica, no caso de aplicação da prisão preventiva, será de responsabilidade da Secretaria de Administração Penitenciária ou da Secretaria de Segurança Pública, conforme os regramentos locais.

97 CPP, art. 310. Após receber o auto de prisão em flagrante, no prazo máximo de até 24 (vinte e quatro) horas após a realização da prisão, o juiz deverá promover audiência de custódia com a presença do acusado, seu advogado constituído ou membro da Defensoria Pública e o membro do Ministério Público, e, nessa audiência, o juiz deverá, fundamentadamente: I – relaxar a prisão ilegal; II – converter a prisão em flagrante em preventiva, quando presentes os requisitos constantes do art. 312 deste Código, e se revelarem inadequadas ou insuficientes as medidas cautelares diversas da prisão; ou III – conceder liberdade provisória, com ou sem fiança.

98 Resolução nº 2.013/2015 do CNJ: Art. 8º Na audiência de custódia, a autoridade judicial entrevistará a pessoa presa em flagrante, devendo: [...] § 1º Após a oitiva da pessoa presa em flagrante delito, o juiz deferirá ao Ministério Público e à defesa técnica, nesta ordem, reperguntas compatíveis com a natureza do ato, devendo indeferir as perguntas relativas ao mérito dos fatos que possam constituir eventual imputação, permitindo-lhes, em seguida, requerer: I – o relaxamento da prisão em flagrante; II – a concessão da liberdade provisória sem ou com aplicação de medida cautelar diversa da prisão; III – a decretação de prisão preventiva; IV – a adoção de outras medidas necessárias à preservação de direitos da pessoa presa. [...] § 3º A ata da audiência conterá, apenas e resumidamente, a deliberação fundamentada do magistrado quanto à legalidade e manutenção da prisão, cabimento de liberdade provisória sem ou com a imposição de medidas cautelares diversas da prisão, considerando-se o pedido de cada parte, como também as providências tomadas, em caso da constatação de indícios de tortura e maus-tratos.

CAPÍTULO V DISPOSIÇÕES FINAIS E TRANSITÓRIAS

será encaminhado a exame de corpo de delito para averiguação de sua integridade física e à audiência de custódia.[99]

Durante o período em que os autuados em flagrante ou presos decorrentes do cumprimento de mandados de prisão encontrarem-se recolhidos nas unidades policiais, deve ser obedecida a devida separação dos presos, em celas distintas, sendo certo que, no mínimo, homens devem ser separados de mulheres, e indivíduos adultos devem ser separados de adolescentes apreendidos, em estrita obediência aos ditames da Constituição Federal (art. 5º, XLVIII), do ECA (art. 175, § 2º, da Lei nº 8.069/1990) e da LEP (art. 84 da Lei nº 7.210/1984).

O art. 84 da LEP traz outros critérios acerca da separação de presos, os quais, dentro do possível, devem ser observados no curto espaço de tempo de permanência do preso nas dependências das unidades de polícia judiciária, com a necessária observação de que as delegacias de polícia não são planejadas para a custódia duradoura de presos, hipótese, inclusive, ora vedada pela LONPC, de modo que, na prática, não se trata de exigência razoável, mas de condição que pode vir a ser implementada dentro das possibilidades oferecidas pela estrutura física das dependências da unidade policial.

Veja-se, ademais, que o deslocamento e a posterior custódia do preso em ambiente penitenciário são tarefas que incumbem aos agentes da polícia penal, anteriormente denominados agentes penitenciários.[100] E, nesse sentido, é de se apontar a caracterização de eventual desvio de função dos agentes de polícia civil na custódia e no eventual transporte dos detidos, função que sabidamente pertence à polícia penal no âmbito do sistema penitenciário.

---

99 Frise-se que a audiência de custódia foi trazida para o ordenamento jurídico brasileiro, inicialmente, após a ratificação pelo Brasil da Convenção Americana sobre Direitos Humanos (Pacto de São José da Costa Rica), Decreto nº 678/1992, que, no artigo 7, item 5, assim dispõe, litteris: "5. Toda pessoa detida ou retida deve ser conduzida, sem demora, à presença de um juiz ou outra autoridade autorizada pela lei a exercer funções judiciais e tem direito a ser julgada dentro de um prazo razoável ou a ser posta em liberdade, sem prejuízo de que prossiga o processo. Sua liberdade pode ser condicionada a garantias que assegurem o seu comparecimento em juízo".

100 Conforme o teor do art. 4º da Emenda Constitucional nº 104/2019, a saber: "Art. 4º O preenchimento do quadro de servidores das polícias penais será feito, exclusivamente, por meio de concurso público e por meio da transformação dos cargos isolados, dos cargos de carreira dos atuais agentes penitenciários e dos cargos públicos equivalentes."

206 COMENTÁRIOS À LEI ORGÂNICA NACIONAL DAS POLÍCIAS CIVIS

Para Hoffman (2016), é clara a opção legislativa por excluir a polícia civil da função de custodiar presos, valendo a transcrição do excerto abaixo, a saber:

> De outro lado, a Lei 7.210/84 (Lei de Execução Penal) norteia a atividade estatal de custódia de presos, incumbindo tal tarefa à administração penitenciária. O sistema penitenciário deve funcionar sob acompanhamento dos demais órgãos de execução penal listados no artigo 61 da LEP, a exemplo do Judiciário e do Ministério Público (rol no qual não consta a polícia judiciária). Os locais onde os custodiados devem ser recolhidos são expressamente indicados pelo legislador: os presos provisórios devem ser mantidos em cadeia pública (artigo 102 da LEP), e os presos condenados em penitenciária (artigo 87 da LEP), colônia (artigo 91 da LEP) ou casa do albergado (artigo 93 da LEP).

Além do desvio de função dos agentes de polícia civil – que não prestaram concurso para tais tarefas, tampouco receberam treinamento específico para executá-las –,[101] é de se observar que o cargo de delegado de polícia (Lei nº 12.830/2013) não ostenta qualquer similitude com o cargo de diretor de estabelecimento penal, de se ver, exemplificativamente, pelos requisitos estampados no rol do art. 75 da LEP, para o exercício deste último, sendo muito discrepantes as funções por eles exercidas e o seu papel no sistema de justiça criminal, razão pela qual, em hipótese alguma, podem se confundir.

Como argumento de reforço, note-se que as delegacias de polícia, muito comumente, estão localizadas em áreas residenciais, e, ao mesmo tempo em que recebem indivíduos presos em flagrante para custódia temporária, também são palco para a realização de registros de ocorrência de vítimas de crimes, as quais não devem ser expostas aos riscos da guarda permanente de presos sem o necessário aparato de segurança ou mesmo de salubridade. No mais, "Não há violação apenas aos direitos dos detentos, mas da sociedade como um todo, pois esta tem interesse

---

101 O treinamento adequado e específico é um dos pontos abordados a partir da Regra 75 das Regras Mínimas das Nações Unidas para o Tratamento de Presos (Regras de Mandela).

CAPÍTULO V DISPOSIÇÕES FINAIS E TRANSITÓRIAS

na correta execução das medidas restritivas de liberdade para que atinjam a finalidade pretendida" (Garcez, 2017).

Por fim, eventual desvio das funções dos agentes e autoridades de polícia civil para que procedam à custódia de presos em delegacia de polícia por tempo que extrapola aquele necessário à formalização procedimental afeta sobremaneira o desempenho da atividade-fim das polícias civis, que é a investigação de infrações penais, nitidamente prejudicada pelo uso do pouco efetivo em atividades outras.

Tampouco a superlotação carcerária, que acabou por ser reconhecida pelo STF como um estado de coisas inconstitucional (Brasil, 2023), pode vir a servir de argumento para manutenção de presos em unidades policiais, vez que manter os indivíduos presos em delegacia, além de malferir a sua dignidade como pessoa humana, também desvirtua o escopo de atuação da polícia civil, vulnerando agora a expressa disposição do novel art. 40 da LONPC.

O denominado interesse fundamentado na investigação policial, apto a justificar a custódia de presos em unidades policiais, conforme dispõe a parte final do art. 40, deverá ser regulamentado internamente pelas polícias civis, com a definição de regras objetivas e razoáveis, a fim de evitar arbítrios e violação de direitos.

Impende notar a imperiosa necessidade de a LONPC por vezes dizer o óbvio, uma vez que até os idos de 2023 havia notícias de unidades de polícia judiciária promovendo a custódia de presos (Alagoas, 2023) e talvez ainda haja entes federativos que o façam. Neste ponto, a lei serve de alerta para que Estados que ainda mantenham esta nefasta conduta finalmente determinem a regularização da situação, adequando-se aos ditames legais, constitucionais e ao regramento internacional, no escopo da proteção da dignidade da pessoa humana levada ao cárcere e da preservação da função investigativa da polícia civil.

Com efeito, o Brasil é um país de grande dimensão territorial, composto de Estados-membros dotados de surpreendente diversidade cultural, econômica e social, em que o Poder Executivo estadual tem autonomia para gerir seus órgãos e determinar políticas públicas, de modo que tais discrepâncias são vistas aos montes, daí a relevância de uma lei orgânica nacional para as polícias civis, uma vez que uma atividade tão cara ao Estado, que é a apuração de infrações penais, deve se orientar por um mínimo de uniformidade e padronização, posto destinar valorosa contribuição para a manutenção da paz social.

Art. 41. As funções gratificadas de assessoramento e de chefia da polícia civil são privativas de policiais civis.

O art. 41 da LONPC traz norma que preza pelo sigilo das investigações policiais e da intimidade das pessoas investigadas, em consonância com o que dispõe o inciso II do art. 4º do mesmo diploma legal,[102] além de render homenagens ao princípio do concurso público e ao comando constitucional previsto no art. 37, V, da CRFB/1988,[103] ao manter as funções de chefia e assessoramento no âmbito da própria instituição e sendo realizadas por pessoas capacitadas e habilitadas para tanto.

O art. 42 e seu parágrafo único, que dispunham sobre a organização da Polícia Civil do Distrito Federal, foram vetados pelo Presidente da República (Brasil, 2023a), com fulcro nas seguintes razões:

> Ouvidos, o Ministério do Planejamento e Orçamento, o Ministério da Gestão e da Inovação em Serviços Públicos e a Advocacia-Geral da União manifestaram-se pelo veto ao seguinte dispositivo do Projeto de Lei:
>
> Art. 42 do Projeto de Lei
>
> "Art. 42. As normas gerais relativas à organização básica institucional e aos cargos da Polícia Civil do Distrito Federal, nos termos do inciso XIV do *caput* do art. 21 da Constituição Federal, são estabelecidas nas Leis nºs 14.162, de 2 de junho de 2021, 9.264, de 7 de fevereiro de 1996, e 4.878, de 3 de dezembro de 1965, e cabe ao Distrito Federal regulamentá-las e legislar sobre normas

---

102 LONPC, art. 4º São princípios institucionais básicos a serem observados pela polícia civil, além de outros previstos em legislação ou regulamentos: [...] II – discrição e preservação do sigilo necessário à efetividade da investigação e à salvaguarda da intimidade das pessoas; [...]

103 CRFB/1988, art. 37. [...] V – as funções de confiança, exercidas exclusivamente por servidores ocupantes de cargo efetivo, e os cargos em comissão, a serem preenchidos por servidores de carreira nos casos, condições e percentuais mínimos previstos em lei, destinam-se apenas às atribuições de direção, chefia e assessoramento; [...]

CAPÍTULO V *DISPOSIÇÕES FINAIS E TRANSITÓRIAS* **209**

específicas e suplementares a respeito de prerrogativas, vedações, garantias, direitos e deveres da polícia civil, nos termos do inciso XVI do *caput* e dos §§ 1º, 2º e 3º do art. 24 e do § 1º do art. 32 da Constituição Federal.

Parágrafo único. Aplicam-se à instituição de que trata o *caput* deste artigo as normas desta Lei que versam sobre direitos, garantias e prerrogativas da polícia civil, sem prejuízo de outras previstas em leis e regulamentos."

Razões do veto

"Em que pese o mérito da proposta, a proposição legislativa incorre em inconstitucionalidade, já que o inciso XIV do *caput* do art. 21 da Constituição prevê que compete à União organizar e manter a polícia civil do Distrito Federal. A competência para regular a matéria é da União, não do Distrito Federal. No caso em exame, há regramento singular por parte da Constituição quanto ao Distrito Federal.

A proposição legislativa é também contrária ao interesse público ao estabelecer que cabe ao Distrito Federal regulamentar e legislar sobre normas específicas e suplementares a respeito de prerrogativas, vedações, garantias, direitos e deveres da polícia civil, tendo em vista que o encargo de organizar e manter os referidos serviços, suportando o ônus, ficaria com a União, enquanto a competência para criar vantagens e estender direitos, ainda que por meio de regulamentação e legislação sobre normas específicas e suplementares, seria de competência de outro ente federativo."

Em votação realizada em 28.05.2024, o veto ao art. 42 e ao seu parágrafo único foi mantido pela Câmara dos Deputados.

O art. 43 da LONPC teve a mesma sorte do dispositivo que lhe antecede, sendo também mantido pelo Legislativo, arrimado nas razões de veto (Brasil, 2023a) abaixo transcritas:

Ouvidos, o Ministério da Previdência Social, o Ministério da Gestão e da Inovação em Serviços Públicos e a Advocacia-Geral da União manifestaram-se pelo veto ao seguinte dispositivo do Projeto de Lei:

Art. 43 do Projeto de Lei

"Art. 43. Considera-se exercício em cargo de natureza estritamente policial toda atividade que o policial civil realize nos órgãos que compõem a estrutura orgânica da polícia civil ou no exercício de mandato classista, bem como toda atividade que venha a exercer, no interesse da segurança pública ou institucional, em outro órgão da administração pública de Município, de Estado, do Distrito Federal, de Território ou da União, mantidos seus direitos, garantias e prerrogativas funcionais."

Razões do veto

"A proposição legislativa traz regramento sobre o que se considera exercício em cargo de natureza estritamente policial. A disposição é inconstitucional, já que implica contagem fictícia de tempo de contribuição, vedada pelo § 10 do art. 40 da Constituição. O dispositivo impõe a contagem de tempo de efetivo exercício no serviço policial mesmo quando afastado dessas funções para outras funções não policiais, na linha do que já consta no § 10 do art. 30 do Projeto de Lei.

A proposição legislativa é contrária ao interesse público, pois assegura contagem de tempo ficta para todos os fins, inclusive para aposentadoria especial, para servidores que podem ficar longos períodos afastados das atividades do exercício do cargo, sem avaliação de produtividade, e em órgãos não integrantes da estrutura de segurança pública, em prejuízo da gestão de pessoal e da segurança pública."

O art. 44 da LONPC merece ser festejado pela categoria ao instituir o Conselho Nacional da Polícia Civil (CNPC), órgão com competência consultiva e deliberativa acerca das políticas públicas institucionais de padronização e intercâmbio nas áreas de competência constitucionais e legais das polícias civis. Com efeito, como já mencionamos linhas antes, a realidade das polícias civis é muito díspar nos Estados-membros, de modo que o CNPC poderá reunir dados e ficar a par de todos os cenários, com vistas ao atingimento de melhorias, rumo a uma padronização.

O CNPC terá competências consultiva e deliberativa, todavia, o alcance e o grau de vinculação de suas decisões deverão ser definidos por decreto específico, assim como sua composição e seu regimento, nos exatos termos do § 1º do art. 43 da LONPC, *in verbis*: "§ 1º O Conselho Nacional da Política Civil deve ter sua composição e regimento definidos em decreto específico".

De outro modo, o § 2º do art. 43 foi vetado (Brasil, 2023a), sob a seguinte justificativa:

> Ouvidos, o Ministério da Gestão e da Inovação em Serviços Públicos e a Advocacia-Geral da União manifestaram-se pelo veto ao seguinte dispositivo do Projeto de Lei:
>
> § 2º do art. 44 do Projeto de Lei
>
> "§ 2º O Conselho Nacional da Política Civil tem assento e representação no Ministério da Justiça e Segurança Pública, bem como nos demais órgãos colegiados federais, estaduais e distrital que deliberem sobre políticas públicas da área de suas competências constitucionais e legais."
>
> Razões do veto
>
> "O art. 44 do Projeto de Lei institui o Conselho Nacional da Política Civil. Seu § 2º é inconstitucional, por implicar verdadeira ingerência do Poder Legislativo no Poder Executivo. A pretexto de criar colegiado federal, o legislador avançou sobre competências organizacionais do Poder Executivo. O fato de haver determinação para assento do Ministério da Justiça e Segurança Pública revela violação do disposto no inciso II do § 1º do art. 61 da Constituição."

Em votação realizada em 28.05.2024, o veto em questão foi mantido pela Câmara dos Deputados.

Até o fechamento desta obra o CNPC ainda não havia sido implementado e regulamentado, porém, a sua instituição pela LONPC representa grande avanço para as polícias civis e para a segurança pública nacional, na medida em que, com a expansão do crime organizado, que transita por diversos estados da Federação, o intercâmbio entre as polícias constitui importante elemento de força no combate ao crime.

Espera-se que o CNPC também seja órgão capaz de zelar pela autonomia das polícias civis em sua esfera de atuação, bem como de velar pelos direitos e prerrogativas da classe policial, sempre que estes se achem vulnerados, prestando-se ao final a ser mais um instrumento de fortalecimento das polícias civis, mantendo-se imune à influência de interesses políticos ou outros que porventura não se coadunem com os princípios e as diretrizes delimitados pela LONPC.

Art. 45. Para maior celeridade e veracidade dos registros cartorários, podem ser adotadas plataformas tecnológicas para registros dos procedimentos, respeitadas as circunstâncias de atuação presencial das equipes envolvidas.

O art. 45 da LONPC, seguindo o escopo de modernização das polícias civis, acompanhando de fato a realidade em que a sociedade está inserida, avaliza o uso de plataformas tecnológicas para os registros dos procedimentos, não descurando, todavia, que a atividade policial, na maior parte das vezes, é dotada de circunstâncias que exigem a presença física das equipes de investigação.

No entanto, a tecnologia pode e deve ser usada para otimização dos trabalhos, garantindo maior celeridade e veracidade aos registros cartorários. Certamente, o armazenamento e a busca de informações restarão imensamente facilitados, viabilizando um cruzamento de dados mais ágil e eficiente.

Registre-se que as polícias civis já fazem uso (UOL, 2024), por exemplo, de plataformas virtuais para que o próprio cidadão vitimado possa comunicar o fato criminoso de forma virtual, excetuadas algumas hipóteses de crimes (o que pode variar de estado para estado) cujo comparecimento pessoal é imprescindível em razão da necessidade imediata de diligências ou que, pela sua própria natureza e complexidade, careçam da obtenção de maior detalhamento de informações. Ressalte-se que a comunicação virtual de ocorrências é tão somente o pontapé inicial de possível investigação criminal, uma vez que a narrativa apresentada deve ser avaliada por agentes policiais e pela autoridade policial, tal qual se dá com as ocorrências presenciais.

Observe-se que o uso de ferramentas mais modernas e meios tecnológicos de nenhum modo se presta a tomar o lugar do trabalho humano, vez que o tirocínio policial jamais poderá ser substituído. A tecnologia, portanto, destina-se a auxiliar o trabalho policial civil, conferindo maior efetividade aos atos investigativos, de modo a andar lado a lado com a evolução social.

Art. 46. A lei do respectivo ente federativo deve dispor sobre a aplicação de data-base para recomposição salarial dos servidores da polícia civil.

Data-base[104] é um conceito muito utilizado no direito trabalhista[105] e consiste em um período do ano que se destina à correção salarial e à revisão das condições de trabalho de determinada categoria profissional. Com efeito, a revisão salarial é direito há muito assegurado aos servidores públicos, conforme dispõe o art. 37, inciso X, da CRFB/1988, *litteris*:

> Art. 37. [...]
>
> X – a remuneração dos servidores públicos e o subsídio de que trata o § 4º do art. 39 somente poderão ser fixados ou alterados por lei específica, observada a iniciativa privativa em cada caso, assegurada revisão geral anual, sempre na mesma data e sem distinção de índices; [...].

---

104 De forma resumida: "No Brasil, data-base é o período do ano em que patrões e empregados representados pelos sindicatos se reúnem para repactuar os termos dos seus contratos coletivos de trabalho. Neste período, os trabalhadores podem, de maneira coletiva através do Sindicato, reivindicar a revisão de salário, apontar a manutenção do acordo, além de incluir novas cláusulas". Disponível em: https://sintpq.org.br/info-entenda-os-conceitos-de-data-base-dissidio-coletivo--pauta-de-reivindicacoes-e-acordo-coletivo?utm_campaign=eurofins_em_1_reuniao_negocial_recomposicao_inflacionaria_e_garantida&utm_medium=email&utm_source=RD+Station. Acesso em: 02 abr. 2024.

105 Lei nº 7.238/1984, art. 4º A contagem de tempo para fins de correção salarial será feita a partir da data-base da categoria profissional. § 1º Entende-se por data-base, para fins desta Lei, a data de início de vigência de acordo ou convenção coletiva, ou sentença normativa.

Decerto, a revisão geral anual é ferramenta apta a garantir a preservação do valor de compra do salário do policial civil, "como forma de evitar que a inflação e o decurso do tempo corroam o valor real do pagamento" (Carvalho, 2023, p. 1107) e, a despeito de constitucionalmente assegurada, em face do descumprimento reiterado por vários Estados-membros, vem assentada também no bojo da LONPC.

Segundo as lições de Rafael Oliveira (2018, p. 471-472), a revisão geral deve obedecer a alguns requisitos, quais sejam: a) a efetivação da revisão depende de lei a ser editada pelo Chefe do Poder Executivo de cada ente federado; b) a revisão geral deve ser anual; c) não pode haver distinção de índices, sendo certo ainda que não pode haver vinculação a índices federais de correção monetária, conforme a Súmula Vinculante nº 42 do STF,[106] ou a quaisquer espécies remuneratórias.[107]

Demais disso, em sede de repercussão geral,[108] o STF pacificou o entendimento de que, ainda que não seja concedida a revisão geral anual, o "Poder Judiciário não possui competência para determinar ao Poder Executivo a apresentação de projeto de lei que vise a promover a revisão geral anual da remuneração dos servidores públicos, tampouco para fixar o respectivo índice de correção". Todavia, o Poder Executivo deve fundamentar o não encaminhamento da proposta:[109]

> O não encaminhamento de projeto de lei de revisão anual dos vencimentos dos servidores públicos, previsto no inciso X do art. 37 da CF/1988, não gera direito subjetivo a indenização. Deve o Poder Executivo, no entanto, se pronunciar, de forma fundamentada, acerca das razões pelas quais não propôs a revisão.

---

106 Súmula Vinculante nº 42, do STF: "É inconstitucional a vinculação do reajuste de vencimentos de servidores estaduais ou municipais a índices federais de correção monetária".

107 CRFB, art. 37, XIII: "é vedada a vinculação ou equiparação de quaisquer espécies remuneratórias para o efeito de remuneração de pessoal do serviço público; [...]".

108 STF, Repercussão Geral: Tema nº 624, Plenário, Acórdão paradigma: RE nº 843.112, Rel. Min. Luiz Fux, julgado em 22.09.2020.

109 STF, Repercussão Geral: Tema nº 19, Plenário, Acórdão paradigma: RE nº 565.089/SP, Rel. orig. Min. Marco Aurélio, red. p/ o ac. Min. Roberto Barroso, julgado em 25.09.2019.

CAPÍTULO V DISPOSIÇÕES FINAIS E TRANSITÓRIAS

Veja-se, destarte, que não há sanção para o ente federado que deixa de proceder à revisão geral anual da remuneração dos servidores públicos, tampouco o Poder Judiciário possui qualquer ingerência sobre essa omissão, na forma dos precedentes colacionados, de modo que, como a matéria é relegada ao alvedrio do ente federativo- que se vale de critérios de conveniência e oportunidade, há muito ainda que se lutar para que a disposição em análise deixe de ser uma mera folha de papel e ganhe real efetividade, respeitando-se um dos direitos mais comezinhos do policial civil, que é a manutenção do poder de compra de sua remuneração.

Art. 47. A polícia civil tem como dia nacional a data de 5 de abril.

A LONPC estabeleceu para comemorar o dia nacional da polícia civil a data de 05 de abril, que rememora o dia em que foi instituída a Intendência Geral de Polícia da Corte e do Estado do Brasil, no ano de 1808, por Dom João VI, com funções de polícia judiciária civil e apuração de infrações penais, marco histórico para a instituição, conforme pesquisa realizada pelo delegado de polícia civil do Estado do Espírito Santo, Custódio Serrati Castellan, no livro **Polícia Civil Brasileira – 1808 a 1889** (Maranhão, 2024).

A data destaca os primórdios da instituição, lembrando o quanto a Polícia Civil evoluiu no decorrer dos anos, e o quanto devemos celebrar sua existência e principalmente sua manutenção como um órgão forte e valoroso para a sociedade e para a segurança pública,[110] fato que ganhou luzes com a edição da LONPC.

O art. 48 da LONPC, que estabelecia sanções para o caso de não cumprimento das disposições da lei, no prazo de 12 meses, foi alvo de veto presidencial (Brasil, 2023a), sob as seguintes justificativas:

---

110 "O Dia Nacional da Polícia Civil é mais do que uma data comemorativa; é um marco de reflexão sobre a importância da segurança pública e da justiça no Brasil. Ao olharmos para trás, para os primórdios da Intendência Geral de Polícia em 1808, somos lembrados da longa jornada de desenvolvimento e evolução que conduziu às modernas Polícias Civis. Celebrar esta data é reconhecer a importância desses profissionais na construção de uma sociedade mais segura e justa, além de reafirmar nosso compromisso coletivo com os valores da democracia e do Estado de Direito". Trecho de notícia veiculada em: *Adepol do Brasil comemora o 'Dia Nacional da Polícia Civil'*. Disponível em: https://delegados.com.br/noticia/adepol-do-brasil-comemora-o-dia--nacional-da-policia-civil/. Acesso em: 10 abr. 2024.

Ouvidos, o Ministério da Previdência Social, o Ministério da Gestão e da Inovação em Serviços Públicos e a Advocacia-Geral da União manifestaram-se pelo veto ao seguinte dispositivo do Projeto de Lei:

Art. 48 do Projeto de Lei

"Art. 48. Os Estados e, no caso da Polícia Civil do Distrito Federal, a União devem adequar-se ao disposto nesta Lei no prazo de 12 (doze) meses, sob pena de sanções na forma da lei."

Razões do veto

"No mesmo sentido vai o art. 48 do Projeto de Lei, ao impor ao Chefe do Poder Executivo de cada ente federativo o dever de encaminhar propostas de adequação em prazo estipulado. Trata-se de disposição claramente inconstitucional, na linha do que já decidido pelo Supremo Tribunal Federal na ADI 546/DF, e por afronta ao disposto no inciso II do § 1º do art. 61 da Constituição.

A proposição legislativa é também contrária ao interesse público, ao estabelecer prazo para que a União e os Estados se adéquem ao disposto na proposição, tendo em vista que tal disposição implica violação à separação de Poderes ao impor aos entes federativos iniciativa legislativa, inclusive em matérias de competência privativa dos Chefes dos Poderes Executivos, especialmente no que diz respeito à organização e ao funcionamento da administração e regime jurídico de servidores.

Em votação realizada em 28 de maio de 2024, o mencionado veto restou mantido pela Câmara dos Deputados.

Art. 49. Permanecem válidas as leis locais naquilo que não sejam incompatíveis com esta Lei.

O texto do art. 49 da LONPC confere autonomia aos Estados-membros para tratar de temas porventura não abordados pela Lei Orgânica, afirmando que as leis locais que não sejam incompatíveis permanecerão

CAPÍTULO V DISPOSIÇÕES FINAIS E TRANSITÓRIAS

válidas. No entanto, estabelece que as polícias civis deverão se adequar ao conteúdo do novel diploma, de âmbito nacional, corrigindo as incompatibilidades porventura detectadas. Emerge da norma a importância de conferir autonomia para as polícias civis e simultaneamente estabelecer uma padronização mínima em âmbito nacional.

Demais disso, observe-se que há disposições que, para sua aplicabilidade prática, dependem de regulamentação pela polícia civil ou pelo Estado-membro. Outras, diversamente, já constituem imperativos de ordem constitucional ou legal, sendo apenas repisadas no âmbito da LONPC.

Assim, os Estados que não tenham tratado do tema em seu âmbito interno precisarão fazê-lo – embora não haja fixação de prazo nem cominação de sanções para aqueles que não o façam. Os Estados que tenham disposto de forma diversa sobre matéria versada na LONPC precisarão rever seus estatutos e regulamentos, ajustando-os ao que dispõe a Lei Orgânica, de molde a fortalecer as polícias civis nacionalmente, haja vista que a edição da Lei Orgânica representa verdadeira conquista para a instituição.

Art. 50. Esta Lei entra em vigor na data de sua publicação.

A LONPC, Lei nº 14.735/2023, foi promulgada pelo Presidente da República e publicada no **Diário Oficial da União**, de 23.11.2023 e, nesta mesma data, entrou em vigor[111] com vetos presidenciais parciais oriundos da Mensagem nº 620, de 23 de novembro de 2023.

Após os vetos do Presidente da República, as matérias objeto dos vetos foram reapreciadas pelo Congresso Nacional, em votação realizada em 28.05.2024, quando alguns poucos vetos vieram a ser rejeitados (derrubados) pelo voto da maioria absoluta dos Deputados Federais e Senadores, "ou seja, 257 votos de deputados e 41 votos de senadores, computados separadamente" (Brasil, s.d.b), na forma dos arts. 66, § 4º,

---

111 LC nº 95/1998: "Art. 8º A vigência da lei será indicada de forma expressa e de modo a contemplar prazo razoável para que dela se tenha amplo conhecimento, reservada a cláusula 'entra em vigor na data de sua publicação' para as leis de pequena repercussão;", e LINDB, Decreto-Lei nº 4.657/1942: "Art. 1º Salvo disposição contrária, a lei começa a vigorar em todo o país quarenta e cinco dias depois de oficialmente publicada."

da CRFB, e 43 do Regimento Comum do Congresso Nacional (RCCN); os demais, restaram mantidos tal como lançados.

Os artigos cujos vetos foram derrubados foram promulgados em 12.06.2024, na forma do art. 66, § 5º, da CRFB/1988, e publicados no Diário Oficial da União, em 13.06.2024, passando a fazer parte da LONPC.

CONCLUSÕES

O livro se encerra em um tom otimista: a existência – após longos anos – de uma lei orgânica nacional das polícias civis é um verdadeiro avanço democrático. Escrever sobre essa lei orgânica, comentando-a artigo por artigo, por sua vez, é uma oportunidade de fomentar o debate acadêmico e a produção intelectual acerca do tema "polícia civil" – é a chance de se criar uma verdadeira "doutrina jurídica" de polícia civil.

As polícias civis brasileiras são já multisseculares: instituições componentes do aparelho estatal que se desenvolveram ao longo de muito tempo e sob diferentes desenhos políticos – entre monarquia, ditaduras e Estados Democráticos de Direito. A polícia, enquanto ente partícipe da democracia, deve estar sujeita ao império da lei. O marco normativo geral das polícias civis – a Lei Orgânica Nacional – é de suma importância nesse sentido, dando-nos o arcabouço legislativo sobre o que se assentará a polícia civil. É enxergar a polícia não só enquanto atuante na persecução penal em si, mas enquanto instituição.

Pensar a instituição policial – e sobre ela escrever – permite, ainda, o debate junto à sociedade civil. Desfaz vieses, edifica pontes. Trabalha-se para – oxalá – que se haja um consenso mínimo adequado acerca das polícias civis. Para além de caricaturas. É enxergar as polícias civis como participantes do processo democrático juntamente a outras instituições – não apenas daquelas atuantes na persecução penal.

A Lei Orgânica Nacional é verdadeiro aprimoramento da polícia civil enquanto instituição democrática. O aprimoramento das instituições democráticas costuma ser, no entanto, custoso, necessita da convergência das vontades dos diferentes atores envolvidos no processo político. O processo legislativo – em sua vertente criadora de normas – é um bom exemplo dessa dificuldade. A atualização legislativa é necessária ao revigoramento institucional. No caso da Polícia Civil, não se tratava, propriamente, de uma atualização, mas da necessidade de cumprimento de mandamento constitucional: era preciso que se criasse uma lei orgânica nacional a versar sobre o estatuto jurídico das Polícias Civis – dos diferentes estados e do Distrito Federal.

A tarefa de criar normas gerais a abranger todas as polícias civis de nossa Federação não haveria de ser simples: cada instituição possui a sua história e suas particularidades. Não estamos no terreno da uniformidade, mas, sim, no da heterogeneidade. As próprias instituições policiais civis não são – consideradas internamente – categorias monolíticas: são compostas por servidores de diferentes cargos, com diferentes peculiaridades. A lei deveria, apesar de tudo isso, englobar a todos. E o fez. Ao menos, tentou.

A existência da LONPC corresponde, pois, a um verdadeiro desafio multifacetado: desafiadora em sua criação – pois envolveu divergências ao largo de todo um espectro político, e será desafiadora em sua aplicação, mormente na definição das adequadas competências entre os diferentes entes federados e a norma geral editada pela União.

Trata-se, contudo, de um avanço. As polícias civis ocupam espaço de axial relevância no ordenamento jurídico brasileiro: a elas incumbe a definição de autoria e materialidade das infrações penais. Em termos práticos, a elas incumbe a tarefa de investigar. Durante muitos anos, não houve um marco legislativo definindo os direitos e as obrigações das polícias civis brasileiras – a despeito de a Constituição da República prever, em seu art. 24, inciso XVI, que incumbiria à União legislar sobre a organização das polícias civis.

Rompidos os desafios dos debates, votação, sanção, vetos e derrubada de vetos, temos a lei. Está aí, presente em nosso ordenamento jurídico. Resta agora aplicá-la. Nosso trabalho pretendeu abordar a Lei Orgânica Nacional de maneira sistemática e didática, inserindo-a no contexto da legislação pertinente, visitando a doutrina a respeito do tema, bem como analisando aqueles julgados que fossem pertinentes aos diferentes pontos.

Vimos que a lei trabalha tanto questões atinentes a características da atividade policial como enfrenta temas como remuneração e regime de previdência. É, assim, uma lei sobre técnica policial e sobre regime jurídico de servidores. Há a possibilidade de conflitos com relação à definição de espaços de competência legislativa: se houve – ou não

– eventual agigantamento por parte da União com relação àquilo que seria competência dos estados, por exemplo.

A promulgação da lei, assim, é apenas o marco inicial de um processo. Escrever este livro se insere nesta realidade. É tornar a lei viva, reificada. É, de alguma maneira, operá-la, versar sobre ela, experimentá-la.

Buscamos, dessa forma, contribuir para a inserção da LONPC nos debates jurídicos variados. De modo ainda inicial, pudemos desenvolver o tema e ter o privilégio cronológico de sermos contemporâneos à criação da LONPC – verdadeiro marco na história legislativa brasileira.

Entre o ufanismo e o pessimismo – extremos de um gradiente – optamos pelo tecnicismo na análise: laudas e críticas foram feitas quando necessárias, mas não se optou por um ou outro tom genérico à obra. O que extraímos de todo o processo? A necessidade de avanço no debate.

Para isso esta obra foi criada: para o fomento da discussão daquilo que haverá de ser verdadeira *quaestio* jurídica sobre o tema das instituições policiais civis. É o começo, e o começo parece promissor.

REFERÊNCIAS BIBLIOGRÁFICAS

AGÊNCIA BRASILEIRA DE INTELIGÊNCIA – ABIN. **Doutrina da Atividade de Inteligência.** Brasília: Abin, 2023. p. 8. Disponível em: https://www.gov.br/abin/pt-br/centrais-de-conteudo/doutrina/Doutrina-da-Atividade-de-Inteligencia-2023. Acesso em: 15 mar. 2024.

ALAGOAS. **Polícia Penal passa a ficar responsável pela remoção de presos das delegacias.** Policiais civis que faziam custódia de presos serão remanejados para as atividades de investigação. 20.07.2023. Disponível em: https://alagoas.al.gov.br/noticia/policia-penal-passa-a--ficar-responsavel-pela-remocao-de-presos-das-delegacias. Acesso em: 10 abr. 2024.

ALVES-MARREIROS, A. (Org.). **Guerra à polícia:** reflexões sobre a ADPF 635. 1. ed. Londrina: E.D.A., 2021.

ANUÁRIO de Segurança Pública de 2023. Disponível em: https://publicacoes.forumseguranca.org.br/handle/fbsp/57. Acesso em: 22 abr. 2024.

ARAGÃO, A. S. de. A concepção pós-positivista do princípio da legalidade. **Revista de Direito Administrativo**, [S. l.], v. 236, p. 51-64, 2004. Disponível em: https://periodicos.fgv.br/rda/article/view/44672. Acesso em: 20 abr. 2024.

ARCOS, E. S. **Preservando as fronteiras da identificação na Polícia Civil na dicção da Lei nº 14.735/23.** 2023. Disponível em: https://www.conjur.com.br/2023-dez-08/preservando-as-fronteiras-da-identificacao-na-policia-civil-na-diccao-da-lei-no-14-735-23/. Acesso em: 20 fev. 2024.

BALDWIN, R.; CAVE, M.; LODGE, M. **Understanding regulation.** Theory, strategy, and practice. 2. ed. Oxford: Oxford University Press, 2012.

REFERÊNCIAS BIBLIOGRÁFICAS

BARBOSA, R. M. **Delegado natural é princípio basilar da devida investigação criminal.** 2015. Disponível em: https://www.conjur.com.br/2015-out-06/academia-policia-delegado-natural-principio-basilar--investigacao-criminal/#_ftnref9. Acesso em: 28 fev. 2024.

BERBAT FILHO, J.; LIMA, C. R. P. **Comentários à Lei Orgânica da Polícia Civil do Estado do Rio de Janeiro e legislação correlata:** Lei Complementar nº 204, de 30 de junho de 2022. Rio de Janeiro: Freitas Bastos, 2023.

BINENBOJM, G. **Uma teoria do direito administrativo:** direitos fundamentais, democracia e constitucionalização. Rio de Janeiro: Renovar, 2014.

BRASIL. Congresso Nacional. **Entenda a tramitação do veto.** [S.d.a]. Disponível em: https://www.congressonacional.leg.br/materias/vetos/entenda-a-tramitacao-do-veto. Acesso em: 2 abr. 2024.

BRASIL. **Identificação do Cidadão e Carteira de Identidade Nacional.** [S.d.b]. Disponível em: https://www.gov.br/governodigital/pt-br/identidade/identificacao-do-cidadao-e-carteira-de-identidade--nacional. Acesso: 2 maio 2024.

BRASIL. **Plano Nacional de Segurança Pública e Defesa Social 2021-2030.** 2022. Disponível em: https://www.gov.br/mj/pt-br/centrais-de-conteudo/publicacoes/categorias-de-publicacoes/planos/plano_nac-_de_seguranca_publica_e_def-_soc-_2021___2030.pdf/view. Acesso: 1º maio 2024.

BRASIL. **Mensagem de veto parcial nº 620, de 23.11.2023.** 2023a. Disponível em: https://www.planalto.gov.br/ccivil_03/_ato2023-2026/2023/Msg/Vep/VEP-620-23.htm. Acesso em: 1º abr. 2024.

BRASIL. Supremo Tribunal Federal. **STF reconhece violação massiva de direitos no sistema carcerário brasileiro.** 2023b. Disponível em: https://portal.stf.jus.br/noticias/verNoticiaDetalhe.asp?idConteudo=515220&ori=1. Acesso em: 1º abr. 2024.

CARVALHO, M. **Manual de Direito Administrativo.** 11. ed. rev., atual. e ampl. São Paulo: JusPodivm, 2023.

CARVALHO FILHO, J. dos S. **Manual de Direito Administrativo.** 19 ed. rev., ampl. e atual. Rio de Janeiro: Lumen Iuris, 2008.

CARVALHO FILHO, J. dos S. **Manual de Direito Administrativo.** 24. ed. rev., ampl. e atual. Rio de Janeiro: Lumen Juris, 2011.

CARVALHO FILHO, J. dos S. **Manual de Direito Administrativo.** 34. ed. São Paulo: Atlas, 2020.

CAVALCANTE, M. A. L. **Os institutos de criminalística dos Estados podem ser instituídos como órgãos próprios, com autonomia formal, ou podem integrar os demais órgãos de segurança pública.** [S.d.]. Buscador Dizer o Direito, Manaus. Disponível em: https://www.buscadordizerodireito.com.br/jurisprudencia/detalhes/a11513a4f1f-d7e7b0c29be2cf7ad701d. Acesso em: 18 mar. 2024.

CEARÁ. **Academia e Polícia Civil entregam 15 novos "carcarás" prontos para Operações Especiais.** 2023. Disponível em: https://www.aesp.ce.gov.br/2023/11/24/academia-e-policia-civil-entregam-15-novos-carcaras-prontos-para-operacoes-especiais/. Acesso em: 29 fev. 2024.

COSTA, A. S.; COSTA, F.; ARAÚJO, J. C. de; LATERZA, R. Q. **Lei Orgânica Nacional das Polícias Civis Comentada.** São Paulo: JusPodivm, 2024.

DELEGADOS.COM.BR. **Adepol do Brasil comemora o 'Dia Nacional da Polícia Civil'.** 2024. Disponível em: https://delegados.com.br/noticia/adepol-do-brasil-comemora-o-dia-nacional-da-policia-civil/. Acesso em: 10 abr. 2024.

DI PIETRO, M. S. Z. **Direito Administrativo.** 21. ed. São Paulo: Atlas, 2008.

ESTEVES, D.; FRANKLYN, R. **Princípios institucionais da Defensoria Pública.** 3. ed. Rio de Janeiro: Forense, 2018.

FERREIRA, W. L. P. **Medicina legal.** 7. ed. rev., atual. e ampl. São Paulo: JusPodivm, 2022.

FIGUEIREDO, C.; SALEME, I. **RJ:** polícia relata expansão do crime organizado após STF restringir ações em favelas. 2024. Disponível em: https://www.cnnbrasil.com.br/nacional/rj-policia-relata-expansao-do-crime-organizado-apos-stf-restringir-acoes-em-favelas/. Acesso em: 24 abr. 2024.

FÓRUM BRASILEIRO DE SEGURANÇA PÚBLICA. **Anuário de Segurança Pública de 2023.** Disponível em: https://publicacoes.forum-seguranca.org.br/handle/fbsp/57. Acesso em: 22 abr. 2024.

GARCEZ, W. **A autonomia da polícia judiciária é questão de sobrevivência da democracia.** 2020. Disponível em: https://meusitejuridico.editorajuspodivm.com.br/2020/05/01/autonomia-da-policia-judiciaria-e-questao-de-sobrevivencia-da-democracia/. Acesso em: 27 abr. 2024.

GARCEZ, W. **Encarceramento de presos deve ser feito em presídios, não em Delegacias!.** 2017. Disponível em: https://www.jusbrasil.com.br/artigos/encarceramento-de-presos-deve-ser-feito-em--presidios-nao-em-delegacias/487369482. Acesso em: 1º abr. 2024.

GONÇALVES FILHO, M. **Curso de Direito Constitucional.** 38. ed. São Paulo: Saraiva, 2012.

HEEMANN, M. **Missão, visão e valores**: O que é? Como definir e exemplos. [S.d.]. Disponível em: https://www.contabilizei.com.br/contabilidade-online/missao-visao-valores/. Acesso em: 24 jan. 2024.

HOFFMANN, H. **Custódia de presos em delegacias é aberração que precisa acabar.** 2016. Disponível em: https://www.conjur.com.br/2016-jul-12/academia-policia-custodia-presos-delegacias-aberracao-acabar/. Acesso em: 1º abr. 2024.

HOFFMANN, H. **Inquérito policial é indispensável na persecução penal.** 2015. Disponível em: https://www.conjur.com.br/2015-dez-01/inquerito-policial-indispensavel-persecucao-penal/#_ftn5. Acesso em: 22 abr. 2024.

HOFFMANN, H.; SANNINI, F. **Independência funcional é prerrogativa do delegado e garantia da sociedade. Consultor Jurídico,** São Paulo, 2 jun. 2016. Disponível em: https://www.conjur.com.br/2020-dez-16/opiniao-independencia-delegado-policia-judiciaria/. Acesso em: 24 maio 2024.

INSIGHTS. **Qual a missão, visão e valores da empresa Google?.** [S.d.]. Disponível em: https://www.portalinsights.com.br/perguntas-frequentes/qual=-a-missao-visao-e-valores-da-empresa-google#:~:text-Google%3A%20Miss%C3%A3o%3A%20%E2%80%9COrganizar%20 as,%2C%20%C3%A9tica%2C%20transpar%C3%AAncia%2C%20 responsabilidade. Acesso em: 24 jan. 2024.

JATAHY, C. R. de C. **Princípios institucionais do Ministério Público.** Rio de Janeiro: Freitas Bastos, 2021.

JUSBRASIL. **A ascendência da Coordenadoria de Recursos Especiais (CORE).** 2021. Disponível em: https://www.jusbrasil.com. br/artigos/a-ascendencia-da-coordenadoria-de-recursos-especiais- -core/1369356525. Acesso em: 29 fev. 2024.

JUSTEN FILHO, M. **Curso de Direito Administrativo.** 14. ed. rev., ampl. e reform. Rio de Janeiro: Forense, 2023.

KRAEMER, R. Incompreensão do conceito de inteligência na segurança pública. **Revista Brasileira de Inteligência,** Brasília: Abin, n. 10, p. 77, 2015. Disponível em: https://rbi.enap.gov.br/index.php/ RBI/issue/view/11/35. Acesso em: 20 fev. 2024.

LIMA, M. T. C. N. de S. O direito fundamental à segurança pública e sua garantia no contexto da ADPF 635. *In:* ALVES-MARREIROS, A. (Org.). **Guerra à Polícia:** reflexões sobre a ADPF 635. 1. ed. Londrina: E.A.D., 2021.

LIMA, R. B. de. **Manual de processo penal:** volume único. 8. ed. rev., ampl. e atual. Salvador: Juspodivm, 2020.

LIMA FILHO, E. C. **Princípio do delegado natural no contexto do sistema constitucional de investigação criminal.** 2022. Disponível em: https://conteudojuridico.com.br/coluna/3429/princpio-do-delega- do-natural-no-contexto-do-sistema-constitucional-de-investigao-cri- minal. Acesso em: 28 fev. 2024.

MARANHÃO. **A Lei Orgânica Nacional das Polícias Civis** – Lei 14735/2023 estabeleceu em seu artigo 47 a data de 05 de abril como o "Dia Nacional da Polícia Civil". 2024. Disponível em: https://adepolma. com.br/index.php/noticias/240-a-lei-organica-nacional-das-policias- -civis-lei-14735-2023-estabeleceu-em-seu-artigo-47-a-data-de-05-de- -abril-como-o-dia-nacional-da-policia-civil. Acesso em: 10 abr. 2024.

MARTINS, A. V. Inteligência na segurança pública. *In:* **Revista de Inteligência de Segurança Pública.** Escola de Inteligência de Segu- rança Pública do Estado do Rio de Janeiro, Subsecretaria de Inteligência,

Secretaria de Estado de Polícia Civil, Rio de Janeiro: ESISPERJ, n. 4, p. 70, 2022. Disponível em: http://www.policiacivilrj.net.br/publicacoes/risp/risp-numero-4-volume-1-2022.pdf. Acesso em: 20 fev. 2024.

MASSON, N. **Manual de Direito Constitucional.** 8. ed. Salvador: JusPodivm, 2020.

MAZZA, A. **Manual de Direito Administrativo.** 4. ed. São Paulo: Saraiva, 2014.

MENEZES, R. **Unidades de recursos especiais da Polícia Civil.** 2022. Disponível em: https://infoarmas.com.br/unidades-de-recursos--especiais-da-policia-civil/. Acesso em: 29 fev. 2024.

MORAES, R. F. M. de; LESSA, M. de L.; SAYEG, R. A. C. M. **Independência técnico-jurídica do delegado de polícia e ilícito de hermenêutica.** 2022. Disponível em: https://www.conjur.com.br/2022-mar-15/opiniao-independencia-tecnico-juridica-delegado-policia/. Acesso em: 27 abr. 2024.

NUCCI, G. de S. **Código de Processo Penal comentado.** 13. ed. e ampl. Rio de Janeiro: Forense, 2014.

NUCCI, G. de S. **Manual de processo penal e execução penal.** 11. ed. rev. e atual. Rio de Janeiro: Forense, 2014.

OLIVEIRA, R. C. R. **Curso de Direito Administrativo.** 6. ed. rev., atual. e ampl. Rio de Janeiro: Forense; São Paulo: Método, 2018.

PLANO Nacional de Segurança Pública e Defesa Social 2021-2030. Disponível em: https://www.gov.br/mj/pt-br/centrais-de-conteudo/publicacoes/categorias-de-publicacoes/planos/plano_nac-_de_segu-ranca_publica_e_def-_soc-_2021___2030.pdf/view. Acesso: 1º maio 2024.

RANGEL, P. **Direito Processual Penal.** 29. ed., rev., atual. e ampl. Barueri: Atlas, 2021.

RIO DE JANEIRO. **Identidade Organizacional da Polícia Civil do Estado do Rio de Janeiro.** [S. d.]. Disponível em: http://www.policiaci-vilrj.net.br/identidade_organizacional.php. Acesso em: 24 jan. 2024.

RIO DE JANEIRO. **Resolução SEPOL nº 083, de 06 de dezembro de 2019.** Disponível em: http://www.policiacivilrj.net.br/download/planejamento_estrategico_2020-2025.pdf. Acesso em: 23 jan. 2024.

SCHREIBER, A. **Manual de Direito Civil contemporâneo.** 5. ed. rev. e ampl. São Paulo: SaraivaJur, 2022.

SELZNICK, P. Focusing organizational research on regulation. *In*: NOLL, R. G. (Ed.). **Regulatory policy and the social sciences.** Berkeley: University of California Press, 1985.

SILVA, J. G. R. da. **Planejamento estratégico, tático e operacional.** [S.d.]. Disponível em: https://fgvjr.com/blog/planejamento-estrategico--tatico-operacional. Acesso em: 31 jan. 2024.

TÁVORA, N.; ALENCAR, R. R. **Curso de Direito Processual Penal.** 8. ed. rev. ampliada e atual. Salvador: JusPodivm, 2013.

TÁVORA, N.; ALENCAR, R. R. **Curso de Direito Processual Penal.** 10. ed. Salvador: JusPodivm, 2015.

UOL. **Como fazer boletim de ocorrência online:** passo a passo em cada estado. 11.02.2024. Disponível em: https://economia.uol.com.br/guia-de-economia/como-fazer-boletim-de-ocorrencia-online.htm. Acesso em: 2 abr. 2024.

VEIGA, M. **Criminologia**. 2. ed. rev., atual. e reform. Rio de Janeiro: Método, 2022.

VISACRO, Alessandro. **A guerra na era da informação.** 1. ed. São Paulo: Contexto, 2022.

ZIEHE, J. M. da S. **Delegado de política:** uma análise da politização da polícia. 1. ed. Curitiba: Appris, 2023.